5분 스피치 지혜의 샘

김정주 · 노병호 · 오성록 · 오종근

우리는 많이 소유하는 것이 아니라 풍요롭게
존재하는 것을 인생의 목표로 삼아야 한다.

즉 행복에 이르는 길은 소유 지향적인 삶보다는 존재 지향적인 삶이 우리를 아름답게 한다는 말이다.
그래서 이 책을 만든다. 존재 지향적인 삶의 의미를 아름답게 가꾸기 위해서.

지식인

Profile

김정주
동신대학교 유아교육학과 교수

노병호
동신대학교 한국어교원학과 교수

오성록
동신대학교 아동영어교육학과 교수

오종근
동신대학교 소방행정학과 교수

5분 스피치 지혜의 샘

2014년 8월 10일 1쇄 발행
2016년 6월 10일 2쇄 발행
2021년 1월 20일 3쇄 발행

지은이 | 김정주 · 노병호 · 오성록 · 오종근
펴낸이 | 김종욱
펴낸곳 | 지식인
등 록 | 제301-2013-134호
주 소 | 서울시 도봉구 도봉로 180길 20 투웨니퍼스트 102동 602호
전 화 | 02)2266-8606(대)
팩 스 | 02)2266-8607
E-mail | jisikin2013@naver.com
홈페이지 | www.jisikinbook.co.kr

ISBN 978-89-98591-25-0 (03810)

값 16,000원

5분 스피치
지혜의 샘

Epilogue

무엇을 어떻게 강의하느냐는 것은 모든 교수들의 공통된 의문이면서 질문이다. 사실 강의를 한다는 것은 그만큼 준비가 철저하게 되어 있어야 한다는 논리도 된다. 발표 원고를 작성하는 데도 준비시간이 엄청난데, 하물며 몇 시간 강의를 담당하는데 대충할 수도 없다. 문제는 그 강의를 들어가기 전에 학생들에게 어떻게 접근해 가느냐 하는 방식도 중요하다.

일전에 우리 김필식 총장님께서 '5분 스피치'를 강조하신 적이 있다. 강의 들어가기 전에 5분 동안 집중적인 인생 문제, 삶의 문제, 진리, 진실, 종교와 신앙 등 삶의 전반적인 문제에 대해서 가볍게 이야기하고 본 수업에 들어가는 것이 수업의 집중도를 높이는 길이라고 말씀하신 것이다.

실제로 몇 학기 동안 그렇게 수업을 진행한 결과, 수업의 집중도를 높이는데 효과적이라는 결과가 나왔다. 그런데 문제는 그런 이야기를 전개할 교과서가 많지 않다는 것이다. 여러 가지로 고민 끝에 몇몇 교수님과 이야기 중에 한 번 만들기로 했다. 그러나 막상 만들자고 했지만 무엇부터 먼저 해야 할 지 고민하다가, 분야별로 나누어서 맡으면 좋겠다고 하여 전체적인 윤곽을 만들고 부분적으로 3단계로 세분화하여 각 단계별로 5~10 소제목을 붙여서 하나씩 전개하기로 하였다.

1차적인 문제는 어떤 내용을 담을 것인가 하는 문제였다. 그래서 전반적인 문제의 목차를 계획하고 그것을 담당교수들과 회의를 통해서 하나씩 정리해 갔다. 그러면서 자료수집에 박차를 가하였다. 소제목이 정해지면 그것에 맞는 내용물을 담아야 하기에 문헌에 기록된 내용들을 곳곳에서 찾았다. 그것을 정리하여 분야별로, 그리고 단계별로 모음집처럼 만들고 보니 한 권의 책이 되었다.

첫째 모음에 관한 것은 김정주 교수가, 둘째 모음에 관한 것은 노병호 교수가, 셋째 모음에 관한 것은 오성록 교수가 수고해 주었다.

이렇게 해서 모아진 자료들은 서로가 돌려가며 교정과 강독을 하여 마침내 한 권의 책으로 간행하게 된 것이다. 어차피 시작이 반이니 이것이 완성본은 아니다. 사용하면서 수정할 것은 때때로 기록해 두었다가 차후에 수정할 것이다. 다만, 이런 자료집을 통해서 우리 학생들이 삶의 지혜를 밝혀나가 맑은 눈을 가진 성인으로 성장한다면 더없는 영광이다. 관심을 가지고 열정을 쏟아준 김정주 · 노병호 · 오성록 교수님께 감사를 드린다.

2014년 8월
오종근 삼가 씀

Contents

첫째 모음

삶과 현실의 자리

둘째 모음

꿈과 이상의 지평

셋째 모음

생명과 영원의 터

삶과 현실의 자리

01

인생

만약 네가 변명하기 위해 나의 불행을 운명의 탓으로 돌렸다면
그것은 곧 나의 자신이 운명 앞에 굴복했다는 뜻이다.
또 그것을 배신의 탓으로 돌리면
그것은 내가 배신에 무릎을 꿇었다는 뜻이다.

사람이 나이 들어 가장 허망해질 땐, 하나도 이룬 게 없을 때가 아니라 이룬다고 이룬 것들이 자신이 원했던 게 아니란 걸 깨달았을 때다.

김어준

정말로 행복한 나날이란 멋지고 놀라운 일이 일어나는 날이 아니라, 진주알들이 하나하나 한 줄로 꿰어지듯이 소박하고 자잘한 기쁨들이 조용히 이어지는 날들인 것 같아요.

만화 〈빨강머리 앤〉 중에서

가끔, 신기한 밤이 있다. 공간이 약간 어긋난 듯하고, 모든 것이 한꺼번에 보이는 그런 밤이다. 잠은 오지 않고, 밤새 재깍거리는 괘종시계의 울림과 천장으로 새어드는 달빛은, 내 어린 시절과 마찬가지로 어둠을 지배한다. 밤은 영원하다. 그리고 옛날에는 밤이 훨씬 더 길었던 것 같다. 무슨 희미한 냄새가 난다. 그것은 아마도, 너무 희미해서 감미로운 이별의 냄새이리라.

요시모토 바나나

나는 그의 냄새를 사랑했다. 그의 냄새가 나는 공간에서는 세상을 향해 긴장을 풀 수 있었고, 세상이 어디로 흘러가든 내 인생에 몰두할 수 있었다. 나의 꿈은 그런 것이었다. 그의 전 생애 동안 오직 나만을 사랑하고 나 또한 단 하나의 남자만을 사랑하며 평생 동안 하나의 생을 온통 함께 사는 것. 우리의 냄새를 다른 냄새와 뒤섞지 않는 것, 나의 꿈은 그것뿐이며 그것은 흡사 하나의 이념과 같이 지킬 가치가 있는 것이라고 믿었다.

전경린

너그럽지 못하는 것은 곧 여유가 없다는 것이다. {빌게이츠}

사람은 누구에게나 장애가 있고 고난이 있으며 콤플렉스가 있다. 사람의 성장은 그런 어려움들을 이겨내고 풍요로운 정신을 만들어 내는 과정이다. 고난을 극복하고자 하는 사람에게는 이미 고난은 고난이 아니다.

{토인비}

성공의 비결은 당신이 고통과 즐거움에 휘둘리는 것이 아니라 그 고통과 즐거움을 활용하는 방법을 배우는 것이다. 만일 그렇게 된다면 당신은 자신의 일생을 지배하게 되는 것이다. 만일 그렇게 안 된다면 당신은 인생의 노예가 되는 것이다. {앤서니 라빈스}

상대편이 명예욕에 마음이 쏠려 있을 때, 제물의 이익을 가지고 이야기하면 속물이라고 하여 깔보이고 경원을 당한다. 상대편이 제물의 이익을 바라고 있을 때, 명예를 가지고 이야기하면 몰상식하고 세상일에 어둡다고 하여 소용없는 것으로 인정을 받기 첩경이다.

상대편이 내심으로는 이익을 바라면서 겉으로는 명예를 바라는 때, 이런 자리에 명예를 이야기하면 겉으로는 받아들이는 척하여도 내심으로는 은밀히 성글어진다.

만약 이런 자에게 이익을 가지고 얘기하면 내심으로는 은근히 그것을 받아들이면서도 겉으로는 그것을 경원한다. 그러한 기미를 잘 파악하지 않으면 안 되는 것이다.

{한비자}

제(濟)나라 사람으로 아내 하나와 첩 하나를 데리고 사는 사람이 있었다. 그 남편이 외출을 하면 언제나 꼭 술과 고기를 싫도록 먹고 돌아오곤 했다. 그의 아내가 음식을 대접한 사람이 누구냐고 물으면, 모두 돈 많고 벼슬 높은 사람이라 대답했다. 아내가 첩에게 말했다.

"우리 남편은 밖으로 나가면 언제나 술과 고기를 한껏 자시고 돌아오시는데, 그것을 대접하는 사람이 모두 유명한 부자이거나 고관이라네 그려. 그런데 그 부귀한 분들이 우리 집에는 한 번도 찾아오는 법이 없으니, 내가 남편이 가는 곳을 몰래 따라가서 알아 봐야 하겠네."

그의 아내는 이튿날 아침 일찍 일어나서 남편이 외출하자 그를 미행했다. 남편은 장안 거리를 이곳저곳 돌아다니는데, 아는 체하는 사람이 없었고 말을 거는 사람도 없었다.

마침내 성문 밖 묘지로 나가더니 산소에 제사 지내는 곳으로 찾아가 먹다 남은 음식을 구걸해 먹는 것이었다. 그래도 부족한지 두리번거리다가 다른 곳으로 가서 다시 구걸해 얻어먹었다. 이런 식으로 실컷 배를 채우는 것이었다.

이를 본 여인은 기가 막혀 집으로 돌아와서 첩에게 말했다.

"남편이란 우러러보면서 평생을 살 사람인데, 지금 우리의 남편은 이런 꼴일세."

아내와 첩은 함께 남편을 원망하고 흉을 보면서 안마당에서 서로 붙들고 울었다. 남편은 그런 줄도 모르고 아주 목에 힘을 주고 가슴을 펴며 밖에서 돌아와서는 아내와 첩에게 뽐내고 오만을 떠는 것이었다. {맹자}

청량리 뒷골목.
행려자, 노숙자, 무의탁노인, 걸인 200여 명이 모여
따뜻한 점심을 맛있게 들고 있다.
점심값은 단돈 100원.
밥값 100원은 말하자면 '자존심 유지비'다.
얻어먹는 게 아니라,
사 먹는 것임을 느끼게 해주기 위한 배려다.
그러나 100원을 내지 못하고 그냥
밥을 타 먹는 사람이 대부분이다.

다일공동체라는 기독교인들이
월요일을 빼고는 매일 점심을 마련해주고 있다.
그들이 쉬는 월요일엔,
천주교 프란시스코 수도회가 대신 식사를 대접해준다.
다일공동체 사람들은 그동안 모은 '자존심 유지비'로
단골손님들에게 휠체어도 사주고, 목발도 마련해주었다.
기껏해야 3만 원 정도인 전세 보증금도 보태주었다.

이번에도 동전 2만 5,000개가 모였다.
주최 측은 행려자들의 '자존심 유지비'를
정말 의미 있게 쓰기로 했다.
'가진 사람들'을 부끄럽게 하는데 쓰기로 했다.

건축비가 모자라 모금을 하고 있는
어느 신학대학에, 땅 한 평 값인 250만 원을
이름 없이 기증한 것이다.
행려자들의 자존심을 기초로
그 대학이 세워진다.

{무명씨}

사회적으로 명성을 얻고, 잘하는 행동이 잘못한 것보다 많고, 자녀로부터 존경을 받으며, 손자들이 반가워하고, 친구들로부터 신뢰를 받고, 어려움을 당했을 때 친구들에게 의지할 수 있으며, 하늘을 우러러 '나는 최선을 다했다'라고 자신 있게 말할 수 있는 사람이 바로 성공한 사람이다.

{앤 던디스}

만약 네가 변명하기 위해 나의 불행을 운명의 탓으로 돌렸다면, 그것은 곧 나의 자신이 운명 앞에 굴복했다는 뜻이다. 또 그것을 배신의 탓으로 돌리면, 그것은 내가 배신에 무릎을 꿇었다는 뜻이다. 그러나 잘못을 내 탓이라고 생각하면 달라진다. 그것은 내가 새로운 가능성을 찾아야 한다는 것을 나에게 새로운 용기와 도전이 필요하다는 것을 뜻한다.

{생텍쥐베리}

만일 당신이 외적 요인에 의해 고통을 받는 것이 아니라면 그 고통은 자신의 생각이 만든 것이다. 당신은 언제나 그것을 바꿀 수 있는 능력을 가지고 있다.

{아우렐리우스}

남을 대할 때는 봄바람처럼 따뜻하게, 자신에게는 가을 서리처럼 냉정하게.

{채근담}

어느 날 다윗왕은 궁중의 반지 세공사를 불러 반지를 만들도록 지시하면서 이러한 요구를 합니다.
"내가 슬프고 괴롭고 고통스러울 때 그 어려움을 이겨나갈 수 있는 힘을 주고, 내가 기쁘고 즐거워서 그로 인해서 오만해져 실수하지 않을 수 있도록 상기시켜주는 말을 그 반지 안쪽에 새겨 주시오."
어느 상황 속에서도 스스로의 마음을 다스릴 수 있는 글귀가 새겨진 반지 하나를 만들어 줄 것을 명령한 것입니다. 세공사는 지혜로운 솔로몬 왕자를 찾아가 부탁을 하게 됩니다. 어떻게 다윗왕의 마음을 다스릴 수 있는 글귀를 만들 수 있겠습니까? 그러자 솔로몬 왕자는 이렇게 말합니다.
"이 글귀를 반지에 넣으세요. 이 또한 지나가리라!(Soon it shall also come to pass.)"
승리에 도취한 순간에도 이 글을 보게 되면 왕께서는 자만심을 가라앉힐 수 있을 것입니다. 또한 절망 중에도 이 글을 본다면 왕께서는 큰 용기를 얻게 될 것입니다.

{성경}

사유 1) '이 또한 지나가리라'는 무엇을 의미하는가?

한 신부님이 젊은 과붓집에 자주 드나들자, 이를 본 마을 사람들은 좋지 않는 소문을 퍼뜨리며 신부를 비난했습니다. 그런데 얼마 후 그 과부가 세상을 떠나고 말았습니다. 그제야 마을 사람들은 신부가 암에 걸린 젊은 과부를 기도로 위로하고 돌보았다는 사실을 알게 되었습니다.
그동안 가장 혹독하게 비난했던 두 여인이 어느 날 신부를 찾아와 사과

하며 용서를 빌었습니다. 그러자 신부는 그들에게 닭털을 한 봉지씩 나눠주며 들판에 가서 그것을 바람에 날리고 오라고 하였습니다. 그리고 얼마 후 닭털을 날리고 돌아온 여인들에게 신부는 다시 그 닭털을 주워 오라고 하였습니다. 여인들은 바람에 날아가 버린 닭털을 무슨 수로 줍겠느냐며 울상을 지었습니다. 그러자 신부는 여인들의 얼굴을 뚫어지게 쳐다보며 말했습니다.

"나에게 용서를 구하니 용서해주는 것은 문제가 없으나, 한 번 내뱉은 말은 다시 담지 못합니다. 험담을 하는 것은 살인보다도 위험한 것이라는 말이 있습니다. 살인은 한 사람만 상하게 하지만 험담은 한꺼번에 세 사람을 해치는 결과를 가져옵니다. 첫째는 험담을 하는 자신이요, 둘째는 그것을 반대하지 않고 듣고 있는 사람들이며, 셋째는 그 험담의 화제가 되고 있는 사람입니다. 남의 험담을 하는 것은 결국 자기 자신의 부족함만 드러내고 마는 결과를 가져올 뿐입니다." 〈함순임〉

02

삶 · 현실

삶은 정답이 없다. 삶에서의 그 어떤 결정이라도
참으로 잘한 결정이거나, 너무 잘못한 결정일지라도
정답이 될 수 있고, 오답이 될 수 있다.

매일 아침 잠자리에서 일어날 때 미소 짓는 것, 기회가 가득 찬 하루하루에 감사하는 것, 깨끗한 손으로 나의 일에 임하는 것, 내가 무슨 일을 하든 그 일을 정말로 내 인생에 가장 아름다운 천직이라 생각하고 일하는 것, 모든 사람들에게 내 얼굴의 미소와 내 가슴의 사랑으로 대하는 것, 친절하고 예의바른 사람이 되는 것, 낮에 최선을 다해 일했기에 잠자리에 들 때는 피곤과 기쁨의 이중주로 달콤한 잠에 드는 것, 그런 식으로 나의 일생을 보낼 수 있다면… {토머스 데커}

대중의 소리를 막는 것은 강을 막는 것보다 어렵다. {공자}

내가 부러워하는 행복이란, 안락함이나 성공에서 오는 것이 아니라, 소박한 기쁨을 맛보고 그러한 기쁨들과 조화를 이루는 능력, 그리고 그런 기쁨을 자주 만들어 내는 능력에서 오는 것이다. {피에르 쌍소}

사랑은 아무에게나 때와 장소를 가리지 않고 불쑥 찾아왔다가 몸속에 아무런 항체도 남기지 않은 채 불쑥 떠나버리는 감기 바이러스와도 같은 게 아닐까요. {구효서}

어느 시인이 들녘에 널린 수많은 들꽃들의 이름을
하나하나 구별해서 부를 줄 안다면,
그것은 그이가
꽃이 존재하는 이유를 아는 사람이기 때문이다.

이름을 알게 된다는 것은
그 존재의 형식을 아는 것뿐만이 아니라
존재의 내용과 존재의 이유까지를 알게 된다는 뜻이다. {안도현}

단단한 돌이나 쇠는 높은 곳에서 떨어지면 깨지기 쉽다. 그러나 물은 아무리 높은 곳에서 떨어져도 깨지는 법이 없다. 물은 모든 것에 대해서 부드럽고 연한 까닭이다. 저 골짜기에 흐르는 물을 보라. 그의 앞에 있는 모든 장애물에 대해서 스스로 굽히고 적응함으로써 줄기차게 흘러, 드디어는 바다에 이른다. 적응하는 힘이 자제로 와야 사람도 그가 부닥친 운명에 굳센 것이다. {공자}

달이 늘 한쪽만 보여 주듯 사람들의 삶도 그러하다. 짐작으로만 알고 있는 가려진 삶 정작 중요한 것은 그쪽이다. {장 그르니에}

기쁨은 달콤한 환상이나 순간적으로 찾아오는 싸구려 감상이 아니다. 내가 진실을 이야기할 때, 무언가 열심히 배울 때, 우정을 소중하게 간직하고 서로를 사랑할 때, 새로운 세계를 기꺼이 받아들이며 스스로 원하는 삶을 살 때 기쁨은 찾아온다. {샤를로테 케이슬}

삶에는 정답이라는 것이 없습니다. 삶에서의 그 어떤 결정이라도 심지어 참으로 잘한 결정이거나, 너무 잘못한 결정일지라도, 정답이 될 수 있고, 오답도 될 수 있는 거지요. 참이 될 수도 있고, 거짓이 될 수도 있는 겁니다. 그런데도 사람들은 정답을 찾아 끊임없이 헤매고 다니는 것이 습(習)이 되어 버렸습니다. 정답이 없다는 것은 다시 말하면 모두가 정답이 될 수도 있고, 모두가 어느 정도 오답의 가능성도 가지고 있다는 것이지요. 지나온 삶을 돌이켜 후회를 한다는 것은 지난 삶의 선택이 잘못되었다고 정답이 아니었다고 분별하는 것입니다. 그럴 필요는 없습니다. 지금 이 자리가 정확히 내 자리가 맞습니다. 결혼을 누구와 할까에 무슨 정답이 있을 것이며, 대학을 어디를 갈까에 무슨 정답이 있겠고, 어느 직장에 취직할까에 무슨 정답이 있을 수 있겠습니까? 그때 그 사람과 결혼했더라면, 그때 그 대학에 입학했더라면, 그때 또 그때… 한없이 삶의 오답을 찾아내려 하지 마세요. 정답, 오답 하고 나누는 것이 그 분별이 괴로움을 몰고 오는 것이지, 우리 삶에는 그런 구분이란 애초부터 없다는 것을 알아야지요. 어느 길이든 정답, 오답 나누어 정답인 것이 아니라, 그냥 그냥 다 받아들이면 그대로 정답인 것입니다. 정답 아닌 정답이며, 오답 아닌 오답인 것이지요. 〈법정스님〉

삶이란 도대체 무엇을 의미하는 걸까요. 삶이라는 것은 사실 놀라운 것이 아닐까요? 새들, 꽃들, 울창한 나무들, 하늘, 별들, 강과 그 속에서 노니는 물고기들, 이 모든 것이 삶입니다. 또한 삶이란 구차스러운 것이면서 풍요로운 것입니다. 삶이란 각종 단체들과 민족들과 국가들 사이에서 벌어지는 영원한 전쟁입니다.
삶이란 명상이고, 우리들이 종교라고 말하는 그 어떤 것이며, 마음속의 비밀들, 예를 들어 질투, 욕망, 열정, 무서움, 충만함 불안 등입니다. 삶이란 이 모든 것들이며 또한 이것들을 초월한 그 무엇입니다.

{크리슈나무르티}

삶이 그대를 속이더라도 서러워하거나 노하지 말라.
서러운 날을 참고 견디면 멀지 않아 기쁨의 날이 오는 것이다.
마음은 미래에 사는 것, 현재는 언제나 서글프다.
모든 것은 삽시간에 지나가는 것이다.

{푸시킨}

손에 흙 하나 묻히지 않고 집을 갖는다는 것은
저 제비들에게 얼마나 미안한 일인가
볏짚 한 오라기 엮어 얹지 않고
진흙 한 톨 물어다 바르지 않고
너나없이 창문 큰 집을 원하는 것은
세상에 그만큼 훔치고 싶은 것이 많기 때문인가

허구한 날 공중에 떠서 살아가다 보면
내 손으로 땅 위에 집을 한 채
초가삼간이라도 지어보고 싶을 때가 있다
혹시 바람에 찢기고 무너진다 해도
훗날 내 자식새끼들이 자라면 꽁지깃을 펴고
실패하지 않는 집을 다시 지을 테니까.

{안도현}

한 교수가 급히 달려오는 학생과 부딪쳤다.

"학생은 무슨 일로 뛰어오다가 나와 부딪쳤는가?"

교수가 물었다.

"강의시간에 늦을 것 같아서 뛰어가던 중입니다."

학생이 대답했다.

"그렇게 사생결단을 내듯 달려가서 강의는 들어 무엇하려고 그러는가?"

"학점이 잘 나와야 하잖아요?"

"학점은 잘 받아서 무엇하려고?"

"좋은 성적으로 졸업을 해야 좋은 직장을 구할 수 있습니다."

"좋은 직장은 구해서 무엇하게?"

"그래야 멋진 여자를 만나 가정을 이룰 수 있는 것 아닙니까?"

"그 다음은 어떻게 되겠는가?"

"자식을 낳아 기르게 되겠지요."

"그 다음은?"

"나이 들어 늙고 병들면 죽는 거죠, 뭐."

"그럼 지금 학생은 죽기 위해 기를 쓰고 뛰어가던 중이 아닌가?"

{무명씨}

아버지,
술 한 잔 걸치신 날이면
넌 나처럼 살지 마라
어머니,
파스 냄새 물씬한 귀갓길에
넌 나처럼 살지 마라
이 악물고 공부해라

좋은 사무실 취직해라
악착같이 돈 벌어라
악하지도 못한 당신께서
악도 남지 않은 휘청이는 몸으로
넌 나처럼 살지마라 울먹이는 밤
내 가슴에 슬픔의 칼이 돋아날 때
나도 이렇게는 살고 싶지 않아요
스무 살이 되어서도
내가 뭘 하고 싶은지도 모르겠고
꿈을 찾는 게 꿈이어서 억울하고
어머니, 당신의 소망은 이미 죽었어요
아버지, 이젠 대학 나와도 내 손으로
당신이 꿈꾸는 밥을 벌 수도 없어요
넌 나처럼 살지 마라, 그래요
난 절대로 당신처럼 살지는 않을 거예요
자식이 부모조차 존경할 수 없는 세상을
제 새끼에게 나처럼 살지 말라고 말하는 세상을
난 결코 살아남지 않을 거예요.
아버지, 당신은 나의 하늘이었어요
당신이 하루아침에 벼랑 끝에서 떠밀려
어린 내 가슴 바닥에 떨어지던 날
어머니, 내가 딛고 선 발밑도 무너져 버렸어요
그날, 내 가슴엔 영원히 사라지지 않는 공포가
영원히 지워지지 않을 상처가 새겨지곤 말았어요
세상은 그 누구도 믿을 수 없고
그 어디에도 기댈 곳도 없고

돈 없으면 죽는구나
그날 이후 삶이 두려워졌어요
넌 나처럼 살지 마라
알아요, 난 죽어도 당신처럼 살지는 않을 거예요
제 자식 앞에 스스로 자신을 죽이고
정직하게 땀 흘려온 삶을 내팽개쳐야 하는
이런 세상을 살지 않을 거예요
나는 차라리 죽어 버리거나 죽여 버리겠어요
돈에 미친 세상을, 돈이면 다인 세상을
어머니, 아버지,
돈이 없어도 당신은 여전히 나의 하늘입니다
당신이 잘못 산 게 아니잖아요
못 배웠어도, 힘이 없어도,
당신은 영원히 나의 하늘입니다.
아버지, 어머니,
다시 한 번 예전처럼 말해주세요
나는 없이 살아도 그렇게 살지 않았다고
나는 대학 안 나와도 그런 짓 하지 않았다고
어떤 경우에도 아닌 건 아니다
가슴 펴고 살아가라고
다시 한 번 예전처럼 말해주세요
누가 뭐라 해도 너답게 살아가라고
너를 망치는 것들과 당당하게 싸워가라고
너는 엄마처럼, 아빠처럼 부끄럽지 않게 살으라고
다시 한 번 하늘처럼 말해주세요.

{박노해}

두 눈이 있어 아름다움을 볼 수 있고,
두 귀가 있어 감미로운 음악을 들을 수 있고,
두 손이 있어 부드러움을 만질 수 있으며

두 발이 있어 자유스럽게 가고픈 곳 어디든 갈 수 있고,
가슴이 있어 기쁨과 슬픔을 느낄 수 있다는 것을 생각합니다.

나에게 주어진 일이 있으며,
내가 해야 할 일이 있다는 것을
날 필요로 하는 곳이 있고,
내가 갈 곳이 있다는 것을 생각합니다.

하루하루의 삶의 여정에서 돌아오면
내 한 몸 쉴 수 있는 나만의 공간이 있다는 것을
날 반겨주는 소중한 이들이 기다린다는 것을 생각합니다.

내가 누리는 것을 생각합니다.
아침에 보는 햇살에 기분 맑게 하며
사랑의 인사로 하루를 시작하며

이들의 해맑은 미소에서 마음이 밝아질 수 있으니
길을 걷다가도 향기로운 꽃들에 내 눈 반짝이며

한 줄의 글귀에 감명 받으며,
우연히 듣는 음악에 지난 추억을 회상할 수 있으며,
위로의 한 마디에 우울한 기분 가벼이 할 수 있으며,

보여주는 마음에 내 마음도 설레일 수 있다는 것을,
나에게 주어진 것들을 누리는 행복을 생각합니다.

볼 수 있고, 들을 수 있고, 만질 수 있고, 느낄 수 있다는 것에,
건강한 모습으로 뜨거운 가슴으로
이 아름다운 한 세상을 살아가고 있다는 것에,

오늘도 감사하다는 것을… 《무명씨》

낮은 곳에 있어본 뒤에 높은 곳에 오르는 것이 위태롭다는 것을 알고, 어두운 곳에 있어본 뒤에 밝은 곳을 향하는 것이 눈부시다는 것을 알게 된다. 조용한 곳에 살아본 뒤에 바삐 움직이는 것을 좋아하는 것이 힘들다는 것을 알고, 침묵해 본 뒤에 말 많은 것이 시끄럽다는 것을 알게 된다. 《채근담》

29세의 나이에 단돈 6달러를 가지고 폴란드에서 미국으로 건너왔습니다. 처음에는 할렘가의 유대인 지역에서 현금출납원으로 출발했고, 열심히 노력한 덕에 장사가 잘되어 11년 만에 상당한 부자가 되었으며, 77세가 되는 해에 은퇴하여 조용한 삶을 보내고 있었습니다. 그리고 노인학교에 나가서 잡담을 하거나 체스를 두는 것이 고작이었습니다. 그러던 어느 날, 한가로이 노인클럽에서 체스 상대를 기다리고 있는데 클럽의 젊은 봉사자가 다가와 말을 붙였습니다. “그냥 그렇게 앉아 계시느니 미술실이나 가서 그림이나 그리시지요?” 그러자 해리 리버맨은 조금 당황해서 이렇게 물었다. "내가 그림을? 나는 붓 잡을 줄도 모르는데…", “그야 배우

면 되지요?", "그러기엔 너무 늦었어. 나는 이미 일흔이 넘었는걸.", "제가 보기엔 할아버지의 연세가 문제가 아니라, 할 수 없다고 생각하는 할아버지의 마음이 더 문제 같은데요." 젊은이의 그런 핀잔은 곧 그 할아버지로 하여금 미술실을 찾게 했습니다. 그림을 그리는 일은 생각했던 것만큼 어렵지도 않았으며 더욱이 그 연세가 가지는 풍부한 경험으로 인해 그는 성숙한 그림을 그릴 수가 있었습니다. 붓을 잡은 손은 떨렸지만, 그는 매일 거르지 않고 그림을 그릴 수가 있었습니다.
이 새로운 일은 그의 마지막 인생을 더욱 풍요롭게 장식해 주었습니다. 그가 바로 평론가들이 '미국의 샤갈'이라고 극찬했던 '해리 리버맨(Harry Lieberman, 1880~1983)'입니다. 그는 이후 많은 사람들의 격려 속에서 죽을 때까지 수많은 그림을 남겼으며 백 한 살, 스물 두 번째 전시회를 마지막으로 삶을 마쳤습니다.

{김하}

숨은 한 번 들이키면 반드시 한 번은 내쉬어야 한다. 제아무리 욕심 많은 사람이라도 숨을 두 번 들이쉬고 한 번 내쉬며 살 수는 없다. 어느 누구도 들이킨 만큼은 내쉬어야 한다. 숨은 재산처럼 모아서 쌓아둘 수가 없다. 들이킨 숨을 모으기 위해서 내쉬는 숨을 참는 사람은 이 세상에 아무도 없다. 숨을 지키는 일은 단지 숨을 내쉬는 일이다. 한꺼번에 헐떡이며 숨을 들이키면 들이킨 만큼 내쉬지 않으면 안 된다.
살아가는 일도 숨 쉬는 일처럼 리듬이 있어야 한다. 리듬이 들어왔다가 나가고, 나왔다가 들어가는 일이다. 오르고 내리는 일이며, 내리고 오르는 일이다. 사람들은 무엇이든 들이기는 좋아하면서도 내보내는 일은 싫어한다. 어느 자리든 올라가는 일은 좋아하면서도 내려오는 일은 두려워한다. 그러나 잘사는 사람은 내보내기를 즐겨하는 사람이다. 진정으로 오를 줄 아는 사람은 내려오는 것을 두려워하지 않는 사람이다. 생각에

도 리듬이 있어야 한다. 강과 약, 높고 낮음, 크고 작음이 함께 조화를 이루는 파도와 같은 리듬이 있어야 한다.
생각은 어느 순간 산더미처럼 솟구쳤다가는 호수처럼 잔잔해지는 파도의 얼굴이어야 한다. 아니, 때로는 태풍처럼 강하게 몰아치다 가끔은 아지랑이처럼 속삭일 줄 아는 파도의 모습이어야 한다. 어디에도 머물지 않는 바람의 모습이어야 한다. {노희석}

이 세상이 나를 위해 존재하는 것 같고, 내가 분명 이 세상에 존재할 필요가 있는 것으로 느껴질 때 이 세상이 얼마나 고마운지 모릅니다. 누군가에게 고마움을 느낄 때 만나는 사람마다 다시는 헤어지고 싶지 않은 정겨움을 느낄 때 그때에 나는 이 세상에 나 혼자 버려둔 존재가 아님을 깨닫게 되고, 그런 앎을, 그런 깨우침을, 그런 느낌을 가지며 행복을 느끼게 됩니다.
아우구스티누스는 "어떠한 경우든지 기쁨이 많으면 많을수록 그보다 앞서 고통 또한 많다."고 말했습니다. 비가 내린 후에 공기가 신선하듯이 아마도 지금 당신이 괴롭다면, 그 괴로움 뒤에 오는 기쁨은 참 신선하게 다가올 거예요. 사람과 사람 사이의 좋은 만남이 있는 곳에 행복이 깃드는 거예요. 사람과 사람 사이에는 고통도 있지만 행복도 있는 거예요. 그러므로 사람을 피해서는 어떤 행복도 있을 수 없는 거예요. 우리가 사람들 숲에서 살아감이, 그 숲을 헤쳐감이 설령 괴로워도 그 숲에, 그 사람들 숲속에만 행복은 숨겨져 있는 거예요. 우리가 어렸을 적 소풍갔을 때 보물을 감추는 선생님은 절대로 우리가 갈 수 없는 먼 곳에 보물을 감춘 적이 없어요. 우리가 찾고 싶어 하는 행복도 먼 곳에 있는 것이 아니라 우리의 발밑, 바로 우리 옆에 숨겨져 있을 뿐이에요. 우리가 무엇엔가에, 누군가에게 고마움을 느끼는 순간, 그 행복이라는 보물은 갑자기 우리 눈에 보여지는 거예요. 사랑의 눈으로 세상을 보면 세상은 진정 아름답습니다. 사랑의 눈으로 사물을 보면 그 사물은 생명 있는 존재로 다가옵니다. 늘 감사하는 마음으로 살면 행복이 보일 거예요. 늘 누군가에게 의미 있는 삶을 살았으면 좋겠습니다. 누군가에게 옆에 있음으로 기쁨을 주는, 평화를 심어주는 삶이면 싶습니다. 누군가에게 의미 있는 존재가 될 때, 누군가에게 득이 되는 존재가 될 때, 우리는 우리들 자신의 삶의 가치와 행복을 느끼게 됩니다. 진정 그 행복은 긍정적인 생각으로 살아가고 세상에 고마움을 느낄 때 찾아오는 것임을 압니다.

그래요. 오늘은 누군가에게, 그 무엇엔가에 고마움을 느껴보자고요. 오늘 만나게 될 모든 이들에게 고마운 마음을 가져 보자고요. {최복현}

03

갈등 · 화해

자연이 우리에게 무엇보다도 먼저 권고한 것은 화합이다.

지난날의 적과 화해하는 것은 비겁한 일이 아니라 현명한 처사이다. 그것은 불가피한 것을 받아들이는 것이다. {A. 지드}

인간에겐 세 가지 싸움이 있는데, 그 첫째가 인간이 자연과 싸움이요, 둘째는 사회에 있어서의 싸움이요, 셋째는 마음 세계에 있어서의 싸움이다. {빅토르 위고}

실상 질투란 말부터가 얼마나 불결한 것입니까. 거기에는 얼마나 비천한 인격과 불신이 내포되어 있는 것이겠습니까? {유치환}

증오는 사람을 맹목으로 한다. {오스카 와일드}

I

나의 어깨 위에
괴로운 머리를 얹으십시오. 말없이
눈물의 달콤하고 서럽게 지친 앙금을
남김없이 맛보십시오.

이 눈물을
간절히 소망하여 답답하게
보람도 없이
그리워할 날이 올 것입니다.

II

나의 머리 위에
그 손을 얹으십시오. 나의 머리는 무겁습니다.
나의 청춘을
언제인가 당신은 앗아갔습니다.

끝없이 아름답게 여겨지던
화사한 청춘과 기쁨의 샘은
되찾을 수 없게 사라져 가고
슬픔과 노여움만 남아있을 뿐입니다.

심한 열정에 들떠서
지나간 사랑의 갖가지 기쁨이
잠자지 않는 나의 꿈을 스치다가
상처를 입은 그 끝없는 밤들이.
드물게 휴식할 때만은, 나의 청춘이
수줍은 창백한 손님처럼
나에게로 다가와 신음하며
나의 마음을 무겁게 합니다.

나의 머리 위에
그 손을 얹으십시오. 나의 머리는 무겁습니다.
나의 청춘을
당신은 나에게서 앗아갔습니다.

{헤르만 헤세 · 나의 사랑하는 사람에게}

병자호란 때 우리의 역사는 중대한 시련을 겪었다. 쓰디쓴 경험이기도 하다. 만주대륙에서 힘을 떨치기 시작한 여진족은 드디어 중국대륙을 제압하고 우리나라를 넘보게 되었다. 인조 14년 12월 9일, 여진족 · 몽고 · 한인(漢人) 등으로 편성된 십만 대군이 꽁꽁 얼어붙은 압록강을 건너 바람처럼 한양으로 치달아왔다. 싸움에 이골이 난 철기(鐵騎)들이라 마치 빈 들판을 달리듯 마구 진격해 왔다. 조정에서는 경황이 없었다. 놀란 조정대신들이 14일에 임금을 모시고 피난을 가는데, 이미 청군(淸軍)의 일부가 서울 근교에 득달해 길을 막고 있었다. 급한 나머지 남한산성으로 들어갈 수밖에 없었다. 청군은 물밀듯이 몰려와서 산성을 에워쌌고 그 수는 자꾸 불어 이십만이나 되었다.

이에 맞서는 성 안의 군사는 일만 삼천 명, 임금 이하 백관이 삼백여 명, 양식도 일만사천삼백 석에 불과했고, 간장이 이백 이십여 독, 겨우 오십여 일 먹고 지낼 수 있는 분량이었다.

정월 스무 이튿날에는 강화도가 함락되고 그곳으로 피난 갔던 빈궁, 세자, 조정대신의 가족 등 이백여 명이 사로잡혀 남한산성 아래 청군의 진영으로 호송되어 왔다. 성 안에서는 모두들 발을 동동 굴렀지만 별 수가 없었다. 더구나 사방에서 달려오던 구원병은 한결같이 중도에서 청군에 의해 격파되어 죽거나 달아나 버리는 형세였다. 이대로 가다간 남한산성은 말할 것도 없고 삼천리강토가 도적의 말발굽 아래 짓밟혀 이 나라는 흔적도 없이 망하고 말 판국이었다.

성 안에서 주화파(主和派)와 척화파(斥和派)가 날카롭게 대립하기 시작했다. "항복하자. 우선 이 나라 이 민족을 살려 놓고 보자. 기회는 다시 온다." 주화파의 대표는 이조판서 최명길이었다. 호를 지천(遲川)이라고 하는 그는 뛰어난 학자요 유능한 정치가였다.

"안 된다! 오랑캐에게 무릎을 꿇을 수는 없다! 차라리 죽자! 죽지 않는 사람 없고, 망하지 않는 나라 없다. 한 번 싸워 모두 죽자."

척화파의 대표는 예조판서 김상헌이었다. 호를 청음(淸陰)이라 하는 그도 역시 꼿꼿한 선비로 얼음장 같이 맑은 기상의 소유자였다.
최명길이 항복하는 국서를 써서 청진(淸陣)에 보내려는데 김상헌이 이를 뺏어 찢어버렸다. 이를 본 최명길이 찢어진 걸 주워 다시 붙였다. 당시 사람들은 말했다.
"찢는 사람도 없어서는 안 되고, 줍는 사람도 없어서는 안 된다."
강화가 성립된 후에 김상헌은 청나라로 잡혀갔다. 강화를 반대한 죄목이다. 그런데 최명길도 얼마 후 잡혀갔다. 청나라 몰래 명과 내통하고 군비 증강을 꾀한 죄목이다. 두 사람은 적국의 수도에서 감방을 이웃해 갇혀 있게 되었다. 그때까지 김상헌은 최명길을 '나라 팔아먹은 자'로 매도하고 있었고, 최명길은 김상헌을 '의리를 앞세워 이름만 낚는 자'로 생각했다. 그러나 이때 두 사람의 오해가 풀렸다.
청음이 지천에게 시를 보냈다.

끓는 물도 얼음도 다 물이고
갑옷도 베옷도 모두 옷인 것을
마침내 둘 사이 좋아졌으니
문득 오랜 의심 풀렸네.

지천도 시를 보냈다.

그대 마음은 바위 같아 굴리기 어렵고
내 도(道)는 고리가 돌고 돈다네.

두 분 다 결국은 조국으로 돌아와 다시 조정에 서게 된다. 탕(湯)이나 빙(氷)이 모두 물인 것처럼, 강화를 주장한 사람도 척화를 주장한 사람도

다 애국애족자인 것만은 틀림없다. 그렇지만 방법은 다르다. 한 사람은 바위마냥 꿋꿋하게 버티었고, 한 사람은 고리마냥 둥글둥글 융통성을 보였다.

지천 최명길을 지자(智者)로, 청음 김상헌을 인자(仁者)로 견준 바는 아니다. 역사의 고비에서 그 매듭을 푸는 자세에 두 가지 방법이 있다는 뜻이고, 다 갖춰야 국가도 민족도 살게 된다. 개인도 마찬가지다. 살아가는 자세에 두 가지를 겸해야 옳다.

{최근덕 · 논어 인간학}

04

거짓 · 진실

진실은 사람이 가지고 있는 최고의 것이다.

거짓은 노예와 군주의 종교다. 진실은 자유로운 인간의 신이다. {고리키}

그대 무엇을 꾸미고자 하는가? 우리들은 먼저 허위의 탈을 벗어 던지지 않으면 안 된다. 진실은 허위를 벗어 던지면 저절로 나타나게 되어 있다. 따뜻한 봄이 오면 겨울옷을 벗어 던지듯이 그대의 허위의 탈을 벗어 던져라. 진리를 얘기하는 자리에 장식은 필요 없다. {가브리엘 마르셀}

깊고 무서운 진실을 말하라. 자기가 느낀 바를 표현하는 데 있어 결코 주저하지 말라. 깨닫기만 하고 실천을 안 하면 깨달음이 아무 소용없다.
{칼 힐티}

남들이 우리에게 말하는 것이 진실임을 반성해 보면 두렵기 짝이 없다.
{로건 P. 스미스}

내가 먼저 할 일은 나 자신에게 진실해야 한다는 점이다. 어찌 자신이 진실치 못하면서 남이 나에게 진실하기를 바라겠는가? 만일 그대가 그대에게 진실하다면 밤이 낮을 따르듯 아무도 그대에게 거짓말을 하지 않게 될 것이다. {셰익스피어}

당신의 신부, 변호사, 의사에게는 어떤 일이 있더라도 당신의 진실을 숨겨서는 안 된다. {존 해링턴 경}

대체로 진실에는 두 가지 면이 있다. 따라서 우리들은 어느 한 쪽에 치우치기 전 먼저 그 양면을 잘 살펴보아야 한다. { 이솝 }

독침이 박혀 있는 진실이 아니면 진실을 얘기하지 않는 사람으로부터 나쁜 의도를 품고 선을 행하는 사람으로부터 그리고 다른 사람들의 결점을 헐뜯음으로써 자신의 위치를 굳히려는 사람으로부터 나를 해방시켜 달라. { 칼릴 지브란 }

그대가 순진하고 맑고 결백한 마음을 간직했다면, 열 개의 진주 목걸이보다도 더 그대 행복을 위한 빛이 될 것이다. 그대가 지금 불행한 환경에 있더라도 만일 그대 마음이 진실하다면, 아직 힘찬 행복을 간직하고 있는 것이다.
왜냐하면 진실한 마음에서만 인생을 헤어날 힘찬 지혜가 우러나오기 때문이다. 아무리 그대가 지위 있고 지식이 많아도 인간의 진실을 잃는다면 그 지위도 지식도 그대의 몸에 붙지 못할 것이다. { 페스탈로치 }

어떠한 허위도 그것 때문에 또다시 다른 허위를 날조하는 일 없이는 주장할 수 없다. { 레싱 }

타인에게 대한 거짓은 자기 자신에게 대한 거짓만큼 중대한 것도 아니며 또한 유해한 것도 아니다. 타인에게 대한 거짓은 흔히 즉흥일 수도 있고, 혹은 일장의 허영심의 만족에 불과한 것이다.
이에 반하여 자기 자신에게 대한 거짓은 항상 진리에 대한 배반이며 인생의 요구에 대한 배반인 것이다. {톨스토이}

오후 네 시쯤, 김 경장은 아파트 단지에 도둑이 들었다는 신고 전화를 받았습니다. 그는 즉시 출동하여 도둑이 든 집의 문을 두드렸지만 아무도 문을 열어주지 않았습니다. 문을 두드리던 김 경장은, 도둑이 경찰 출동을 알게 되면 가족을 해칠지도 모른다는 생각이 들었습니다. 그는 동료에게 현관을 지키도록 하고, 베란다를 통해 아파트 안으로 들어가기로 했습니다. 김 경장은 위층에서 밧줄을 타고 4층 베란다로 내려왔습니다. 그런데 그만 발을 잘못 디뎌 떨어지고 말았습니다. 병원에서 한 달 동안 혼수상태로 지내던 김 경장은 끝내 숨을 거두고 말았습니다. 그런데 도둑이 들었다는 신고는 장난 전화로 밝혀졌습니다. 꼭 1년 전 울산에서 일어났던 일입니다. {무명씨}

조선 초 태종 때의 사람 윤회(尹淮)는 호를 청향당(淸香堂)이라 하는 학자로, 벼슬이 병조판서(兵曹判書) · 대제학(大提學)에 이르렀다.
그가 젊었을 때 길을 가는데 날이 어두워 시골 객점(客店)에 이르렀다. 그러나 객점 주인은 방이 없다며 재워 주기를 거절했다. 할 수 없이 마당

끝 헛간에서나마 하룻밤 지새울 수밖에 없다고 생각하고 앉아 있으려니, 객점 주인의 어린 아들이 커다란 진주(眞珠)를 들고 나와 마당에서 놀다가 떨어뜨렸고 이를 본 거위가 날름 삼켜버리는 것이었다. 이윽고 객점 주인이 집안에 소중히 간직한 진주 구슬이 없어졌다면서 떠들썩하게 찾다가 윤회를 보고는 잔뜩 의심을 하는 것이었다.

"네가 아무래도 수상하단 말이여!"

노골적으로 나오는데 윤회는 아무런 변명도 하지 않았다. 주인은 종내 윤회를 도적으로 몰고는 그를 헛간 기둥에다 결박하고서 으름장을 놓았다.

"날이 새면 관아에 발고를 할테여! 어서 진주를 내놓으란 말여!"

그러나 윤회는 조용히 말했다.

"나를 관아로 끌고 가든 말든 그건 내일 일이고, 지금 당장 저 거위를 끌어다가 내 옆에 매어 주시오."

"거위는 왜?"

"내일 아침 보면 알게 될 것이오."

객점 주인은 윤회의 말이 의아스러웠지만 여하튼 거위를 윤회 옆 기둥에다 매어 주었다. 윤회는 억울하게 누명을 쓰고 기둥에 꽁꽁 묶인 채 하룻밤을 지내게 되었다. 이튿날 아침에 보니 거위가 똥을 누었는데 그 속에 진주가 있었다. 객점 주인이 크게 무안해서 물었다.

"어제 왜 거위가 삼켰다고 말하지 않았오?"

윤회의 대답은 이러했다.

"내가 그 말을 했다면 당신 기세로 봐서 필시 거위를 잡아 배를 갈라서 구슬을 찾아내고 말았을 터이니, 공연히 거위만 죽게 되지요." {무명씨}

밝은 빛깔은 금과 돌을 뚫는다. 진실 일념은 무엇이고 뚫고 나가지 못함이 없다. {주자}

보는 것은 믿는 것이지만, 느끼는 것은 진실이 된다. {토마스 풀러}

우리가 알고 있는 모든 진실은 모든 이들에게 되돌려 주는 것이지, 오직 우리 자신만을 위해 간직하는 것이 아니다. {엘리자베스 캐디}

우리들이 진실을 깨닫게 되는 것은 이성뿐만 아니라 감정을 통해서도 이루어진다. {파스칼}

정직한 사람은 모욕을 주는 결과가 되더라도 진실을 말하며, 잘난 체하는 자는 모욕을 주기 위해서 진실을 말한다. {W. 헤즐리트}

진실도 때로는 우리를 다치게 할 때가 있다. 하지만 그것은 머지않아 치료를 받을 수 있는 가벼운 상처이다. {앙드레 지드}

진실 없는 삶이란 있을 수가 없다. 진실이란 삶 그 자체인 것이다. {카프카}

진실에서 나오는 사람의 지성은 서리도 내리게 하고, 성곽도 무너뜨리며, 금석도 뚫을 수 있다. 하지만 허위에 찬 사람은 형체만 헛되이 갖추었을 뿐 참됨은 이미 망한지라. 사람을 대하면 얼굴도 밉살스럽고 홀로 있으

면 제 모습과 그림자도 스스로 부끄러워지느니라. {채근담}

진실은 그 어떤 시련도 두려워하지 않는다. {토마스 풀러}

진실은 모든 존재의 근원이며 종말이다. {공자}

진실은 빛과 같이 눈을 어둡게 한다. 거짓은 반대로 아름다운 저녁노을처럼 모든 것을 멋지게 보이게 한다. {까뮈}

진실은 언제나 시간이라는 발에 의지하여 절룩거리며 느릿느릿 걸어가는 것이다. {그라시안}

진실은 언제나 우리의 가장 가까운 곳에 있다. 다만 사람들이 그것에 주의하지 않았을 뿐이다. 항상 진실을 찾아야 한다. 진실은 우리를 늘 기다리고 있다. {파스칼}

진실을 구해 인간은 두 걸음 앞으로 나서서 한 걸음 물러선다. 고뇌와 과실과 생에 대한 권태가 그들을 뒤로 던져 버리지만, 진실에의 열망과 불굴의 의지는 앞으로 몰아세운다. {체호프}

진실의 세련된 표현이 테크닉이다. 모든 일에는 테크닉이 절대로 필요하다. 진실이 가치 있다면 그것은 진실이기 때문이지, 진실을 말하는 것이 용감하기 때문은 아니다. 〈윌리엄 몸〉

진실이란 무엇이냐 또는 인생은 본래 어떤 식으로 짜여져 있느냐 하는 것은 각자가 스스로 생각해 내야 하는 일이지 책 따위에서 배울 수 있는 것은 아니다. 〈헤세〉

진실이 있는 말은 결코 아름답게 장식하지 않고 화려하게 장식한 말은 진실이 없는 법이다. 〈노자〉

진정한 분노는 어리석은 웃음보다 훨씬 아름답다. 그렇다. 진실 된 것은 무엇이든지 아름답다. 〈라즈니쉬〉

처음에는 진실과 조금 밖에 빗나가지 않은 것이라도 후에는 천 배나 벌어지게 된다. 〈아리스토텔레스〉

침묵을 당하는 모든 진실은 독이 된다. 〈니체〉

평탄한 길에서도 넘어지는 수가 있다. 인간의 운명은 그런 것이다. 신 이

외의 누구도 진실을 아는 사람은 없기 때문이다. 〈체호프〉

나이 들어서 늦게 깨닫게 되는, 우리 인생의 첫 번째 진실은 이 세상에 진실로부터 도망칠 수 있는 사람은 없다. 살면서 때로는 피하고 싶은 진실과 맞닥뜨려야 할 때가 있다. 그냥 모른 채 살면 좋겠지만, 진실은 너무 끈질겨서 우리의 발목을 잡고 놓아주지 않는다. 〈고든 리빙스턴〉

05

악

악의 근원은 진리에 대한 무지이다.

악을 생각하는 것은 악을 만드는 것이다. {프레드리히 니체}

유일한 선은 앎이요, 유일한 악은 무지이다. {소크라테스}

노동은 세 개의 악, 즉 지루함과 부도덕, 가난을 제거한다. {볼테르}

허송세월하며 할 일이 없는 사람은 악(惡)으로 끌려가는 것이 아니라 저절로 기울어진다. {히포크라테스}

거짓 지식을 두려워하라. 세계의 모든 악은 거짓 지식으로부터 생겨난다. {공자}

악의 근원은 진리에 대한 무지이다. {석가}

악이라 생각되는 것은 처음부터 생각하지 마라. {에피크테로토스}

하늘은 한 사람의 어진 이를 내어 뭇 사람의 어리석음을 알려주나, 세상은 도리어 잘난 것을 뽐냄으로써 남의 모자라는 곳만 들춰내고 있다. 하늘은 한 사람에게 부를 주어 여러 사람의 곤함을 건지게 함이건만, 세상

은 도리어 저 있는 바를 믿고 사람의 가난함을 깔보나니, 진실로 하늘의 벌을 받을진저. {채근담}

악은 선과 마찬가지로 의지에 근원을 갖고 있다. 의지는 그 개념에서 말한다고 한다면 선이기도 하며 악이기도 하다. … 그러나 악이 개념 속에 있어 필연적이라고 해서 인간의 결의는 인간 자신 행위이며, 인간의 자유와 책임에 속하는 행위라는 것을 대답하지 않으면 안 되는 것이다.

종교상의 신화에서는 선악의 인식을 갖는다는 점에서 인간은 신을 닮았다고 전해지고 있다. 물론 신을 닮고 있다는 것은 이런 경우에는 자연성이 결코 자연 필연성이 아니며, 결의가 선악이라고 하는 이 이중성을 지양하는 그 때문이 아니면 안 된다.

선이나 악이나 다함께 나에게 대립하고 있으니까 나는 어느 쪽을 골라도 좋고 어느 쪽이든 결의할 수 있어서 나의 주관 속에 어느 쪽을 집어 들어가지고 들어오든 관계없다. 그러니까 악의 본성이라는 것은 인간이 악을 의지할 수는 있지만, 그러나 반드시 그것을 의지하지 않으면 안 되게 만드는 것은 아니다. {헤겔}

술기가 약간 있는 세 명의 젊은이가 지하철 안에서 상소리를 하며 거들먹거리더니 앉아 있던 한 남자 대학생에게 시비를 걸었다. 위험을 느낀 대학생이 일어나 피하자, 한 명이 따라와 이유 없이 얼굴을 갈겼다. 대학생은 코피를 쏟으며 어쩔 줄 몰라 했다. 행패를 부린 청년들은 코피를 흘리는 것을 보고도 계속 거들먹거렸다. 만원 상태는 아니었지만 승객들이 적지는 않았다. 그러나 어느 승객도 선뜻 나서려 하지 않았다. 40대 후반의 한 여인이 겨우 나서서 피를 흘리는 대학생에게 다른 칸으로 피할 것을 권하면서 책가방을 챙겨 주었다. 한 젊은 여자가 일어나 계속 피를 흘리는 대학생에게 자리를 양보해 주었다. 건장한 남자도 나이 지긋한 승객도 많았으나 아무런 행동도 취하지 않았다. 그러는 사이에 지하철은 목적지에 닿았고, 술기 있는 세 청년은 지하철 문에 발길질까지 한 뒤 여유만만하게 내려 시시덕거리며 걸어갔다. 이것을 목도한 사람이 어느 신문에 고발한 지하철에서 생긴 끔찍한 사건이다. 며칠 뒤, 그 신문 독자 페이지에 이런 글이 실렸다.

'그러면 그렇게 분노하는 당신은 과연 그때 무엇을 하고 있었는가? 다른 사람들만 꾸짖지 말고, 솔선하여 좀더 용기 있는 행동을 보여주었으면 좋겠다.'

무명씨

청주 우암아파트.

모두가 잠든 새벽 1시, 갑자기 불이 났습니다. 미처 피하지 못한 주민들이 그만 불에 타거나 질식했습니다. 잠시 후 폭발 소리와 함께 4층 건물 전체가 무너져 내렸습니다. 사람들도 부서진 콘크리트와 함께 묻혔습니다. 소방관, 경찰관들이 열심히 화재 진압과 인명구조 활동을 벌였습니다. 시민들도 구경만 하지 않고 나서서 도왔습니다. 이 아파트에 사는 어느 용감한 부부는 불이 나자 집집마다 돌아다니며 이웃들을 대피시켰습니다. 불길이 시뻘건 아파트 복도를 이리저리 뛰어다니며 이웃들을 깨우다가 건물이 붕괴되면서 그들은 함께 파묻혔다고 합니다. 불은 꺼졌고 날은 밝았습니다. 그러나 사랑하는 가족도, 집도, 재산도 다 사라졌습니다. 아파트 건물의 잔해를 실은 트럭들이 쓰레기 매립장으로 향하자, 이재민들은 그리로 달려갔습니다. 쓰레기 더미를 뒤졌습니다. 중요한 물건들을 찾을 수 있을지도 모른다는 생각이 들었기 때문입니다.
장롱 안에 넣어두었던 패물 상자, 양복 주머니에 넣어두었던 지갑이 보였습니다. 그러나 모두 열려진 채 그 속에는 아무 것도 들어 있지 않았습니다.

{무명씨}

06

가난 · 풍요

가난하다는 말은
너무 적게 가진 사람을 두고 하는 말이 아니라,
더 많은 것을 바라는 사람을 두고 하는 말이다.

무엇이든지 풍부하다고 반드시 좋은 것은 아니다. 더 바랄 것이 없이 풍족하다고 그만큼 기쁨이 더 큰 것은 아니다. 모자라는 듯한 여백! 그 여백이 오히려 기쁨의 샘이다. 〈파스칼〉

해외여행이 자율화되면서 주위에 외국 나들이를 다녀온 사람이 부쩍 늘었다. 웬만한 신혼부부들은 괌이나 하와이 같은 곳으로 거침없이 신혼여행을 다녀오고 무슨 효도관광 같은 이름으로 연로한 어른들이 단체 외국 여행에 나서는 것도 심심찮게 볼 수 있다. 휴가철이면 홍콩이나 마카오 같은 비교적 인기 있는 여행지는 한국에서 비행기표 구하기가 아예 그림의 떡이라고 한다. 생활의 여유가 생겨 여행을 할 수 있는 것은 확실히 기분 좋은 일이다. 특히 해외여행의 경우 더욱 그렇다. 나라 안에서의 갑갑한 날개를 펴고 좀더 넓은 곳으로 시선을 돌릴 수 있는 여유와 피곤한 일상을 재충전할 수 있는 기회를 마련하기란 사실 쉽지 않다.

얼마 전 북경 공항에서의 일이다. 자료수집 차 연길로 가는 비행기를 기다리고 있는데, 왁자지껄한 한국말 소리와 함께 한 무리의 단체 여행객이 대기실로 들어왔다. 처음 나는 한국말을 듣고 반가움에 무의식적으로 소리 나는 쪽을 바라보았으나 이내 고개를 돌리고 말았다.

얼핏 내가 바라본 풍경은 마치 파리의 패션쇼를 보는 것만 같았다. 열대여섯 명 되는 그 부인네들은 모두가 온갖 화려한 옷가지를 걸치고 손과 목, 귀에 또한 온갖 화려한 보석을 붙이고 있었다. 그들이 떠드는 소리에 대기실에서 기다리던 다른 승객들이 모두 그들을 한 번씩 보고는 인상을 찌푸렸다.

얼마 후 작은 프로펠러 비행기에 오르자, 비행기 안은 금세 그들이 뿌린 향수 냄새로 가득 차 머리가 아플 정도였다. 그들의 화제는 거기서도 여전히 서울의 부동산 값과 주식 값이었다.

급유를 위해 잠시 심양 공항에 내렸을 적에도, 연길 시내에서 호텔에 들어가는 버스 안에서도 그들은 내내 떠들었고, 나는 내가 그들과 같은 국적을 가졌다는 사실 하나만으로도 썩 부끄러웠다. ┤무명씨├

얼어붙은 풀솔과 풀통을 고물자전거 뒤에 매달고 야간 학생을 모집한 결과는 수용 인원의 배가 넘은 107명이었다. 어렵사리 교실을 마련하여 얼기설기 붙여 놓은 비닐 사이로 눈보라가 들어와도 겨드랑이에 손을 넣어 녹여가며 오직 가르치는 데만 몰두했다.

그런데 며칠 뒤 바로 밑에 있는 초등학교 숙직 교사로부터 다급한 연락을 받고 내려가 보니 정태라는 학생이 꿇어 앉아 울먹이고 있었고, 그 앞에 녹슨 필통과 헌 크레파스가 놓여 있었다. 정태가 도둑질을 했다는 것이다.

"선생님 용서해주세요, 크레파스가 갖고 싶어서 그만…"

정태는 끝내 울음을 터뜨리고 말았다. 지켜보던 나까지 잘못을 빌자, 숙직 교사는 딱한 마음이 들었는지 없었던 일로 하자고 했다. 정태를 데리고 교문 밖 모퉁이에 있는 포장마차 안으로 데려가 다시는 그런 짓 하지 말라며 어깨를 다독여 주며 타이르자, 한 입도 베어 물지 못한 호떡을 손에 든 채 눈물을 훔쳤다.

어두운 골목을 빙빙 돌아 변두리에 있는 정태의 집에 때 아닌 가정방문을 하게 되었다.

"누가 이 밤중에 왔니껴. 우리 정태가 잘못을 저질렀군요."

"아닙니다. 밤길이라 바래다주러 왔습니다."

그래서야 안심하시는 정태 아버지는 그때까지도 누워서 고개만 돌려 말씀을 하셨다.

얼마 전 연탄 배달을 하다가 빙판에 미끄러졌으나 돈이 없어 저절로 병이 낫기만을 기다린단다. 방안으로 들어가 희끄무레한 불빛에 다친 부위를 살펴보니 작은 혹이 나 있고, 검은 부위는 상태가 심상찮았다.

이튿날 아는 사람을 통해 정태 아버지를 입원시키고 수술을 했다. 그때서야 내가 할 일은 아이들에게 글공부나 시키는 것이 아니고, 저들이 자신들의 불행을 이길 수 있는 것을 가르쳐야 하는 사실을 깨달았다.

정태 아버지의 퇴원 얼마 후 야간학교가 야유회를 가는 날이었다. 출발을 서두를 때 정태 아버지가 왔다.

"선생님요 이거 별 것 아니고 매운탕입니더. 받아 주이소. 선생님 덕에 정태도 이제 인간이 돼가는 것 같고, 지도 병이 이제 다 낫습니데이… 정태 놈한테 놀러간다는 얘기는 들었는데 돈이 없으니 생각다 못해 어젯밤 안동댐에서 밤낚시를 한 피라미로 매운탕을 끓여 왔습니더. 별 것 아니니 받아 주이소."

그리곤 내 손에 냄비 보따리를 쥐어주는 것이 미안하다며 인사도 받지 않고 절룩거리며 가버리셨다.

봉정사에 가서 나뭇가지를 주워 매운탕을 데워 여럿이 나눠 먹는데 왜 그리 목이 에미던지.

내가 받은 첫 선물은 세상 어느 선물보다 귀한 선물이었다.

{어느 신문기사}

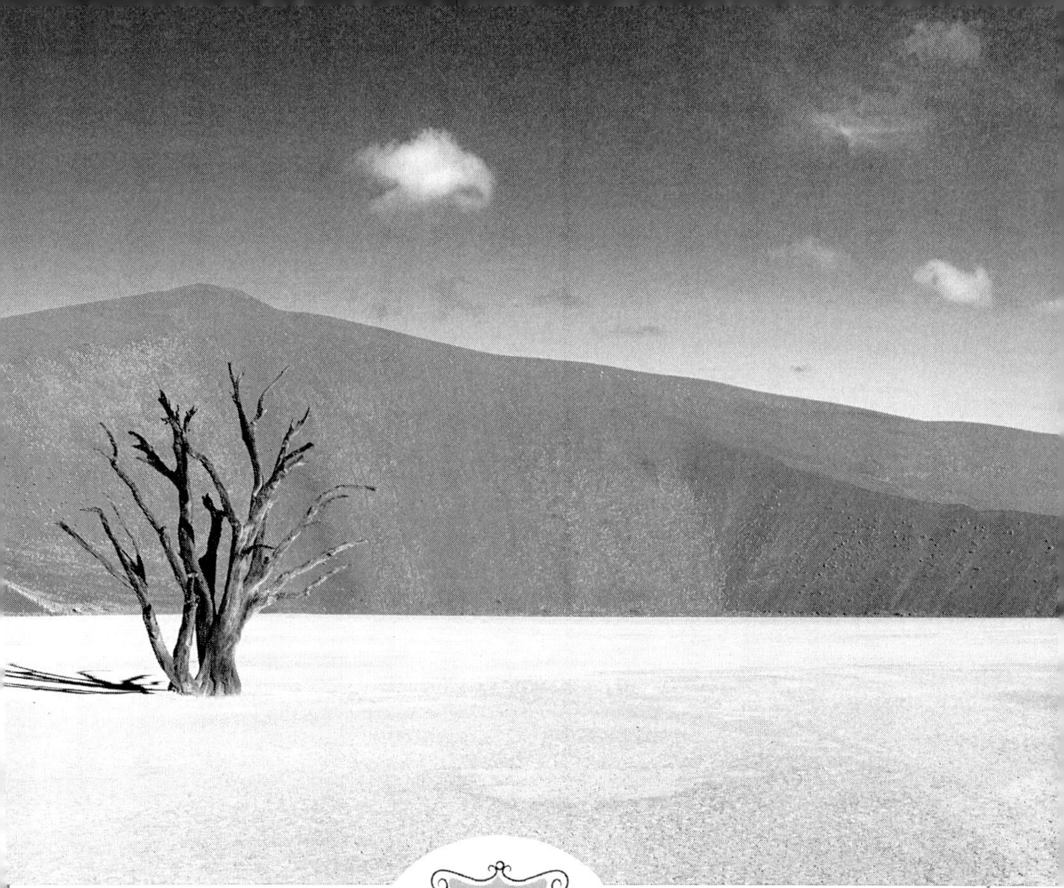

07

이별 · 죽음

죽음 자체보다 죽음의 수반물이
사람을 두렵게 한다.

살아있는 모든 것은 때가 되면 그 생을 마감한다. 이것은 그 누구도 어길 수 없는 생명의 질서이며 삶의 신비이다. 만약 삶에 죽음이 없다면, 삶은 그 의미를 잃게 될 것이다. 죽음이 삶을 받쳐주기 때문에 그 삶이 빛날 수 있다. 얼마 전 한 친지로부터 들은 말이다. 부친의 죽음 앞에 서고 보니 신앙이 무엇인지, 종교가 어떤 의미를 갖는지 묻게 되더라고 했다. '잘 죽는 것이 잘 사는 것보다 어렵다'는 사실이 인생의 중요한 문제풀이처럼 여겨지더라고 말했다.
그렇다. 이 풍진세상을 살아가는 일도 어렵지만, 죽는 일 또한 쉬운 일이 아니다. 순조롭게 살다가 명이 다해 고통 없이 가는 것은 다행한 일이지만, 오랫동안 병상에 누워 본인은 물론 가족들이 함께 시달리게 되면 잘 죽는 일이 잘 사는 일보다 훨씬 어렵게 느껴질 것이다. 그래서 죽음복도 타고나야 한다는 말이 나옴직하다. {법정}

이 세상에 죽음만큼 확실한 것은 없다. 그런데 사람들은 겨우살이 준비하면서도 죽음은 준비하지 않는다. {톨스토이}

죽을 때를 모르는 사람은 살 때도 모르는 사람이다. {러스킨}

나는 죽음을 겁내지 않는다. 다만 의무를 다하지 않고 사는 것을 겁낸다. {하운드}

우환에 살며 안락에 죽는다. {맹자}

창백한 죽음은 가난한 자의 오막살이도 왕후의 궁전도 두드린다. {호라티우스}

새벽 2시쯤 꿈을 꾸니, 내가 말을 타고 언덕 위를 가다가 말이 실족해서 내 가운데로 떨어졌으나 거꾸러지지는 않았다. 그런데 막내아들 면이 나를 붙들어 안는 것 같은 형용을 하는 것을 보고 깨었다. 무슨 조짐인지 알 수가 없다. 늦게 배 조방장과 우후 이의득이 와서 적의 상황을 전한다. 황득중 등이 와서 보고하기를 "내수사의종 강막지라는 자가 소를 많이 치기 때문에 12마리를 끌어갔다."고 한다. 저녁에 사람이 천안에서 와서 집 편지를 전하는데, 떼어 보기도 전에 뼈와 살이 먼저 움직이고 정신이 황난하다. 겉봉을 대강 뜯고 둘째아들 열의 글씨를 보니, 겉에 '통곡'이라는 두 자가 써 있다. 면이 전사한 것을 마음속으로 알고 간담이 떨려 목 놓아 통곡했다. 하늘이 어찌 이다지도 어질지 못한가? 간담이 타고 찢어지는 것만 같다. 내가 죽고 네가 사는 것이 올바른 이치인데, 네가 죽고 내가 살다니 이것은 이치에 잘못된 것이다. 천지가 어둡고 저 태양은 빛이 변하는구나. 슬프다, 내 어린 자식아. 나를 버리고 어디로 갔느냐? 영특한 기상이 보통 사람보다 뛰어났는데 하늘이 너를 머물러 두지 않는가? 내가 죄를 지어서 그 화가 네 몸에까지 미친 것이냐? 이제 내가 세상에 있은들 장차 무엇을 의지한단 말이냐? 차라리 죽어서 지하에 따라가서 같이 지내고 같이 울리라. 네 형과 네 누이와 너의 어머니도 또한 의지할 곳이 없으니 아직 목숨은 남아 있어도 이는 마음은 죽고 형용만 남아 있을 뿐이다. 오직 통곡할 뿐이로구

나. 밤 지내기가 1년처럼 길구나.
이날 밤 9시경에 비가 내렸다. {이순신 · 난중일기}

죽을 때에 죽지 않도록 죽기 전에 죽어 두어라. 그렇지 않으면 정말 죽어 버린다. {엥겔스}

죽음이 다가오는 것을 그처럼 두려워한다는 것은 바로 생전의 사악한 생활의 증거이다. {셰익스피어}

죽음은 때로는 태산보다 무겁고 때로는 새털보다 가볍다. {사마천}

인간에게 가장 고통스러운 죽음은 그가 미리 아는 죽음이다. {바킬리데스}

가끔 죽음에 대하여 생각을 돌려라. 그리고 미구에 죽을 것이라 생각하라. 어떠한 행동을 할 것인가 하고 그대가 아무리 번민할 때라도 밤이면 죽을는지도 모르겠다는 생각을 한다면, 그 번민은 곧 해결될 것이다. 그리하여 의무란 무엇인가, 인간의 소원이란 어떤 것이라야 할 것인가 곧 명백해질 것이다. 아아! 명성을 떨쳤던 사람도 죽고 나면 이렇게도 빨리

잊혀지는 것일까? {소포클레스}

바다가 마르면 밑바닥이 나타나나, 사람은 죽어도 마음을 알지 못한다.
{두순학(杜荀鶴)}

고결하게 죽는 것이 목숨을 건지는 것보다 더 좋으련만. {에스킬루스}

삶은 짧지만 죽음은 결국 인생을 영원하고 신성하게 만든다. {A.A. 프록터}

소치는 사람이 채찍으로 소를 몰아
목장으로 돌아가듯
늙음과 죽음도 또 그러하네
사람의 목숨을 끊임없이 몰고 가네
무엇을 울고 무엇을 기뻐하랴
세상은 끊임없이 타고 있는데
그대들은 어둠 속에 덮여 있구나
그런데도 어찌하여 등불을 찾지 않는가
보라, 이 부서지기 쉬운 병투성이 이 몸을 의지해
편하다고 하는가
욕망도 많고 병들기도 쉬워 거기에는
변치 않는 일체가 없네
목숨이 다해 정신이 떠나면

가을철에 버려지는 표주박처럼
살은 썩고 앙상한 백골만 뒹굴 것을
무엇을 사랑하고 무엇을 즐길 것인가.
포장을 뜯지 않은 건전지처럼 가만히 기다리자
꽃상여가 수많은 사람들을 이끌고 간다 그 안에 관은 없다
사람들이 집을 비운 마을의 한낮은 고요하다
펼쳤던 손을 자르고 아래로 내려간 겨울나무들
바람의 안쪽은 말라 있고 그 맨 앞은 보이지 않는다
꽃상여를 불태우며 없는 죽음을 죽이는 사람들이 활기차다
자물쇠 채워진 우물들이 조금씩 고이고 돌아와 누운
집들이 깊숙해진다
더 기다리자

{ 이문재 · 고요한 나날들 }

잘 보낸 하루가 행복한 잠을 가져오듯이, 잘 쓰여진 인생은 행복한 죽음을 가져온다.

{ 레오나르도 다빈치 }

죽음을 찾지 말라. 죽음이 당신을 찾을 것이다. 그러나 죽음을 완성으로 만드는 길을 찾으라.

{ 함마슐트 }

병실의 밤이 깊어 갑니다. 뜰 앞 은행과 소나무도 어둠 속에 윤곽을 잃은 지 오래고, 인가의 등불도 하나 둘씩 꺼져 갑니다. 밖엔 서리가 차게 내리나 봅니다. 손끝에 닿은 공기가 점점 더 싸늘해집니다. 방 안의 물체들이 말똥말똥 하길래 옆에 노파 몰래 전등을 꺼 봅니다.

금방 우주의 검은 막이 방안 전체를 탁 덮어 버려서, 카네이션도, 말똥거리던 물체는 물론, 방의 한계 —— 벽과 천정까지 그 속에 녹아버립니다. 그래서 나는 호올로 우주 속에 누운 듯 가슴이 우주보다 더 넓은 공간이 되어 버린 듯합니다.
그래도 불은 켜지 않겠습니다. 외로움이 지나쳐서 기절 상태에 있을지도 모릅니다. 하지만 나는 그렇더라도 이대로 있겠습니다. 어떻게 생각하면, 참 아무것도 아닌 우스운 것입니다마는, 이 점으로 해서 나는 행복을 느끼니까요, 슬픈 고독을 어루만지는 까닭이에요. 아무래도 내 영혼의 상승은 여기에 있나 봅니다. {최정희 · 병실기(病室記)}

이별이 하도 설워 잔 들어 슬으올제
어느덧 술 다하고 님마저 가는구나
꽃 지고 새 우는 봄을 어이할까 하노라. {일지홍(一枝紅)}

떠나겠나이다 안녕히 계십시오
형제여
내 온 형제들에게 절하며 작별하나이다
여기 내 문의 열쇠를 돌려 드리나이다
또 내 집에 대한 온갖 권리도 포기하나이다.
오직 그대들로부터
마지막 다정한 말씀을 간청할 뿐입니다
우리는 살아 있을 때
오랫동안 이웃이었나이다
하지만 주기보다는 받는 것이 더 많았나이다

이제 날이 밝아
어두운 내 집의 구석을 밝히던 촛불도 꺼졌나이다
부르심이 왔나이다
나는 이제 여행의 준비를 하고 있나이다
안녕히 계십시오

혜민

절이 새끼들을 낳아놓고
나는 절을 지킬 테니
너희는 떠나라 떠나라 하는 사이
웬 산자락에 이런 언어도단인가
장돌뱅이 주정뱅이 초란이들이
부처의 어깻죽지 밑에다
궁상맞은 발을 바싹 집어넣고
오도가도 못하고 진을 치고 있다
화두처럼 전구알을 걸어놓고
엉덩이를 반쯤 든 구멍가게가
빠꼼히 산 아랫도리를 기웃거린다.
인근 숲속에 사는 새들은
쏙독 쏙독 쏙독
진종일 칼로 도마질을 하며
천년 고여 있는 침묵을 누설하고
어디선가 떠내려 온 섬이 자라처럼
썰물 때만 겨우 목을 드러내다
이내 사라져 버린다.
삶이란 원래 생생한 것이었지, 그때쯤

마침내 절을 버리고
저 산문 밖으로 절뚝이며 절뚝이며
홀로 출가하는
달그림자

{문정희 · 寺下村}

죽음은 오랜 수면이다. 수면은 짧은 죽음이다. 수면은 가난을 달래 주고, 죽음은 가난을 없애 준다. {독일 격언}

죽음은 지평선일 뿐, 지평선은 우리 시야의 한계 이외엔 아무 것도 아니다. {R.W. 레이몬드}

죽음의 긴 잠은 마음의 상처를 아물게 해주고, 인생의 짧은 잠은 육체의 상처를 아물게 해준다. {장 파울 리히터}

죽음, 그것은 인생의 도자요 친구며, 우리를 피안으로 안전하게 건네주는 안내자이다. {F.F. 코우트스}

내가 죽어야 한다면 나는 어둠을 새색시같이 반겨하고 두 팔로 꼭 껴안겠다. {셰익스피어}

나는 나의 집을 떠나듯이 인생을 하직하는 것이 아니라, 여인숙을 떠나

듯이 인생을 하직한다. 〈키케로〉

돌아오니 서산에 해지려는데 북소리 둥둥 내 목숨 재촉하네. 황천 가는 길엔 술집도 없다는데, 오늘밤은 뉘 집에서 쉬어서 가리. 〈성삼문〉

새는 죽음을 당하면 그 소리가 슬프고, 사람은 죽음을 당하면 어진 말을 남긴다. 〈증자〉

인간은 죽음을 숙고하는 유일한 동물이며, 또한 자기 종말의 어떤 의심의 표시를 보여주는 유일한 동물이다. 〈윌리엄 어니스트 하킹〉

벌써 2년이 넘도록 아버지를 뵙지 못했다. 지금도 가슴을 허비는 것은 내 아버지의 그 뒷모습이다.

그 해 겨울, 별안간 내 할머니께서 돌아가신 데다가 내 아버지께서 실직마저 하셨으니, 우리 집의 불행은 겹으로 닥친 셈이었다.

나는 베이징에서 부음을 받고, 아버지와 함께 집에 가려고, 그 때 아버지가 계시던 쉬조우로 갔다. 쉬조우 집은 살림이 엉망인 채 지저분했다. 생전에 단정하셨던 할머니 생각이 왈칵 덤벼와 눈물이 비 오듯 쏟아졌다. 상고와 실직을 함께 당하신 아버지께선 그런 경황 속에서도 침착하게 말씀을 하셨다.

"기왕 당한 일을 어찌 하겠니? 또, 산 입에 설마 풀칠이야 못 할라고?"

우리 부자는 집으로 돌아가, 팔 것은 팔고 잡힐 것은 잡혀서 빚을 갚았지만, 할머니 장례로 진 빚은 고스란히 남았다. 할머니와의 사별과 아버지의 실직은 참으로 우리의 앞길을 참담하게 하는 것이었다. 그러나 그 헛간 같은 집에 그냥 머물러 있을 수는 없었다. 아버지께선 난징으로 가 직업을 구하셔야 했고, 나는 베이징으로 가 학업을 계속해야 했던 것이다. 그래서 우리는 함께 난징으로 갔다. 난징에서는 친구의 만류로 하루를 쉬었고, 이튿날 오전에 푸코우로 건너가 오후에 베이징행 기차를 타기로 했다. 그때, 아버지께선 볼일로 해서 역에 나오지 않기로 하셨다. 그 대신 여관에 있는 잘 아는 심부름꾼더러 나를 배웅하도록 당부하셨다. 그것도 서너 번씩이나 신신 당부하셨다. 그러나 막상 내가 떠날 무렵이 되자, 도저히 안심이 안 되시는지 자꾸만 머뭇거리셨다. 사실 그때 내 나이 스물이나 되었고, 또 베이징에도 벌써 두어 차례나 왕래했던 나머지라, 아버지께서 그토록 염려하실 것은 없었다. 그런데도 아버지께선 결국 볼일을 제쳐놓으시고 친히 나를 배웅하기로 결정하셨다. 몇 번이나 그러실 것 없다고 사뢰어도,

"아니야, 그까짓 놈들이 무얼 해"

하시며 따라 나오셨던 것이다. 우리는 강을 건너서 역으로 들어갔다. 내가 차표를 사는 동안, 아버지께선 짐을 지키고 계셨다. 짐을 옮길 때에는, 좀 많아서 역부들에게 돈푼이라도 쥐어 줘야 했다. 그래서 아버지께선 역부들과 한바탕 흥정을 벌이셨다. 그런데, 닳아빠진 그들과 흥정을 하시는 아버지의 말씀이 아무래도 촌스러우셔서, 내가 참견을 했다. 결국 아버지의 고집대로 흥정이 떨어지자, 역부들은 짐을 실었고, 나는 기차에 올랐다. 아버지께서도 차 안까지 올라오셔서 차창 쪽으로 자리를 잡아 주셨다. 나는 그 위에다 아버지께서 사주신 자주색 외투를 깔았다. 아버지께선, 짐을 조심하고 감기 안 들게 주의하라고 말씀하셨다. 그리고 판매원을 붙드시고는, 나를 잘 보살펴 달라고 연방 허리를 굽히며 당부하셨다. 나는 속으로, 세상 물정에 어두우신 아버지의 순박하심을 비웃었

다. 그들은 겨우 돈이나 아는 사람들, 왜 그렇게 쓸데없이 부탁을 하실까? 그리고 한편으로는, 나도 나이 스물인데 설마 내 일 하나 처리하지 못할까 하는 생각도 했다.

"아버지, 인제 들어가셔요."

내가 이렇게 말하니까, 아버지께선 창밖을 지켜보며 무슨 생각에 잠기셨다간,

"얘, 귤이나 몇 개 사올 테니, 여기 가만히 앉아 있거라."

하고 말씀하셨다. 플랫포옴 저쪽 울타리 밖에, 물건 파는 사람들 서넛이 손님을 기다리고 있었다. 그런데, 그리로 가려면 이쪽 플랫포옴에서 뛰어내려 철로를 건너고, 다시 저쪽 플랫포옴의 벽을 기어올라야 했다. 그것은 뚱뚱하신 아버지로선 여간 힘드시는 일이 아니었다. 마땅히 내가 가야 할 걸 한사코 당신께서 가시겠다고 하시니, 어쩔 수 없었다.

까만 천으로 된 둥근 모자를 쓰시고, 까만 마괘자에 진한 쪽빛 무명 두루마기를 입으신 아버지께선, 좀 기우뚱하셨지만, 조심스럽게 허리를 굽히고 플랫포옴을 내려가셨다. 그러나 철로를 건너서 저쪽 플랫포옴의 벽을 기어오르실 때의 모습은 여간 힘들어 보이는 게 아니었다. 아버지께서 두 손을 플랫포옴의 시멘트 바닥에 붙이고 두 다리를 비비적거리며 위쪽으로 발버둥쳐 올라가시다 순간적으로 왼편으로 기우뚱하실 때 아, 이 아들의 손엔 땀이 흥건했다. 나는 그때, 아버지의 뒷모습을 본 것이다. 나도 모르게 뺨을 적시는 뜨거운 것이 있었다. 나는 얼른 그것을 닦았다. 아버지께 들킬까봐, 그리고 남이 볼까봐 두려워서였다. 내가 다시 창밖으로 눈을 돌렸을 때, 아버지께선 빨간 귤을 한 아름 안고 이쪽으로 오고 계셨다. 이번에는 우선 귤을 플랫포옴 위에 놓고, 조심조심 플랫포옴을 기어 내려와서 다시 귤을 안고 철로를 건너오셨다. 나는 밖으로 나가서 아버지를 부축해 드렸다. 아버지께선 차 안으로 올라와 그 귤을 내 외투 위에 쏟고는 소매에 묻은 흙을 떨면서, 그때서야 한 시름을 놓는 듯 숨을

내 쉬셨다. 그리고 곧 밖으로 나가시면서,
"나, 이만 간다. 도착하면 곧 편지하여라."
하고 말씀하셨다. 나는 뒤따라 나갔다. 아버지께선 승강구를 내려서 몇 걸음 걸으시더니, 다시 뒤를 돌아보시며,
"들어가라. 아무도 없는데……."
하고 말씀하셨다. 아버지의 뒷모습이 인파에 묻히자, 나는 자리로 돌아왔다. 눈물이 또 한 번 쏟아졌다.
요 몇 년 동안, 우리 부자는 각각 타향에서 동분서주해 봤지만, 집안은 갈수록 기울어갔다. 젊으셨을 적에는 살림을 일으키려고 혼자 타관 하늘을 떠돌며 일도 많이 저지르셨지만, 노경에 들어 이렇게 참담하게 되실 줄이야 누가 알았으랴! 또, 당신은 쓸쓸한 만년이 주는 괴로움을 어떻게 견디셨을까? 그래서 더러는 가슴에 맺히는 울분을 밖으로 터뜨리시기도 하고, 사소한 집안일에 지나친 분노를 토하시고 하였다. 물론, 나에게도 지난날처럼 인자하시기만 하진 않으셨다.
그러나 뵙지 못한 이 2년 동안, 아버지께선 나의 지난 잘못은 모두 잊으시고, 오히려 나와 내 아이들 걱정만 하셨다. 어느 날인가, 나는 베이징에서 아버지의 편지를 받은 일이 있었다.
"늙은 몸이지만, 그런대로 지낸다. 다만, 어깻죽지가 무거워 젓가락을 들거나 붓을 잡기에 불편하구나. 아마 갈 날도 멀지 않은 모양이다."
여기까지 읽었을 때, 왈칵 솟은 나의 눈물방울엔, 마괘자에 그 쪽빛 두루마기를 입으신 아버지의 뒷모습이 굴절되고 있었다. 아, 다시 뵐 날은….

주쯔칭(朱自淸) · 아버지의 뒷모습

모든 사람들은 자기의 삶을 남들에게 받아들여질 수 있게 만들어야 한다. 그러나 자기의 죽음은 자기 자신에게 받아들여 질 수 있는 것이면

족하다. 가장 훌륭한 죽음의 형태는 우리들이 좋아하는 죽음이다.

〈루시우스 세네카〉

사람들이 근심하는 것 중에서 죽음보다 더 절실한 것은 없고, 자기가 소중히 여기는 것 중에서 삶보다 더한 것은 없다. 〈열자〉

삶은 죽음의 동반자요, 죽음은 삶의 시작이니 어느 것이 근본인지 누가 알까? 삶이란 기운의 모임이다. 기운이 모이면 태어나고, 기운이 흩어지면 죽는다. 이와 같이 죽음과 삶이 같은 짝임을 안다면 무엇을 근심하랴. 〈장자〉

우리는 단지 소작인에 불과하다. 조만간에 대지주는 계약기간이 만기되었음을 통보할 것이다. 〈조셉 제퍼슨〉

죽음은 영원한 궁정의 문을 여는 황금 열쇠이다. 〈존 밀턴〉

사람은 누구나 모든 사람들이 다 죽는다고 하면서도 자신은 죽지 않을 것처럼 생각한다. 사람들은 죽는 것을 다 알고 있다. 그럼에도 불구하고 마치 그것을 알지 못하는 듯 미친 듯이 산다. 〈리차드 박스터〉

죽음은 사람을 슬프게 한다. 삶의 3분의 1을 잠으로 보내면서도. 〈바이런〉

죽은 자를 위해 울지 말라. 그는 휴식을 취하고 있기 때문이다. 잘 보낸 하루가 행복한 잠을 가져오듯이, 잘 산 인생은 행복한 죽음을 가져온다.

{레오나르도 다빈치}

한 알의 밀알이 땅에 떨어져 죽지 않으면 한 알인 채로 남는다. 그러나 죽으면 많은 열매를 맺는다. {요한복음}

훌륭하게 죽는 법을 모르는 사람은 한 마디로 살았을 때도 사는 법이 나빴던 사람이다. {토마스 풀러}

참된 삶을 맛보지 못한 자만이 죽음을 두려워하는 것이다. {제이메이}

바른 법을 모르는 어리석은 자에게는 삶과 죽음의 길 또한 길고 멀다

{법구경}

죽음을 찾지 말라. 죽음이 당신을 찾을 것이다. 그러나 죽음을 완성으로 만드는 길을 찾아라. {함마술트}

사람은 혼자 나서 혼자 죽고, 혼자 가고 혼자 운다. {무량수경}

인간은 울면서 태어나서, 불평하면서 살고, 실망하면서 죽어가는 것이다.
{토마스 풀러}

왜? 죽음을 두려워하는가? 죽음은 인생의 가장 아름다운 모험이다.
{C. 프로우먼}

죽음은 선에도 악에도 평등한 운명이요, 공동의 휴식처이다. {에드먼드 스펜서}

죽음과 주사위는 모두에게 공평하다. {사무엘 푸트}

훌륭히 죽는 것은 으뜸가는 덕성이다. 그러나 단두대에 높이 서 있든, 싸움터의 앞장에 서 있든 사람이 죽을 수 있는 최적의 장소는 인류를 위해 죽는 것이다. {제임스 메튜 배리경}

석 자 흙 속으로 돌아가지 않고서는 백년의 몸을 보전하기 어렵고, 이미 석 자 흙 속으로 돌아간 뒤에는 백년의 무덤을 보전하기 어렵다.
{명심보감}

"네가 어미보다 먼저 죽는 것을 불효라고 생각하면, 이 어미는 웃음거리가 될 것이다. 너의 죽음은 한사람 것이 아닌 조선인 전체의 공분을 짊어

진 것이다. 네가 항소를 한다면, 그건 일제에 목숨을 구걸하는 것이다. 나라를 위해 딴 맘 먹지 말고 죽으라. 옳은 일을 하고 받은 형이니 비겁하게 삶을 구하지 말고 대의에 죽은 것이 어미에 대한 효도다. 아마도 이 어미가 쓰는 마지막 편지가 될 것이다. 네 수의를 지어 보내니 이 옷을 입고 가거라. 어미는 현세에서 재회하길 기대하지 않으니 다음 세상에는 선량한 천부의 아들이 되어 세상에 나오거라."

{안중근 어머니 조마리아 여사}

08

고독

고독함 속에서 강한 자는 성장하지만,
나약한 자는 시들어 버린다.

산다는 것은 깊은 고독 속에 있는 것이다. 《헤벨》

인간의 가장 행복한 시간은 일에 몰두하고 있을 때이다. 인간의 고독감은 삶의 공포일뿐이다. 《오닐》

누구도 그대의 공허함을 채워 줄 수 없다. 자신의 공허함과 조우해야 한다. 그걸 안고 살아가면서 받아들여야 한다. 《오쇼 라즈니쉬》

누구 한 사람 아는 이 없는 곳에서 사는 것은 즐거운 일이기도 하다. 《헤르만 헤세》

나는 고독을 안다. 삼년 동안 사막에서 산 덕으로 나는 그 맛을 잘 안다. 거기에서는 광물성 풍경 속에서 스러져 가는 청춘이 도무지 겁나지 않는다. 오히려 거기에서는 자기에게는 저 멀리 떨어진 온 세상을 늙어가는 것 같이 보인다. 나무들은 열매를 맺었고, 땅들은 밀을 냈고, 여인들은 벌써 아름다워졌다. 그러나 세월은 흘러가도 먼 곳에 붙들려 있다. 그리고 세상의 재화가 언덕의 세사(細砂)처럼 손가락 사이로 새어 나간다. 《생텍쥐페리》

미지를 향해 출발하는 사람은 누구나 외로운 모험에 만족해야 한다.

{앙드레 지드}

모든 혁신가는 홀몸이다. {G.무어}

고독은 인간의 상상력을 기르는데 없어서는 안 될 요소이다.

{제임스 러셀 로웰}

재능은 고독 속에서 이루어진다. {괴테}

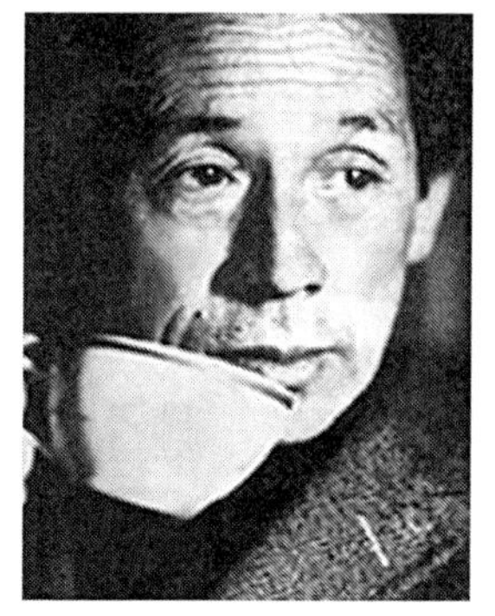

껍질을 더 벗길 수도 없이
단단하게 마른
흰 얼굴
그늘에 빚지지 않고
어느 햇볕에도 기대지 않는
단 하나의 손발.

모든 신들의 거대한 정의 앞엔
이 가느다란 창끝으로 거슬리고,
생각하던 사람들 굶주려 돌아오면
이 마른 떡을 하룻밤
네 살과 같이 떼어 주며,

결정(結晶)된 빛의 눈물
그 이슬과 사랑에도 녹슬지 않는
견고한 칼날─ 발 딛지 않는
피와 살.

뜨거운 햇빛 오랜 시간의 회유에도
더 휘지 않는
마를 대로 마른 목관 악기의 가을
그 높은 언덕에 떨어지는

굳은 열매
쌉슬한 자양
에 스며드는
네 생명의 마지막 남은 맛! 〈김현승 · 견고한 고독〉

이 세상에서 가장 강한 인간은 고독 속에서 혼자 서는 인간이다. 〈입센〉

강한 사람이란 가장 훌륭하게 고독을 견디어 낸 사람이다. 〈쉴러〉

외로움은 절망이 아니라 오히려 기회이다. 〈도교〉

고독은 풍요하다. 잠시 군중으로부터 떨어져서, 잠시 일상적 관심을 떠

나서, 잠시 혼자서 고독에 파묻혀 있을 때 우리는 새로운 자아를, 참다운 남들을, 남들과 나와의 올바른 관계를 생각해 보고 알게 될 것이며, 무한한 우주, 밑도 끝도 없는 시간과 공간 속에서의 나의 존재 의미가 발견될지도 모른다. 고독 속에서 무엇인가를 생각하는, 우주의 의미를 생각하는 고독한 인간이 있기에 밤하늘의 저 별들의 고독, 끝없이 비어있는 우주의 공간의 고독은 다소 덜 쓸쓸하고 덜 허전하고 덜 아파 보인다. 이처럼 고독은 깊고 방대하고 풍요한 뜻을 갖고 있다. 그러기에 아무도 없는 해변 모래사장 위에 발자국을 남기며 혼자 산책하는 한 사람의 모습이 고독을 상징하지만 그것은 또한 한없이 흐뭇하고 아름답다. 해가 지는 눈 덮인 시골 논두렁에 우뚝 받치고 있는 한 마리 두루미의 한 쪽 긴 다리는 고독하지만, 그 발로 눈을 디디고 서 있는 두루미의 검은 줄이 찍힌 긴 목은 어쩐지 고상해 보인다.

상상 속에서나마 해변가를 혼자 산책해 보지 못한 사람의 일생은 허전하기만 해 보인다. 상상 속에서나마 눈에 덮인 시골 들에 서 있는 한 마리의 두루미, 그 고독한 아름다움을 느끼지 못하는 사람의 마음은 너무나 삭막하다.

{박이문 · 고독}

고목은 그들 인생의 저류에 흐르는 밑바탕 생활도 누구 못지않게 의지(意志)의 표상처럼 참고 살아왔으며 평탄하지 않은 생활에도 불평 한 번 없었다. 사계절 중에서 가장 괴로움은 많이 가져오는 겨울에도 고목은 화려한 옷도 치장도 할 줄 모른다. 그런데 이때만 되면 고목은 외로움을 더하게 된다. 그러기에 겨울은 고목에게 있어서 생각과 사고가 확충되는 계절이다. 그것은 초조와 불안의 어두운 방에서 커튼을 내리고 아픈 영혼의 홍역을 앓는 이들의 패배한 사랑에 훌륭한 자양분이 되어 왔으며, 모름지기 그가 불태웠던 저항을 육신으로 느낄 수 있기 때문이다.

{한기러기}

09

고난 · 위기

인생은 병이요,
세계는 병원이다.
그리고 죽음이 우리들의 의사인 것이다.

고난을 겪지 않은 사람은 세계의 한 면만을 본 사람이다. 그러므로 그 다른 면을 모른다. {세네카}

고난의 시간에 하느님을 의지하라. 그는 수천의 경험을 가지고 계시다. 고난의 학교는 졸업생을 배출하는 예가 극히 드물다. 고난이 없으면 성공도 없다. {소포클레스}

고난이 있을 때마다 그것이 참된 인간이 되어가는 과정임을 기억해야 한다. {괴테}

고난이 크면 클수록 그것을 극복하고 나서의 영광은 더 크다. 노련한 조종사는 영예를 폭풍과 폭우에서 획득한다. {에피쿠로스}

한 교양프로그램에 출연한 어머니와 대담을 나누고 있을 때였다. 텔레비전 화면은 잠깐 그녀의 아들 얼굴을 녹화 테이프로 보여주었는데, 보기만 해도 든든한 스무 살 청년의 젊음이 거기 있었다. 우뚝한 콧날에 힘있게 다문 입술로 데생에 열중하고 있는 아들의 모습을 대견해서 어쩔 줄 모르겠다는 표정으로 바라보던 어머니는 "지난해 미대에 지원했다가 실패했지요."라고 당당하게 밝힌다. 도무지 그늘이라고는 한 점도 없는 밝은 목소리로.

그 잘생긴 귀공자 타입의 청년 이름은 '일수'. 태어날 때부터 말을 할 수 없는 농아이다. 그러나 일수는 우리 사회의 여느 장애인들과는 좀 다르다. 어머니 손성례 씨(46세)가 그를 키운 방식이 달랐기 때문이다. 일수를 낳고 한동안 '세상에서 가장 불행한 여인'이라는 생각에 사로잡혀 괴로운 시절을 보내기도 했다는 그녀는, 어느 날 우연히 찾은 성당에서 삶의 용기를 얻고 장애아들을 잘 키워 보겠다고 다짐한다. 얼마간의 특수교육을 받은 아이를 일반 초등학교로 전학시킨 후부터 그녀의 피나는 교육은 시작된다. 무엇보다도 같은 반 학부모들의 따가운 눈총을 견뎌내기 어려웠지만 도리어 그들을 설득, 아들을 장애인이 아닌 우리 사회의 평범한 아이로 키우겠다는 자신의 소망을 이루어낸다.

결국 일수는 서울 강남의 모 고등학교를 정상아와 다름없이 졸업했다. 손상례 씨는 장애아들을 집안에 파묻혀 지내게 하지 않고 도리어 밖으로 내몰았고, 부지런히 아이 손을 이끌고 자연을 찾아 바깥세상을 가르쳤다. 꾸준히 말도 가르쳐 몹시 부정확하긴 하지만 모자 사이에 대화도 나눌 수 있게끔 되었다.

아들에게 미술 공부를 시키기 위해 따라다니다 함께 그림을 배워 수준급 솜씨가 되었고, 결국 그 인연으로 몇 해 전 아담한 화랑의 주인이 되기도 한 손성례 씨, 그러나 그녀는 생각만큼 부자가 아니어서 감동적이다. 더욱 감동적인 것은 자신에게 닥친 시련을 슬기롭게 극복하면서 연약한 한 여자의 껍질을 깨고 강인한 '인간'으로 태어난 그녀의 모습이다. 그래서 그녀를 향해 질문하는 내 목소리는 어느새 가늘게 떨리고 있었다.

어느 신문기사

고뇌를 거치지 않고는 행복을 파악할 수 없다. 황금이 불에 의해 정제되는 것처럼 이상도 고뇌를 거침으로써 순화되는 것이다. 천상의 왕국은 노력에 의해 얻어지는 것이다.

도스토예프스키

고민하면서 길을 찾는 사람, 그것이 참된 인간상이다. 〈파스칼〉

골짜기 없이 당신은 산에 오를 수 없다. 〈어윈 루쩌〉

괴로움에는 여러 가지 종류가 있다. 자기의 의무를 다하기 위한 괴로움이 있고, 운명과 싸우며 견디는 괴로움도 있다. 또 나쁜 유혹을 물리치려고 애쓰는 괴로움도 있고, 또 한 걸음 나아가서는 무엇인가 좋은 일을 하고 올바른 것을 지키기 위한 괴로움도 있다. 이 모든 괴로움은 신체에 양식이 필요하듯, 우리 정신의 양식이 되는 것이다. 편하기만을 원하는 영혼은 위태롭다. 괴로움을 이겨나가지 않고는 스스로 영혼을 구하지 못한다. 〈고바르츠〉

괴로움이 남기고 간 것을 맛보아라. 고난도 지나고 보면 달콤한 것이다. 〈괴테〉

어둠, 정적, 고독. 내 시계의 똑딱거리는 소리와 나의 뜨거운 관자놀이에 열병처럼 맥박치고 있는 혈액의 조그만 박자처럼 이 무서운 밤은 끝없이 계속됩니다. 나는 온갖 부드러운 것, 위안을 주는 것들을 생각하려고 애씁니다. 나는 갖가지 정다운 추억, 사념과 시의 모든 다정한 별들, 마음이 훈훈해지는 모든 비유들을 생각해 봅니다. 그러나 아무 소용이 없습니다. 어떠한 사상도 이 시간의 무거운 현실과 대결해주지 못합니다. 지금 나의 어머니가 내 곁에 앉아 사랑과 추억의 끝없이 부드러운 마음을 베풀어 준다 하더라도 — 나는 미소 지으면서도 역시 괴로워할 것입니다. 오, 잠 못 이루는 밤이여! 나의 존재와 생명이 갖는 모든 힘과 관계가 온통 이 한밤의 탁한 표면에 밀려나와 마침내 무력하고 피곤한 자기 관찰을 하고 있습니다. 내가 존경하는 신(神)도 그만한 동정심을 갖고 있지 않는 것일까요? 멀리 있는 벗의 추억과 기도도 그만한 효력을 갖고 있지 못한 것일까요? 또한 나의 가장 사랑스러운 추억이 어느 하나도 이 말할 수 없는 고통의 사슬을 끊을만한 진실을 지니고 있지 못한 것일까요? 전에는 나를 기쁘게 해주고, 잠 못 이루는 시간을 극복하게 해주었던 모든 것들이 그 눈빛과 온기(溫氣)를 잃어 버렸습니다. 나의 신들은 돌이 되어 버렸고, 나의 인생은 퇴색한 꿈이 되어 버렸습니다. 그 꿈의 모습은 낯선 그림자처럼 내 마음의 눈을 스쳐갈 뿐입니다.

지금 어느 먼 도시에 있는 친구 중의 그 누가 침대에 누워 눈을 뜬 채 내 생각을 하고 있을까? 아니, 그는 잠들어 있군요. 그러니 위로를 받고자 하는 나의 사념을 어디로 향하든 아무것도 찾을 수 없습니다. 내가 찾아낼 수 있는 것은 똑같이 괴로움을 느끼고 있는 사람, 다른 안내자들, 나처럼 쉬지 못하고 괴로워하며 잠 못 이루고 창백한 얼굴로 눈을 크게 뜨고서 멀리 떨어져 각기 고독하고 어두운 침실에 누워 있는 슬픈 형제들이여!

당신들도 나와 똑같이 괴로워하고 있습니다. 당신들은 눈을 크게 뜨고 어둠 속에서 보이지 않는 모습을 찾고 있으며, 굳어진 눈꺼풀을 감자마자 고통이 밀어닥칩니다. 당신들은 당신의 형제들을 생각하고 있습니까? 당신들은 나를 생각하고 있습니까? 아, 우리가 서로 생각하면서 눈에 보이지 않는 침묵의 유대감을 지니고 있다면! 우리는 서로 이해할 수 있으리라고 믿습니다. 우리의 섬세하고 쉼 없는 신경은 서로 전달하고 응답할 수 있으리라고 나는 믿습니다. 우리는 조용한 밤, 몇 마일의 거리를 초월하여 말 한마디 없이도 우리의 생활이며, 고뇌며, 희망을 이야기할 수 있을 것입니다. 우리는 아마도 낯선 사람들의 운명에 대해 눈물을 흘릴 수도 있으며, 자신의 운명을 서로 전달함으로써 다시금 새로워지고 사랑스러워질 수도 있을 것입니다. 우리는 자기 생활에 나타난 여러 가지 관심이나 예감을 다른 사람에게서 다시 발견하게 될 것이며, 그 영역은 차츰 더 넓어질 것입니다. 그리고 여러 대륙과 종족을 한결 같이 뒤덮고 있는 이 실의 시초와 끝을 우리가 손아귀에 쥐고 있다는 것을 믿게 될 것입니다. 마치 커다란 하프의 현을 만지듯이 우리들은 이 실을 만지면서 공통의 밝은 생활을 더욱 연구하고 우리들만으로는 이룰 수 없는 영원의 인식에의 길을 걸어 나갈 수 있을 것입니다.

형제들이여, 나는 당신들을 부를 수가 없습니다. 하지만 나는 매일 밤 당신들을 생각하며 함께 고통을 겪는 자로서 인사를 당신들에게 보내고 싶소.

이런 생각을 하고 있노라니 부드러운 손길이 나를 어루만집니다. 나의 뮤우즈입니다. 오, 나는 얼마나 그녀에게 향수(鄕愁)를 느끼고 있었던가? 그녀는 나의 고독한 영혼 속에 너그러운 추억이 생길 때까지 한결같이 기다려 주었던 것입니다.

밤은 더한층 부드럽고, 온화하고 다정해집니다. 별은 더욱 다정하게 빛나고, 나의 영혼 앞에 낯익은 한 장의 그림이 어둠 속에서 차츰 보이기 시작합니다. 나는 당신을 알고 있습니다. 그것은 공원이군요. 저건 몽상자가 앉은 반원형(半圓形)의 벤치입니다. 저것은 내가 최초의 노래를 짓던 때의 아침 안개입니다. 나의 최초의 노래! 그때는 내 머리 위에 한 그루의 봄빛어린 붉은 너도밤나무가 서 있어서 그 금빛 그늘로 나를 감싸 주었었지요. 오, 시와 사랑으로 하여 수줍으면서도 감동받았던 그 감미로운 시간이여! 나는 당신에게 감사하노라, 나의 뮤우즈여!

{헤세 · 인생론}

그리스도인은 홍차와 같다. 뜨거운 물에 넣고 흔들어야 제 맛이 난다. 그림자 없는 태양 빛은 없다. 그분은 하느님으로서 고난 받으신 것이 아니고, 하느님이신 사람으로서 고난 받으신 것이다. {존 오웬}

기쁨은 종종 찾아오는 손님이지만, 괴로움은 무참히 우리를 휘어 감는다. {존 키츠}

끓는 물이 계란을 딱딱하게 하는가 하면 당근을 부드럽게 하기도 한다. 나의 생애에 닥쳐오는 모든 고난은 하늘이 값없이 내리는 은혜이다. 의혹은 비겁하고 미련한 사람만이 마음에 품는 공포에 불과하다. {헬렌 켈러}

노동이 신체를 튼튼하게 하는 것처럼 고통은 정신을 튼튼하게 한다. {세네카}

눈물 젖은 빵을 먹어보지 못한 사람과는 말하지 말라. 눈에 눈물이 없으면 영혼의 무지개도 없다. 대부분의 생의 응달(고난)은 우리 자신이 햇빛에 서 있기 때문에 생긴다. {에머슨}

돛의 위력을 알려면 모진 강풍이 필요하다. 뜨거운 물이 없으면 커피 주전자는 소리를 내지 않는다. 만약 그대가 곤경에 처해 있다 하더라도 다른 사람에게 하소연을 하거나 불만을 토로하지 마라. 체면만 손상될 뿐 아무런 도움도 되지 않는다. {그라시안}

만일 겨울이 없다면 산뜻한 봄날의 즐거움도 없을 것이다. 역경의 겨울을 치른 자가 번영의 새봄을 즐기게 된다. 만일 우리로 하여금 고난으로부터 엄청난 축복을 얻게 하시려는 하느님의 특별한 계획이 없다면, 그분은 우리에게 어떠한 고난도 허락지 않으신다. 많은 고생을 겪어야 훌륭한 사람이 된다. 많은 난관을 거친 사람은 아는 것도 많다. {호메로스}

물에 떠내려가는 자는 비를 맞음을 신경 쓰지 않는다. {페르시아 속담}

밤이 어두울 때에 더 밝은 별을 본다. {에머슨}

사람의 가치는 물론 진리를 척도로 하지만, 그러나 그가 갖고 있는 진리보다는 그 진리를 찾기 위해서 맛본 고난에 의해서 개선되어야 한다.

{토마스 칼라일}

사람이 돌을 던지는 나무는 으레 열매가 주렁주렁 맺힌 과실수이다. 상처를 입고 슬픔을 당할 때는 이방인도 유태인의 형제가 된다.

{W. 스코트}

생애의 어려움은 우리를 더 낫게 하려는 것이지, 더 어렵게 하려는 것이 아니다. 성도는 죄는 두려워해야 하지만, 고난은 두려워하지 말아야 한다.

{바바소 포웰}

세상이 계속 발전해 나아간다면, 그것은 전적으로 고난 받은 사람들의 공이다. 〈톨스토이〉

소년의 때에 고생하여 지식이나 솜씨를 닦지 않으면 나이 많아져서 반드시 쓰라린 경험을 맛게 된다. 〈임포(林逋)〉

쓰러져 가는 나무를 아주 쓰러뜨린다. 아픔을 모르는 자는 행복도 모른다. 〈에밀〉

어려운 일에 시달린 사람들은 쉽사리 낙담하지 않는다. 〈존슨〉

우리에게 임하는 고난은 아주 유익하다. 왜냐하면, 담쟁이덩굴처럼 우리에게 찰싹 달라붙어서 진액을 빨아먹고 재산을 축내는 기생충 같은 사이비 친구들이 그 고난으로 다 제거되기 때문이다. 〈조지 다우네임〉

은혜는 추운 겨울에 제일 잘 자란다. 〈사무엘 러더포드〉

자신의 골칫거리에서 벗어나는 가장 좋은 방법은 남의 골칫거리를 도와주는 것이다. 재주 있는 사람은 재주 없는 사람의 노예가 되고, 괴로움은 즐거움의 모체(母體)가 된다. 〈명심보감(明心寶鑑)〉

젊었을 때 고생은 사서라도 하라. 젊을 때는 어려움에 뛰어들고, 늙을 때는 어려움이 찾아온다.

{빌링스}

폭풍이 참나무의 뿌리를 깊게 내리게 한다.

{조지 허버트}

하늘이 고치지 못하는 슬픔은 이 세상에 없다. 햇볕을 너무 많이 쬐면 오히려 사막이 된다.

{화이트}

확실히 우리는 고난을 극복하는 것보다, 아예 고난을 받지 않는 것에 더 많은 관심을 갖고 있다.

{리차드 백스터}

환난은 인내, 인품, 소망, 확신, 진실한 사랑을 가져오는 최고의 지름길이다.

{사무엘 고다드}

환난을 통해 얻는 평정과 기쁨은 연륜이 가져오는 최고의 기적이다.

{에머슨}

괴로움을 피하지 말라. 괴로움은 인생의 본질 중의 하나이다. 인생에 괴로움이 없다면 만족감을 어떻게 알 수 있겠는가? 깊은 골짜기가 있을 때 산은 높은 법이다.

{도스토예프스키}

우리는 매일 먹고 또 잠을 자지만 지치지 않는다. 주림과 수면이 새로 오기 때문이다. 만일 평화와 행복만이 계속된다면 우리의 정신은 금방 지쳐버리고 말 것이다. 고통은 정신의 양식이다. 사람에게 고통이 없다면 극히 무능력한 상태가 오고 말 것이다. 〈파스칼〉

밤의 어둠이 하늘의 빛을 나타내듯이, 고뇌만이 인생의 모든 의미를 계시한다. 고통을 통해서 인생은 참다운 빛을 낼 수 있다는 사실을 명심하라. 〈톨스토이〉

나무는 뿌리에 물만 있다면 햇빛이 뜨거우면 뜨거울수록 좋은 결실을 얻을 수 있다. 사람도 고난 속에서 강해지고 고난 속에서 지혜로워지고 고난 속에서 성장한다. 뿌리가 생수의 공급 없이는 아무리 좋은 햇빛을 받아도 메말라 죽듯이, 귀한 고생과 역경에도 말씀이 뒷받침되어야 한다. 말씀 없이 당하는 고난은 비참하여 마침내 자살로 연결되고 만다. 말씀의 생수만 얻을 수 있다면 고난은 있을수록 좋고, 햇빛은 강할수록 좋다. 〈메난드로스〉

고난은 축복을 가져다주는 지름길이다. 〈M. 루터〉

하늘이 어떤 사람에게 큰 임무를 맡기려고 할 때, 반드시 먼저 그 심지(心志)를 괴롭히고, 그 근골(筋骨)을 고생시키고, 그 몸을 굶주리게 하고, 그 육체를 궁핍케 하고, 그의 하는 일을 다 어지럽게끔 한다. 〈맹자〉

돌밭 길을 갈 때 길에 깔린 돌을 몽땅 없앨 수는 없지만, 좋은 신발을 신어 돌부리에 걸리지 않을 수는 있다. {불경}

사유 1) 여기서의 돌밭 길은 무엇을 의미하는가?

사유 2) 여기서의 좋은 신발이 의미하는 것은 무엇인가?

10

인생 · 여로

여행은 곡선의 미이다.
곡선의 미를 창조하는 과정이 여행이라면,
이 삶의 지혜를 통해서 자기 자신을 극복하고
또 남을 이해하고 받아들일 수 있는 아량이 생기게 된다.

사람이 여행을 하는 것은 도착하기 위해서가 아니고 여행하기 위해서다.

{괴테}

여행이라는 말에는 아직도 어떤 뜻이 남아 있었던가? 자유, 이해를 넘어선 태도, 모험, 충실한 삶, ……많은 불행한 사람들이 가져볼 수 없었던 그 모든 것들, 그리고 마치 가톨릭의 청년이 여성을 꿈에 그리듯이 오직 몽상을 통해서만 소유할 수 있었던 그 모든 것들.

{니잔}

참된 여행자에게는 항상 방랑하는 즐거움, 모험심과 탐험에 대한 유혹이 있게 마련이다. 여행한다는 것은 방랑한다는 뜻이고, 방랑이 아닌 것은 여행이라고 할 수 없다고 생각한다. 여행의 본질은 의무도 없고, 일정한 시간도 없고, 소식도 전하지 않고 호기심 많은 이웃도 없고, 환영회도 없고 이렇다 할 목적지도 없는 나그네 길인 것이다.
좋은 나그네는 자기가 이제부터 어디로 갈 것인가를 모르는 법이고, 나무랄 데 없는 훌륭한 여행자는 자기가 어데서 왔다는 사실을 모르고 있는 사람이라고 할 수 있다. 그는 심지어 자기의 성명이 무엇인지도 모르는 것이다.

{임어당}

여행은 젊은 사람들에게 있어서는 교육의 일부분이며 나이 많은 사람들에게는 경험의 일부분입니다. 그 나라의 말을 아직 배우기 전에 어떤 나라를 여행하는 것은 학교에 가는 것이지 여행하는 것이라 할 수 없습니다. 젊은 사람들이 성실한 안내자와 동행한다는 전제 하에 여행하는 것을 나는 권장하는 바입니다. 다만, 그 사람들이 그 나라 말을 알고 있다든가 또는 이전에 그 나라에 살았었던 경우에 한해서입니다. 그러면 그 사람들은 그들이 가려고 하는 나라에서 볼만한 가치가 있는 것이 무엇이며, 어떠한 친지를 찾을 것인지, 그리고 어떠한 수양과 훈련을 그 땅에서 얻을 수 있는지를 젊은이들에게 말해 줄 수 있을 것입니다. 그렇지 않으면 젊은이는 눈가리개를 하고 떠나는 것과 같으며 바깥세상을 제대로 보지 못할 것입니다.

하늘과 바다 밖에는 보지 못하는 항해에 있어서 사람들은 메모를 남기면서도, 관찰할 만한 일이 그토록 많이 있는 육지 여행에 있어서는 대개의 경우 이를 게을리 하는데, 이것은 기묘한 일입니다. 우연한 일이 관찰의 결과보다 기록하는 데 적합하다고 생각하고 있는 것일까요? 어느 나라, 어디를 여행하든 기록을 하는 것은 아주 좋은 습관입니다. 왕후의 궁정, 특히 외국 사신을 알현할 때의 궁정이나 개정되고 소송이 행해지고 있을 때의 법정 또는 그와 같은 경우의 종교 재판소, 교회와 수도원 그리고 그 안에 보존되어 있는 기념물, 도시의 성벽과 성채, 항만, 고적과 폐허, 도서관과 대학의 토론회나 강의가 있는 장소, 함선과 해군, 대도시의 호화로운 저택 · 공원 · 병기창 · 무기고 · 화약고 · 시장 · 거래소 · 창고 · 마술(馬術) · 검술 · 병졸의 훈련, 상류 사람들이 구경하는 희극, 보석과 의상을 진열한 곳, 옷장과 골동품 등등 방문하는 곳에서 보고 들은 것들을 기억할 수 있는 것은 무엇이든지 간에……

이러한 모든 것을 안내하는 사람은 잘 연구해 두어야 합니다. 그리고 개선식 · 가면무도회 · 결혼식 · 장례식 · 사형과 같은 구경은 일부러 주의할 필요는 없지만, 그렇다고 무시할 것도 없습니다.

만일 젊은 사람에게 짧은 기간 동안에 여행을 시켜 많은 수확을 얻게 하려면 다음과 같이 하지 않으면 안 됩니다. 첫째로, 이미 이야기한 것처럼 그 젊은이는 출발에 앞서 그 나라의 말을 어느 정도는 익혀야 됩니다. 둘째로, 이것도 이미 말한 것이지만, 그 나라를 잘 알고 있는 가복이나 가정교사를 거느리고 있어야 합니다. 그리고 자기가 여행하려고 하는 나라에 관해서 서술해 놓은 책이나 지도를 가지고 가는 것이 좋습니다. 그것은 그의 연구에 좋은 열쇠가 될 것이기 때문입니다. 덧붙이지만 일기나 기록을 하는 것도 중요한 일입니다. 그리고 같은 도시에 오래 머물지 않는 것이 좋습니다. 따라서 오래 머물 수도 있겠지만, 가능하면 그와 같은 것은 피하는 것이 좋습니다. 만약 불가피한 사정으로 한 도시에 오래 머물 때에는 그 도시의 한 끝에서 다른 끝으로 숙소를 옮기는 것도 좋습니다. 그것은 친구를 만들 수 있는 커다란 계기가 될 수 있기 때문입니다. 또한 되도록 자기와 같은 나라의 사람은 피하고, 자기가 여행하고 있는 나라의 사람들이 있는 장소에서 식사를 하는 것이 좋습니다.

한 장소에서 다른 장소로 옮겨가려고 할 때에는 자기가 옮겨가고자 하는 곳에 살고 있는, 어떤 신분이 있는 사람의 소개장을 얻어두는 것도 좋습니다. 왜냐하면, 자기가 보고 싶어 하고 알고 싶어 하는 일에 대해서 도움을 받을 수가 있기 때문입니다. 그렇게 하면 그는 여행의 시간을 절약하면서 많은 이득을 얻을 수가 있습니다.

여행 중에 추구해야 할 교제에 관해서 말하자면, 무엇보다 먼저 대사들의 비서나 보좌관들과 사귀어 두는 것이 좋습니다. 왜냐하면, 그렇게 하면 한 나라를 여행하면서 많은 나라의 경험을 흡수할 수가 있기 때문입니다. 해외에 명성을 떨치고 있는 여러 방면의 인사를 만나고 방문하는 것도 좋습니다. 실제 어느 만큼 명성과 상부하는가를 알 수 있게 하기 위해서입니다.

여행을 하다보면 자기의 의지와는 무관하게 시비에 말려들어 싸움을 하게 되는 경우가 있는데, 이럴 때에는 조심성 있게 이를 피해야 합니다.

싸움은 보통 여자 문제나 축배를 들 때, 혹은 좌석의 문제와 실례되는 말 때문에 일어납니다. 그리고 성내기 쉽고 싸움하기 좋아하는 사람과 접촉하는 것에 조심해야 합니다. 왜냐하면, 그들은 자기네들의 싸움에다 아무나 끌어넣고 싶어 하기 때문입니다.
귀국했을 때에는 자기가 여행한 나라들을 자신의 기억 속에서 전적으로 내버려 두지 않도록 하는 것이 좋습니다. 그러기 위해서 평소 가깝게 지내던 친지들과 서신 교환을 하는 것도 좋습니다. 그리고 자기의 여행을 의복이나 몸짓 따위로 나타내는 것보다는 담화에서 나타내는 것이 좋습니다. 담화에 있어서도 주책없이 이야기를 늘어놓는 것보다는 질문에 대해서 신중히 대답하는 식으로 하는 것이 좋습니다. 또한 자기가 자기 나라의 풍습을 버리고 외국의 것을 취하지 않았다는 것을 보이는 것이 좋습니다. 다만, 외국에서 배운 약간의 정화를 자기 나라의 풍습 속에 심는 데 그친다는 태도를 표명하는 것이 좋습니다.

{크리슈나무르티 · 여행을 통한 깨달음}

인생은 원래 하나의 꼭두각시놀이니 오직 그 밑뿌리를 손에 쥐고 있어야 한다. 한 가닥 실도 혼란됨이 없고, 감고 풀음이 자유롭고, 가고 멈춤이 나에게 있어, 털끝만큼도 남의 간섭을 받지 말아야 곧 이 놀이마당에서 벗어날 수 있느니라.

{채근담}

인생이란 단지 기쁨도 아니고 슬픔도 아니며, 그 두 가지를 지양하고 종합해 나아가는 과정에서 파악되어야 할 것이다. 커다란 기쁨도 커다란 슬픔을 불러 올 것이며, 또 깊은 슬픔은 깊은 기쁨으로 통하고 있다. 자기의 할일을 발견하고 자기의 하는 일에 신념을 가진 자는 행복하다.

사람의 가치는 물론 진리를 척도로 하지만, 그러나 그가 가지고 있는 진리보다는 그 진리를 찾기 위해서 맛본 고난에 의하여 개량되어야 한다.

{ 카알라일 }

사는 법을 알고 있는 자는 누군가. 괴로워하는 법을 알고 있는 자이다. 향수(享受)하는 법을 알고 있는 자는 누군가. 피하는 법을 알고 있는 자이다.

{ 슈트라우스 }

어젯밤엔 소쩍새
앞강에서 울더니
오늘 밤에 뜸북새 뒷논에서 우네
누가 부르던가. 누굴 부르던가.
봄꿈은 하염없이
귀가 엷은데
베갯모에 분분히 지는 오오 저 꽃잎소리
오오냐, 오오냐,
불현듯 맨발로 밖을 내닫으면
봄 강물 시름없이 출렁이는데
갈대숲 속절없이 서걱이는데
누가 부르던가. 누굴 부르던가.
베갯머리 떨어지는 소쩍새 울음,
창호지에 젖어오는
뜸북새 울음.

{ 오세영 }

아, 너도 떨고 있구나
기울어진 담벽 아래
잠든 강아지 뒷다리
몇며칠을 땅바닥에 쓰러진
너의 목덜미를 구둣발로 밟고
힘껏 짓이기던 사내,
나였구나 그래 내 마음이
흐뭇했던가, 속시원했던가
그래도 아침마다 찬물에
밥 말아먹고 잘도 떠오르던
해여, 질기고 질긴 해여!

{이성복 · 중년3}

길을 가다가 돌이 나타나면 약자는 그것을 걸림돌이라 하고, 강자는 그것을 디딤돌이라고 말한다.

{토마스 카알라일}

너무 크고 많은 것을
혼자 가지려고 하면
인생은 불행과 무자비한
70년 전쟁입니다.
이 세계가 있는 것은 그 때문이 아닙니다.

신은 마음이 가난한 자에게
평화와 행복을 위하여
낮에는 해 뜨고

밤에는 별이 총총한
더 없이 큰
이 우주를 그냥 보라구 내주었습니다.

{김광섭 · 인생}

11

돈 · 물질

정당한 소유는 인간을 자유롭게 하지만,
지나친 소유는 소유자체가 주인이 되어 소유자를 노예로 만든다.

재산인 돈이 많은 사람이 그 재산을 자랑하고 있더라도 그 돈을 어떻게 쓰는지 알 수 있을 때까지는 그를 칭찬하지 마라. {소크라테스}

돈은 최선의 종(從)이요, 최악의 주인이다. {프랜시스 베이컨}

돈은 그것을 종으로 부려 먹을 때는 최선의 것이지만, 돈에 의해서 조롱당할 때는 그 돈은 최악의 주인이 되어 그것을 소유한 사람을 노예로 만든다. 돈의 가치를 알아보고 싶거든, 나가서 남에게 돈을 꾸어 달라고 요청해 보라. 적에게 돈을 꿔주면 그를 이기게 되고, 친구에게 꿔주면 그를 잃게 된다. {벤자민 프랭크린}

돈을 모으는 방법은 검소와 성실 이외는 없다. 가난은 사람을 현명하게도, 처절하게도 만든다. {베르톨트 브레히트}

아무리 믿음직한 사람이라도 나에게 돈을 꾸어달라고 하면 그 사람을 멸시하는 감정이 솟을 것 같다. 그를 도와주고 싶어서 돈을 되돌려 받지 못해도 상관없다는 생각으로 돈을 꾸어주는 것은 전혀 마음에 부담이 되지 않을 것이다.

그러나 상대가 누구든 간에 그로부터 내가 돈을 받아낼 생각이 조금이라도 걱정된다면 비록 그 사람의 원수가 될지라도 처음부터 돈을 절대로 꾸어주지 말아야 한다. 왜냐하면, 나의 마음이 너무 좁아서 돈을 찾으려고 안달하는 비참한 상황이 되기가 두려워서다. 내가 어떤 사람을 믿지 못할 때 그 사람이 비참해지는 것이 아니라, 남을 의심하는 내 자신이 더욱 비참해진다고 생각되기 때문이다. 남에게 미움을 받는 것이 차라리 남을 미워하는 것보다 낫다는 말과 상통한다. 사랑을 받지 못하는 것은 고통이지만 사랑하지 못하는 것은 죽음이다. 남을 의심하는 것은 남을 사랑하지 못하기 때문이다.

어떻게 스스로 죽음을 택하겠는가? 돈은 현악기와 같다. 그것을 적절히 사용할 줄 모르는 사람은 불협화음을 듣게 된다. 돈은 사랑과 같다. 이것을 잘 베풀려 하지 않는 이들을 천천히 그리고 고통스럽게 죽인다. 반면에, 타인에게 이것을 베푸는 이들에게는 생명을 준다.

칼릴 지브란

가난으로부터 우리는 무엇을 배울 수 있을까? 절약, 검소, 동정심, 행복과 불행의 구별, 평등심, 봉사정신, 정직의 중요성, 어려운 사람의 처지, 생명의 소중함, 겸손, 자존심과 열등감의 차이, 굶주림과 헐벗음의 고통, 이러한 것들은 가난을 체험하지 않고는 절대로 터득할 수 없는 심성이고 지혜다. 그래서 가난은 사람을 현명하게 한다는 말이다. 만족할 줄 아는 사람은 진정한 부자이고, 탐욕스러운 사람은 진실로 가난한 사람이다.

솔론

정당한 소유는 인간을 자유롭게 하지만, 지나친 소유는 소유자체가 주인이 되어 소유자를 노예로 만든다.

니체

명아주국으로 입을 달래고 비름나물로 창자를 채우는 사람들 중에는 얼음처럼 맑고 옥처럼 결백한 사람이 많지만, 비단 옷 입고 기름진 고기를 먹는 사람은 굽실거리는 종노릇을 달게 여긴다. 대저 지조란 청렴결백하면 뚜렷해지고, 절개란 부귀를 탐내면 잃게 되는 법이다. 《채근담》

돈은 매정한 놈이야, 돈은 어수룩하지 않다.
돈에겐 더 많은 돈 이외엔 친구가 없는 법이야. 《스타인백》

손해를 보는 사람이 있어야 이익을 얻는 사람이 있다. 그러기에 눈물은 웃음의 어머니이다. 며칠 전부터 우리 반 아이들의 얼굴에선 웃음이 그치질 않았습니다. 기다리던 수학여행이 다가온 것입니다. 수학여행을 떠난다는 기쁨으로, 아이들은 풍선을 타고 하늘을 나는 것처럼 들떠 있습니다. 말로만 듣던 제주도의 아름다운 경치를 직접 볼 수 있다는 것과, 집을 떠난다는 것은 국민학생 시절의 가장 큰 기쁨이겠지요.

"엄마, 수학여행 간대요."

어제 저녁, 나는 며칠을 망설이다가 입을 열었습니다.

"세끼 밥 먹는 것도 힘든데, 수학여행을 갈 수 있겠니?"

어머니의 풀죽은 목소리를 듣고서 나는 더 조르지 않았습니다. 아버지가 고기를 잡으러 나가셨다가 태풍에 휩쓸린 후, 어머니의 품삯으로 하루하루를 지내는 형편에 도저히 수학여행비를 낼 수 없다는 걸 잘 알고 있기 때문이었습니다.

"승철아, 아무 걱정 말고 수학여행 준비하고 와라. 돈은 내가 낼게."

우리 집 형편을 아시는 선생님이 몇 번이나 말씀하셨지만, 나는 대답을 할 수가 없었습니다. 엄마가 허락을 하실 것 같지 않았습니다.

"엄마, 선생님이 돈 걱정 말고 꼭 나오래요. 내가 안가면 수학여행 안 떠난대요."
"글쎄, 고맙긴 하다마는 짐이 돼서야 되겠니."
나는 어머니의 말씀을 듣고 수학여행을 아주 포기했습니다.
그런데, 수학여행 가는 날 아침에 괜히 마음이 설레어 미적거리고 있는데, 선생님이 마당으로 들어오셨습니다.
"승철아, 뭐하니? 수학여행 갈 준비도 안하고."
선생님은 급히 달려오셨는지 땀을 닦으셨습니다.
"아이구 선생님, 오셨어요. 우리 승철이는 수학여행 못가요."
"승철이 어머님, 아무 걱정 마시고 보내세요. 제가 책임질게요."
선생님의 간곡한 말씀에 어머니가 마침내 허락하셨습니다.
"승철아, 선생님 속썩이지 말고 잘 갔다 와."
엄마는 가방을 챙겨주며 내 손에 삼백 원을 쥐어주셨습니다.
"형, 잘 갔다와. 구경 많이 하고."
"그래 잘 있어."
나는 동생의 머리를 쓰다듬어 주고 선생님의 뒤를 따라 집을 나섰습니다. 학교 운동장에는 날씬한 버스 한 대가 서 있었습니다. 아이들은 벌써 버스에 올라 선생님과 내가 오기를 눈이 빠지게 기다리고 있었습니다.
"어서 와, 승철아. 내 곁에 앉아."
민수가 자리를 내주었습니다.
나는 수학여행비도 내지 않고 따라온 게 부끄러워 얼굴을 들 수 없었습니다. 그러나 곧 차창 밖으로 펼쳐지는 낯선 지방의 아름다운 모습과 친구들의 노래 소리에 파묻혀 부끄러움을 잊었습니다.
하늘에서 쏟아져 내리는 것 같은 폭포랑 서귀포 앞바다의 섬들, 거대한 성산 일출봉, 신비한 만장굴과 거북바위 등 구경하는 것마다 정말 신기하고 아름다웠습니다. '이래서 관광객이 많이 오는구나. 동양의 하와이라며.' 감탄이 저절로 나왔습니다.
그런데, 아이들은 구경보다 군것질에 더 정신을 파는 것 같았습니다. 가방에 가득 담아온 과자를 언제 다 먹었는지 버스가 멈추기만 하면 재빨리 상점으로 달려서 아이스크림이랑 과자를 들고 왔습니다. 군것질 하는 아이들을 보며 나도 군것질을 하고 싶은 생각이 났습니다. 그렇지만, 주머니 속에 들어 있는 돈을 손끝으로 만지며 나는 꾹 참았습니다. 비록 적은 돈이지만, 나에겐 귀한 돈이었습니다.
그러나 일출봉에서 내려왔을 때, 나는 몹시 목이 말랐습니다. 그래서 망설이다가 쭈쭈바 하나를 사먹었습니다. 아이들은 기념품 가게로 가서 천 원짜리를 척척 꺼내 기념품을 샀습니다. 용돈을 준 할아버지에게 드린다며 효자손을 사는 아이도 있고, 언니에게 준다며 산호목걸이를 사는 아이도 있었습니다. 나도 동생에게 선물을 사주고 싶었습니다. 장난감 하나 없는 동생이 늘 안쓰러웠습니다. 그래서 나는 아이들 뒤편에 서서 눈치만 봤습니다. 그러다가 돌하르방을 보았습니다. 작고 귀여운 돌하르방이 나를 보며 미소를 짓는 것 같았습니다. 돌하르방의 가슴에는 백 원이라는 딱지가 붙어 있었습니다. 나는 혹시나 잘못 붙여진 것이 아닌가 하고 조심스럽게 물었습니다.
"이 돌하르방 얼마예요?"
"응, 그건 백 원짜리야."
점원 누나는 비싼 물건을 팔기에 정신이 없는지 쳐다보지도 않고 말했다. 나는 돈 백 원을 내밀고 돌하르방을 받고 좋아할 동생의 모습이 눈에 선했습니다.
저녁이 되어 제주시의 여관에 도착하였습니다. 아이들이랑 같이 자게 되어 모두들 신나는 표정이었습니다. 밤이 늦도록 아이들이 자지 않고 떠들어, 선생님이 애를 태우셨습니다. 새벽에도 또 일찍 일어난 아이들이 우당탕거려 잠을 이룰 수 없었습니다. 선생님도 잠이 모자라신지 눈이 붉어 보였습니다. 아이들이 떠드는 소리에 잠을 이루지 못했을 것입니다. 술을 드신 다음 날, 봉봉을 맛있게 드시던 아버지 생각이 났습니다. 선생님께 봉봉을 사드리고 싶었습니다. 호주머니에는 백 원짜리 동전 하나가 달랑 들어 있을 뿐입니다.

'삼백 원만 있었으면 사이다라도 사드릴 수 있을 텐데.'

나는 돈을 써버린 것이 아쉬웠습니다. 나는 상점에 가서 요구르트를 하나 샀습니다. 선생님은 마침 마당에 서서 기지개를 켜고 계셨습니다.

"선생님, 이거…."

"웬 요구르트냐?"

선생님은 내가 내미는 요구르트를 보고 의아해 하셨습니다.

"선생님 드리려고 샀어요."

"그래, 너나 사 먹지. 돈도 없을 텐데."

"저도 먹었어요."

나는 참 부끄러웠습니다. 그러나 솔직하게 말씀드렸습니다.

"삼백 원요."

"그래, 네가 쓰기에도 모자랄 텐데 요구르트를 샀구나. 나머지 돈으로 뭘 샀니?"

"백 원은 너무 목이 말라 쭈쭈바를 사먹고, 백 원으로 동생 주려고 돌하르방을 샀어요."

"적은 돈으로 참 값있게 썼구나."

선생님은 그때까지 들고 계신 요구르트를 한참 내려다보셨습니다.

아침 햇살이 선생님 눈에 맺힌 물방울에 비쳐 환하게 빛나고 있었습니다.

{박재형 · 삼백 원}

마음대로 좋은 나뭇잎을 골라 뜯어먹는 목이 긴 기린의 행복을 생각할 때,

목이 짧아 굶어 죽은 기린의 고통을 잊어서는 안 된다. {존 M. 케인스}

도박을 하는 사람은 불확실한 것을 얻기 위해 확실한 것을 건다. {파스칼}

도둑질로 잘 사는 사람도 있으나, 잘 사는 사람이라고 모두 도둑질한 것은 아니다. 또한 청렴해서 가난하게 사는 사람도 있으나, 가난한 사람이 다 청렴한 것은 아니다. {회남자}

당신이 달걀을 갖고 싶다면 암탉이 시끄럽게 우는 소리 정도는 꾹 참아야 한다. {덴마크 속담}

만일 사회가 많은 가난한 사람을 도울 수 없다면, 부유한 소수의 사람도 구해 줄 수 없다. {존 F. 케네디}

부자가 되는 한 가지 방법이 있다. 내일 할 일을 오늘하고, 오늘 먹을 것을 내일 먹어라. {유대 속담}

게으름에 대한 하늘의 보복은 두 가지가 있다. 하나는 자신의 실패요, 하나는 그가 하지 않은 일을 한 옆 사람의 성공이다. {르나르}

어느 마을에 큰 부잣집이 있었습니다. 쇼카밧타라는 이름의 그 부자는 평소 일가친척을 비롯하여 많은 사람들에게 자선을 베풀며 살았습니다. 그러던 그가 망하게 되자, 누구 하나 찾아오는 사람이 없었습니다. 부자였던 사람이 망하면 더욱 비참해지는 법인지 쇼카밧타는 주변 사람들의 무관심과 냉대 속에 굶기를 밥 먹듯 했습니다. 그러자 그는 이런 생각이 들었습니다.

'더 이상 고향에 있다가는 굶어 죽고 말겠다.'

그는 비장한 결심을 하고 고향을 떠나 어렵고 힘든 일을 마다하지 않고 열심히 일했습니다. 그러면서 근검절약하며 저축한 결과 몇 년이 지나자 큰돈을 모으게 되었습니다.

'이젠 고향으로 돌아가자.'

쇼카밧타는 그간 열심히 모은 재산을 정리하여 고향으로 돌아오게 되었습니다. 십여 대의 수레에 짐을 바리바리 싣고 많은 용인을 거느린 그의 행렬은 왕후장상의 행차를 방불케 했습니다. 이 소문을 들은 일가친척들과 이웃 사람들은 앞을 다투어 그를 영접하려고 멀리까지 마중을 나왔습니다. 미리 이것을 알아차린 쇼카밧타는 허름한 옷으로 갈아입고 행렬의 맨 앞에 서서 터벅터벅 걸었습니다. 그 모습은 마치 허드렛일을 하는 사람처럼 보였습니다. 그래서 일가친척들과 이웃 사람들은 그를 전혀 알아보지 못했습니다. 그들은 맨 앞에서 걷는 쇼카밧타에게 물었습니다.

"여보시오, 쇼카밧타 씨는 어디에 계십니까?"

허름한 옷차림의 쇼카밧타는 시치미를 떼고 뒤를 가리켰습니다.

"저 뒤에 오고 계십니다."

이 말에 사람들은 우르르 뒤로 몰려갔습니다. 그러나 아무리 둘러보아도 그럴싸한 사람은 보이지 않았습니다. 사람들은 행렬의 맨 뒤에 있는 사람에게 다시 물어보았습니다.

"쇼카밧타 씨는 어디에 계십니까?"

"그 분은 맨 앞에 계십니다."

"뭐라구요? 그 꾀죄죄한 사람이 쇼카밧타 씨라고요?"

"그렇습니다."

사람들은 이 말을 듣고 맨 앞으로 달려가서 화를 냈습니다. "우리는 당신을 위해서 일부러 영접을 나왔소. 그런데 뒤쪽에 온다고 하면서 속인 까닭은 무엇인가?"

쇼카밧타는 씁쓸한 음성으로 대답했습니다.

"여러분들이 만나고 싶어 하는 쇼카밧타는 뒤쪽의 수레 위에 놓여 있습니다. 내가 가난하여 배를 곯고 있을 때는 본 척도 하지 않던 여러분들입니다. 그런데 이렇게 급히 영접하러 나온 것은 아마 다른 까닭이 있을 것입니다. 여러분이 영접하고자 하는 재물은 저 뒤에 따르는 수레 위에 있으니 내가 여러분을 속인 것은 아닙니다."

이 말에 사람들은 얼굴을 붉혔습니다. {무명씨}

12

사회 · 생활

생활은 향락이 아니고 괴로운 노역이다.

생활은 향락이 아니고 괴로운 노역이다. 〈톨스토이〉

생활은 모두 다음의 두 가지로부터 성립한다.
하고 싶지만 안 된다.
할 수 있지만 하기 싫다. 〈괴테〉

저녁이 오면, 사랑하는 사람끼리
한가롭게 산책을 나선다.
여자들은 머리를 풀고
상인들은 돈을 세며
시민들은 근심에 찬 표정으로
석간에서 새로운 소식을 읽고
애기들은 작은 주먹을 쥐고
배가 부른 나머지 잠에 빠진다.
저마다 한 가지씩 참된 일을 하고
충실한 의무에 따른다.
시민도, 애기도, 연인들도
그런데 왜 나는 그렇지 못한 것일까.
하지만, 내가 생활의 노예가 되어서
하고 있는 나의 밤 작업도
세계정신에게 제외될 수는 없다.
그것에도 의의는 있다.
그래서 나는 여기저기를 거닐며
마음속으로 춤을 추고

속된 유행가를 흥얼거리고
신과 나를 찬양하고
술을 마시고는
내 자신을 터키 총독이라고까지 추켜세우고
마음 속 깊이 불안을 느끼면서
그래도 웃음을 잃지 않고
술잔을 기울인다.
내일은 이렇게 할 수 없지만
오늘은 내 마음의 움직임을 긍정하고
지난날의 고통에서
장난삼아 시를 한 수 엮어내고
달과 별의 운행을 생각하면서
그들의 의미를 어렴풋이 느끼면서
그들과 함께 우주를
여행을 하는 기분을 느낀다.

{헤세 · 어둠이 내릴 무렵}

아득한 그 옛날, 창도의 첫새벽부터 오늘에 이르기까지 몇 차례의 빙하시대를 거치면서 줄곧 흰 눈이 쌓여있는 히말리야 산맥, 에베레스트의 정상을 향해 기어오르는 사람이나, 사랑하는 아내와 아들, 딸에게 애절한 이별의 키스를 보내고 비좁은 우주선의 문을 열고 들어가 달나라로 향하는 우주비행사 같은 소설의 주인공들만이 인생을 모험으로 사는 사람들이 아닙니다. 삶은 그 자체가 누구에게 있어서나 하나의 모험입니다.

세상에 태어나는 사실만은 우리들 자신의 의사와는 아무런 상관이 없습니다. 사랑하는 남녀의 정자와 난자의 결합은, 그 결합을 통해 삶을 얻는 우리들과의 사전 협의를 거치지 않고 결행된 그들의 일종 모험이었습니다. "너는 70년대 역사의 소용돌이 속에서 살기를 원하느냐, 안 원하느냐!" —— 이런 질문으로써 우리들의 의사를 타진해 본 부모는 단 한 사람도 없었습니다.

그러나 내 뜻이 완전히 무시된 채, 나의 아버지와 어머니는 사랑을 감행하였습니다. 그 모험의 결과로 내가 오늘날 이 시대를 살고 있는 것입니다. 이런 비리는 누구에게나 다 작용되는 공통적인 비극의 씨앗입니다. 철없는 시절에도 아슬아슬한 고비는 으레 한두 번 겪게 마련입니다. 내게도 그런 위기가 없지는 않았습니다. 나는 두서너 살 때 시골 내 고향의 개울에 빠져서 동동 떠내려가는 별난 경험을 하였다지만, 내 기억의 수첩에는 아무런 기록이 남아 있지 않습니다. 다섯 살 때인가는 사직공원 건설공사 현장에 놀러갔다가 축대용으로 실어다 둔 모진 돌 위를 달리다 그만 넘어져 이마에 큰 상처를 입은 일이 있었습니다. 그 자국은 아직도 내 이마의 한 구석을 차지하고 있습니다.

부모라는 울타리 안에서라 하더라도 삶이 모험인데, 그 울타리 밖으로 나서는 순간부터 모험의 성격이 아주 달라집니다. 선택의 자유가 있다는 말은 생각하기에 따라서는 배우 엄청난 모험의 가능성을 시사합니다. 갑과 을이 있는데, 갑이 있는 줄을 모르고 을만 알거나 을이 있는 줄을 모르고 갑만 아는 동안은 삶의 단순하기에 그지없지만, 선택할 수 있는 대상이 많고, 다양하면 할수록 삶은 복잡해지고 모험은 점점 불가피한 것이 됩니다.

오늘날처럼 중등교육이 평준화 된 시대에는 어느 고등학교에 가느냐는 별 큰 문제가 아니지만, 고등학교를 마치고 무슨 대학의 무슨 과나 어느 계열을 택하느냐가 그 젊은이에게는 문자 그대로 크나큰 모험입니다. 시골의 가난한 농가나 도시 변두리의 초라한 판잣집에 태어나 대학은 엄두도 못내는 처지라면 별문제이지만, 부모가 크게 잡아 중류 정도의 생활을 하는 집안에서는 아들딸의 예비고사, 대학입시가 식구 전체의 목숨을 건 일대 모험이라고 해도 과언은 아닙니다.

그 모험이 과연 값있는 모험이냐 아니냐 하는 문제는 달리 논의가 되어야 하겠지만, 대학입시가 모험이 아니라고 우기기는 어려울 것 같습니다. 옛날, 과거를 보기 위해 봇짐을 해서 지고 대관령 고갯길을 숨가쁘게 넘어 한양성을 향해 피곤한 발걸음을 옮기던 강릉의 어느 양반집 도련님에게 있어, 그 길이 모험의 길이었던 것처럼, 오늘 대학입시 준비도 밤잠도 제대로 못자는 여고생에게 있어서도 이것이 인생의 첫 모험인 것만은 사실입니다.

사랑이 모험이라고 한다면 믿으려 하지 않을 사람들도 있을 겁니다. 그런데, 따지고 보면 사랑처럼 엄청난 모험이 또 어디 있겠습니까? 남자가 여자의 손을 쥐어보고 여자가 그 손을 뿌리치지 않은 데서부터 인생의 최대 모험에 발동이 걸립니다. 문제는 손이지요. 잡는 손, 잡히는 손에서부터 인류역사의 모험이 시작되었습니다. 에덴의 동산에서 아담이 이브의 손을 잡아볼까 말까 망설이다가, 또 이브가 아담의 손을 뿌리칠까 말까 망설이다가, 잡고 잡히는 그 두 손에 통하는 감미로운 전류 때문에 오늘의 우리들이 태어나게 된 것입니다.

사랑의 기쁨은, 사랑의 감격은, 두 팔로 으스러지도록 껴안는 폭풍 속에 피는 꽃이 아니고, 열렬한 입맞춤의 격정 속에 피는 꽃도 아니고, 단지 처음 잡아보는 사랑하는 남녀의 손잡음의 따뜻한 온기 속에 피는 꽃입니다. 그런 사실을 처음 이야기한 스땅달은 과연 연애심리의 대가였습니다. 베토벤의 교향곡을 듣다가 감동한 나머지 서로 잡은 손들에 의하여 수많은 새 역사가 창조됐다 하지만, 남자와 여자가 피차에 손을 잡는 것이 엄청난 모험에의 초대임을 몰랐다고 한다면 그것도 이치에는 어긋나는 말이지요. 손을 잡는 모험이 결혼이라는 보다 큰 모험으로 이어지고 결혼이 인생의 초대임을 몰랐다고 한다면 그것도 이치에는 어긋나는 말이지요. 손을 잡는 모험이 결혼이라는 보다 큰 모험으로 이어지고 결혼이 인생의 가장 중대한 사건이라고 예부터 일러오는 까닭은 결혼이 인생의 최대의 모험이 되기 때문입니다. 행복을 꿈꾸며 젊은 남녀가 웨딩마취에 맞추어 예식장을 나올 때, 구름은 온통 장밋빛이고 오가는 행인들의 표정도 밝고 다정하게만 보이지만, 그들이 행복하게 평생을 살리라는 아무런 보장도 없으니, 모험은 모험입니다. 오늘 정다움에 바라보는 애인의 얼굴의 젊은 매력이 앞으로 30년, 40년 그대로 있으리라고 보기는 어려우니 백년해로 굳은 맹세가 허황된 모험의 시작일 수도 있다는 말입니다. 일찍이 영국 시인 토머스 모어가 청춘의 꿈을 이렇게 노래하였지요.

믿어 주소서
나 지금 흥겹게 바라보는
그대의 젊은 매력
장차 시들어
선녀의 선물인양 내 품속에서
안개처럼 사라져 없어진대도
나 그대를 사랑하는 마음
그 어느 세월엔들 변함 있으랴 ──
세월가면 사랑스러움 시든다 해도
옛 추억만 새로운 님의 모습에
내 가슴이 푸른 꿈이 얽히오리라.

세월은 흐르고 젊음은 시들어도 사랑하는 사람의 아름다움에는 아무런 변함이 없을 것을 다짐하는 순정의 노래처럼 인생이 굴러가지 않으니 결국은 사랑의 결합이 행복이 아니라 불행이 되고 마는 겁니다. 그래서 '결혼은 사랑의 무덤'이라는 말도 있는 것이겠지요. 그렇다면 결혼은 모험입니다.

인간이란, 원래 믿을만한 존재가 아니므로 부모와 자식, 형과 아우 같은 혈연관계 이외의 인간관계는 다 일종의 모험이며, 따라서 불안한 관계입니다. 영국의 계관 시인이었던 테니슨은 〈인 메모리암〉이라는 장시를 지어, 친구 아서 핼럼과의 아름다운 우정을 노래하고 그의 돌연한 죽음을 슬퍼하였습니다. 중국의 춘추전국시대에 살았던 관중과 포숙은 가난하던 시절부터 친구가 되어 후에 출세하여 부귀와 영화를 누리게 되었지만, 두 사람의 우정에는 변함이 없었다고 합니다. 그래서 관포지교라는 말이 생겼을 것입니다. 서양 사람들은 구약성서에 나타나 있는 다윗과 요나단의 우의를 가장 아름답다고 찬양하고 있습니다. 요나단의 아버지 사울왕은 백성들이 자기보다 다윗을 더 따르고 더 흠모하는 사실을 크게 시기하여 죽여 없애려고 끈질기게 그를 추적하였으나, 요나단은 끝까지 다윗을 사랑하고 돌보아 주었으므로, 다윗은 마침내 이스라엘의 왕이 될 수 있었습니다.

그러나 친구를 얻고 사귀는 인생의 모험이 아름답게 끝나는 경우만을 생각할 수는 없습니다. 친구를 잘못 만나 인생을 망친 사람은 하나둘이 아닙니다. 아마도 우정에 실패한 사람의 수가 성공한 사람의 수보다 몇 곱절 더 많으리라고 짐작합니다. 이 지구상에는 50억을 헤아리는 많은 사람들이 살고 있는데, 그 중에서 몇몇을 택하여 친구로 삼아 이 믿지 못할 세상을 사는 것이니 그 선택을 모험이 아니라고 할 수는 없는 일입니다.

인생이란, 결국 한 번의 도박이요 모험이지만, 그 모험의 성격은 천차만별이라고 하였습니다. 대학 진학에서부터 사랑과 결혼에 이르기까지 사람의 하는 일이 다 모험이지만, 훨씬 높은 차원에서 삶의 모험을 감행하는 영웅호걸이 이 역사의 탁류를 헤치고 더러 나타나는 것이 사실입니다. 종교개혁의 횃불을 높이 들어 인류 역사의 갈 길을 밝혔다고도 할 만한 독일, 아이슬레벤의 광부의 아들 마틴 루터가 바로 그런 인생의 모험의 주인공 가운데 한 사람입니다.

그는 당시 교황이던 레오 10세의 명을 받들어, 루터가 살던 위텐버그 지방에 와서 면죄부를 파는데 열을 올리던 탯젤이라는 자가, 죄 없는 민중을 속여 돈을 빼앗아가는 사실을 가슴 아프게 생각하고, 1517년 10월 31일 「95개조」의 비위 사실을 적어 위텐버그 캐슬교회의 대문에다 붙임으로 천년의 전통과 권위를 자랑하던 중세 로마 가톨릭교회에 정면으로 도전하는 모험의 소용돌이 속으로 뛰어들었습니다. 오늘날 교회의 처사를 반대하고 나서는 사람들의 모험이란 그리 대단할 것도 없지만, 그 시절에 교회의 권위에 도전한다는 것은 목숨을 거는 아슬아슬한 모험이었습니다. ── 사람의 죄를 용서할 수 있는 권한은 하느님에게만 있다. 면죄부를 사기만 하면 지은 죄가 다 소멸된다는 주장은 용납될 수 없다. ── 그의 이 한 마디가 중세의 교회와 교황청의 권위를 밑바닥부터 뒤흔들게 되었으니, 루터의 신변이 안전할 리 없었습니다.

이때 신성 로마제국의 황제였던 찰스 5세는 워름스에 제국회의를 소집하고 루터의 출석을 명령하였습니다. 그러나 그 당시 그 험악한 공기가 감돌던 라인 강변의 옛 도시 워름시를 찾아 간다는 것은 루터로서는 목숨을 거는 일생일대의 모험이었습니다. 친구도 말리고, 천척도 말리고, 선배도 말리고, 후배도 말렸습니다. "가면 살아 돌아오기 어려우리라!" 그래도 루터는 사자굴과도 같은 그 제국회의에 자기가 반드시 참석해야 한다는 자신의 결심을 굽히려 하지 않았습니다. "비록 악마의 수가 워름스의 모든 집들의 기왓장의 수보다 더 많다 하여도 나는 간다!" ── 그의 결심은 확고부동이었습니다. 그는 이 위대한 모험에 목숨을 걸었던 것입니다. 그 모험 때문에 오늘의 우리가 있습니다.

이 어려운 시대를 사는 이 땅의 젊은이들에게 이렇게 묻고 싶습니다.

"그대는 무슨 일에 목숨을 걸고자 하는가?"
인생이 모험임을 잊어서는 안 될 일입니다. {김동길 · 인생이 모험인데}

사회는 개인에 대해서 극형을 가할 권리를 갖는 것처럼 날뛰지만, 사회는 지극히 천박한 악덕을 갖고 있어 자기가 행하는 바를 자각할 힘이 없다. {와일드}

교통사고가 났다. 길을 건너던 학생이 달리던 차에 치인 것이다. 사고를 낸 차는 그냥 가버렸다. 마침 그곳을 지나던 사람이 피투성이가 된 학생을 자기 차에 싣고 병원으로 달려갔다. 병원비도 없고 보호자도 없음을 확인한 병원 측은 진료를 거절했다.
그는 아이를 들쳐 업고 다른 병원으로 달려갔다. 그 병원도 마찬가지였다. 또 다른 병원에 도착했을 때엔 이미 아이가 숨을 거둔 뒤였다. 경찰이 도착하여 신원을 확인했다. 그 아이의 아버지는 의사였다. 그 아이의 진료를 거절했던 첫 번째 병원 의사였다. 지난해에 서울에서 실제로 있었던 일이다. {무명씨}

모든 인간은 고립해서는 존재할 수 없습니다. 따라서 우리는 다른 사람들과 관계를 맺으며 살아가고 있습니다. 관계는 곧 행위라고 말할 수도 있습니다. 관계라는 것은 우리 인간 사이의 교섭뿐만 아니라 우리와 사물 또는 관념과의 친교도 의미하는 것입니다. 생활은 곧 관계로서, 그것은 사물이나 인간이나 관념과의 접촉을 통해서 표현되는 것입니다. 따라서 이 관계를 이해함으로써 우리는 생활에 대해서 전체적이며 적절한 대응을 할 수 있는 능력을 가질 수 있을 것입니다. 그러므로 이제 우리의 문제는 관계를 이해하는 것입니다. 이런 이해로부터 민첩한 유연성이나 적응성, 혹은 신속히 반응하는 능력이 자연히 생기게 됩니다.

관계라는 것은 당신이 그 속에서 자기 자신을 발견할 수 있는 거울이며, 이것이 없으면 당신은 존재할 수 없습니다. 산다는 것은 관계한다는 것이며, 그것은 바로 생활입니다. 따라서 당신은 존재할 수도 없고, 당신의 생활도 전혀 의미가 없을 것입니다. 당신이라는 인간이 존재하는 것은 당신이 현재 여기에 있다고 생각하고 있기 때문만은 아닙니다. 당신은 관계지어 있기 때문에 존재하는 것입니다.

우리 사이에 많은 대립이 생기는 것은 이 관계에 대한 이해력이 부족하기 때문입니다. 확실히 현재의 우리는 관계라는 것을 이해할 수가 없습니다. 왜냐하면, 우리는 현재의 자기보다도 높은 것이 되려고 한다든가, 자기를 개조한다든가, 보다 뛰어난 인간이 되기 위해 단순한 수단으로서 이 관계를 이용하고 있기 때문입니다. 하지만 이 관계라는 것은 실제로는 자기 발견의 수단인 것입니다. 왜냐하면, 관계는 살아 있는 것이며, 생활 그 자체이기 때문입니다.

관계가 없이는 '나'는 존재하지 못하며, 그리고 나 자신을 이해하려면 나는 관계를 이해하지 않으면 안 됩니다. 관계란 나 자신을 볼 수 있는 거울이기 때문입니다. 그러나 사람들은 대부분 그 거울 속에서 자기가 보고 싶은 것만 보고, 있는 그대로의 것은 보지 않으려고 합니다, 그리고 자신을 이상화하거나 자기로부터 도피하려고 합니다. 또 지금 이 순간의 관계를 이해하기보다는 오히려 미래에 살기를 바라고 있습니다.

만약 우리가 우리의 생활이나 다른 사람과의 관계를 살펴본다면, 그 어느 것이나 고립해 가는 과정이라는 것을 알게 될 것입니다. 우리는 다른 사람들에게 관심이 없는 것입니다. 비록 우리가 남의 일에 대해 말을 하고 있을지라도 말입니다. 우리는 관계가 우리에게 기쁨이나 만족을 준다든가, 혹은 안전하게 보호해 줄 때만 그들에게 관심을 갖습니다. 그러나 관계가 우리에게 불쾌한 걱정이나 불안을 주게 되면 우리는 조금도 주저하지 않고 그 관계를 포기합니다. 다시 말해서, 우리가 만족하고 있는 동안에만 관계가 우리 곁에 존재한다고 말할 수 있습니다. 당신이 실제로 자신의 생활을 엄밀히 관찰한다면, 그것이 사실이라는 것을 알게 될 것입니다. 그리고 사실을 회피하는 것은 무지 속에서 사는 것이며, 그 속에서는 올바른 인간관계가 유지되지 않습니다. 우리가 자신의 생활을 면밀히 살펴보는 동시에 자타의 관계를 관찰해 보면, 그것이 사실이라는 것을 알게 될 것입니다. 그리고 사실을 회피하는 것은 무지 속에서 사는 것이며, 그 속에서는 올바른 인간관계가 유지되지 않습니다. 우리가 자신의 생활을 면밀히 살펴보는 동시에 자타의 관계를 관찰해 보면, 그것은 타인에 대하여 저항이라는 장벽을 쌓는 과정이며, 우리는 그 장벽 너머로 다른 것들을 관찰하고 있다는 것을 알 수 있습니다. 우리는 이 장벽을 소중하게 지키며 그 배후에 앉아 있는 것입니다. 그런 벽 가운데는 심리적인 벽, 물질적인 벽, 경제적인 벽, 민주적인 벽 등이 있는데, 이것은 모두 장벽임에 틀림없습니다.

그리고 우리가 벽의 배후에서 고립되어 살아가는 한, 다른 것과는 관계가 있을 수 없습니다. 우리는 주위에다 온통 이런 벽을 쌓고 살고 있는데도 불구하고 그것이 살기 좋고 마음도 훨씬 편하다고 생각하고 있기 때문입니다. 세상은 끊임없이 분열하면서 수많은 비애와 고통 · 전쟁 · 파괴 · 비참 등이 그칠 줄 모르기 때문에 우리는 그런 것으로부터 도피하여 심리적으로 안정감을 찾을 수 있는 벽속에서 생활하고 싶다고 생각합니다. 따라서 우리들 대부분은 고립화해 가는 과정에 있으며, 이러한 우리의 고립화해 가는 사회를 만들어 낸다는 것은 당연한 일인 것입니다. 이런 사태가 지금 세계 도처에서 일어나고 있습니다. 당신은 자기의 고립 속에 있으면서 그 벽 위에다 손을 뻗치고 있는 것입니다. 그리고 그것을 애국주의라든가 동포애라고 말합니다. 그러나 실제로는 그렇지 않습니다. 당신은 경계를 고집하면서 세계 통일이나 세계 평화를 창조할 수 있다고 생각하지만, 그것은 불가능합니다. 당신이 민주적 · 경제적 · 종교적 · 사회적 경계를 가지고 있는 한, 세계 평화가 없음은 분명한 사실입니다.

고립화의 과정은 그대로 권력지향으로 통하고 있습니다. 우리가 개인으로서 권력을 추구하든, 혹은 민족이나 국가와 같은 집단으로서 권력을 추구하든 간에 거기에는 반드시 고립과 분리가 포함되어 있습니다. 왜냐하면, 권력이나 지위에 대한 욕구 그 자체가 고립주의이기 때문입니다. 그런데도 우리 모두는 권력이나 지위를 가지기를 바라고 있습니다. 가정에서든, 직장에서든, 또는 정치 조직에 있어서든 우리는 언제나 타인을 지배할 수 있는 권력이나 지위를 추구하고 있습니다. 이와 같이 우리는 누구나 권력을 추구하며, 그에 따른 군사적 · 산업적 · 경제적인 권력을 기반으로 한 사회를 만들고 있는 것입니다. 더구나 이 권력에 대한 욕구는 그 본질 자체가 고립적인 것입니다. 나는 이런 사실을 이해하는 것이 매우 중요하다고 생각합니다. 왜냐하면, 추측할 수 없는 대규모의 전쟁이나 처참한 파괴나 파멸적인 불행이 존재하지 않는 평화세계를 바라는 사람은 먼저 이런 기본적인 문제를 이해하지 않으면 안 되기 때문입니다. 진실로 착하고 친절한 인간은 권력의식을 전혀 가지고 있지 않습니다. 또한 그런 사람은 국가라든가 국기에도 속박 받지 않습니다.

세상에 고립해서 살아가는 사람은 아무도 없습니다. 어떤 국가나 국민이나 개인도 고립해서는 살아갈 수 없는 것입니다. 그런데도 우리가 여러 가지 권력을 추구하고 있기 때문에 거기에서 고립이 생기는 것입니다. 그래서 민족주의자는 재난의 근원이 되는 것입니다. 그것은 그 사람의 민족주의적 · 애국주의적인 정신에 의해서 그가 자타를 분리하는 고립의 벽을 만들고 있기 때문입니다. 그는 자신과 국가를 하나로 합친 결과, 그 밖의 것에 대해서는 벽을 쌓아버린 것입니다. 당신이 외부에 대해서 벽을 쌓는다면 외부의 것이 당신의 벽을 쉴 새 없이 두드려댈 것입니다. 그리고 당신이 저항하게 되면 그 저항 자체가 당신이 타인과 대립하고 있다는 것을 명확히 하는 것입니다. 이와 같이 민족주의는 고립화를 촉진하는 것이며, 권력의 추구로 생긴 결과로 결코 세계평화를 가져올 수는 없습니다. 또 민족주의자는 동포애라고 말하지만 그것은 거짓말이며, 따라서 그는 모순 속에 살고 있는 것입니다.

우리는 권력이나 지위나 권위에 대한 욕구 없이도 살아갈 수 있습니다. 하지만 그것은 자신을 자기보다 위대한 무엇인가와 동일화하지 않을 때 가능한 것입니다. 예를 들면, 당 · 국가 · 민족 · 종교 · 신과 같은 것과의 동일화는 권력지향 바로 그것인 것입니다. 왜냐하면, 당신 자신이 공허하고 우둔하며 박약하므로 당신은 자기보다 위대한 것과 동일화되기를 바라기 때문입니다. 당신 자신을 위대한 것과 동일화하려는 욕망은 권력을 추구하는 욕망과 같은 것입니다.

자타의 관계는 자기 발견에 도달하는 과정입니다. 자기 자신이나 자신의 정신 또는 마음의 활동 방식을 모르면서 외면적인 질서나 제도나 혹은 교묘한 방식을 확립해 보았자, 그것은 아무런 의미가 없습니다. 중요한 것은 모든 다른 것과의 관계에서 자기를 이해하는 것입니다. 자기를 이해해야만 자타의 관계가 고립화의 과정이 아닌 살아 있는 활동으로 될 수 있습니다. 그리고 그렇게 되면 당신은 사고, 혹은 당신이 원하는 것을 발견할 수 있게 됩니다. 이 발견이야말로 자유와 변혁의 시초가 될 것입니다.

크리슈나무르티 · 벽을 깨는 능력

꿈과 이상의 지평

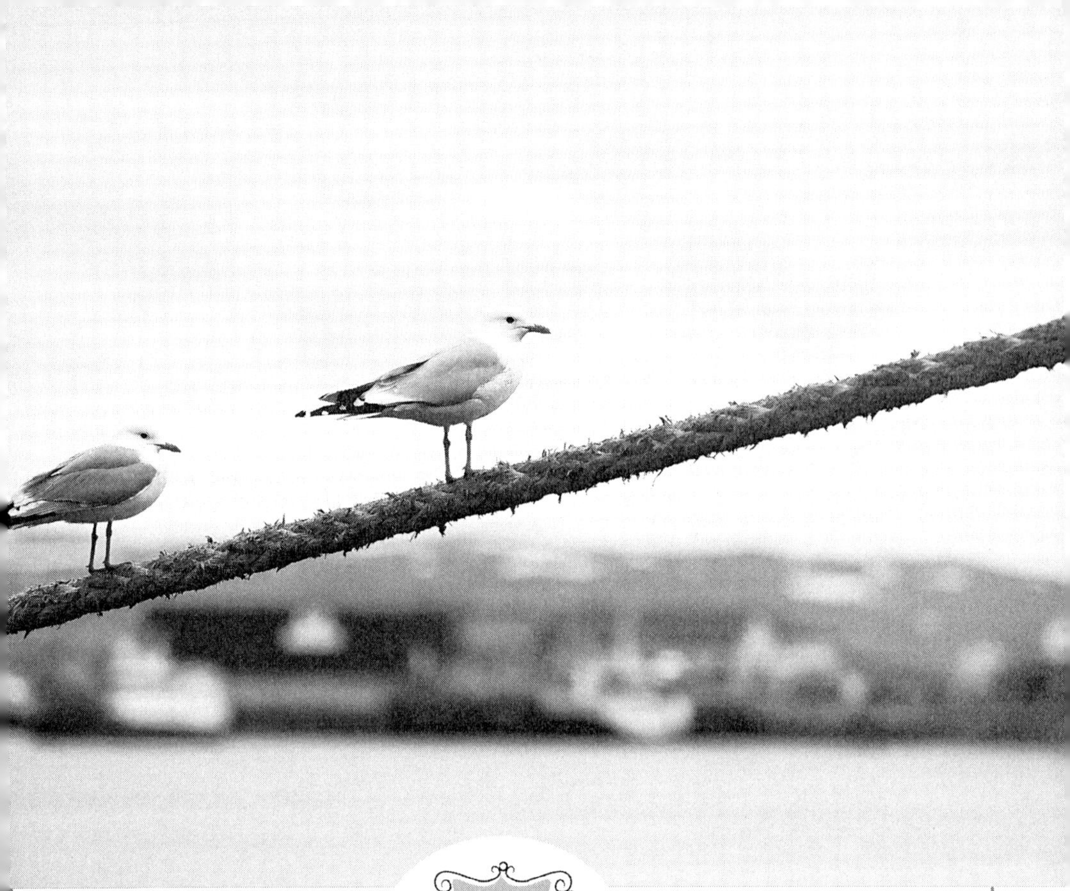

01

꿈

꿈을 품어라.
꿈이 없는 사람은 아무런 생명력이 없는 인형과 같다.

꿈을 꼭 이루겠다는 당신의 결의가 그 무엇보다도 중요하다는 것을 항상 명심하라. {아브라함 링컨}

생각하는 것이 인생의 소금이라면, 희망과 꿈은 인생의 사랑이다. 꿈이 없다면 인생은 쓰다. {리튼}

꿈을 품고 뭔가 할 수 있다면 그것을 시작하라. 새로운 일을 시작하는 용기 속에 당신의 천재성과 능력과 기적이 모두 숨어 있다. {괴테}

꿈은 머리로 생각하는 것이 아니라, 가슴으로 느끼고 손으로 적고 발로 실천하는 것이다. {존 고다드}

두려워 말라. 도전할 만한 가치가 있다고 믿으라. 꿈은 믿는 자에게 실현된다. {윌리엄 레임스}

꿈을 품어라. 꿈이 없는 사람은 아무런 생명력도 없는 인형과 같다. {그라시안}

꿈을 지녀라. 그러면 어려운 현실을 이길 수 있다. 그 꿈을 계속 간직하고 있으면 반드시 실현할 때가 온다. {괴테}

자기의 꿈을 쓰려고 하는 자는, 도리어 깨어 있지 않으면 안 된다. { 발레리 }

꿈은 불만족에서 나온다. 만족한 인간은 꿈을 꾸지 않는다. { 몽테를랑 }

소년들은 꿈을 꾸는 게 아닙니다. 꿈속에서 소년들이 있는 것입니다. 구름은 말처럼 탈 수도 있습니다. 소나무에 업히기도 합니다. 바위와 이야기를 할 수도 있습니다. 강물과 뛰기를 합니다. 물고기와 숨바꼭질을 합니다. 바람이 불면 바람개비로 돌기도 합니다. 소년들은 수수깡 안경을 쓰면 할아버지입니다. 교단에 서면 선생님입니다. 어머니 치마를 입으면 예쁜 색시도 됩니다. 소년들은 꿈을 꾸는 게 아닙니다. 꿈속에서 자라는 것입니다. 어른들은 꿈이 없습니다. 꿈 바깥에서 살고 있습니다.

{ 박남수 · 꿈나라 }

희망이란 눈 뜨고 있는 꿈이다. { 아리스토텔레스 }

언제인가 당신의 꿈을 꾼 적이 있습니다. 이삭이 여문 들판의 꿈! 당신의 금빛 붉은 빛으로 또다시 나를 덮어 주시오. 내 밤의 문지방을 다시금 건너와서 새로운 행복을 알려주는 선지자가 되어 주십시오.
보십시오. 대기는 아직 은빛으로 차갑고, 자신의 그림자는 미래에 가득 차있고, 인기척 없는 새벽 정원에서 그는 걸어 나오고 있습니다. 나무들의 속삭임이 들려오고, 초원의 냄새도 풍겨오는 것 같습니다. 나의 향수는 이 풍요로움에 포만증을 느끼고 있습니다. 이리저리 휘둘러보던 나의 눈은 나의 젊은 날의 봄에 시선이 머물렀던 것입니다. 꿈은 점점 커져서 내 앞에는 누런 이삭이 여문 들판이 밝은 햇볕을 받으며 펼쳐져 있습니다. 맑은 햇볕이 쏟아지는 이삭 여문 들판!

황적색의 물결이여, 변함없는 빛의 충만이여! 들판에는 청명한 붉은 불이 타오르고 있는 것 같습니다. 그리고 사방에 생동하는 빛의 물결과 시시각각으로 변화하는 색채! 평온과 충족의 까마득한 조망(眺望), 행복과 아름다움의 샘터. 사치하지 않고, 아무도 돌보지 않는 폐쇄된, 그리고 되풀이될 수 없는 수북이 쌓인 보물들, 내 가슴 속의 텅 빈 마음의 방을 채워주는 것이 바로 이 보배입니다. 채워주고, 또 채워주고, 그리하여 깊은 바다로 흘러가는 강물처럼 흐르고, 또 흘러갑니다.

나의 어린이 같은 마음을 채워 주고, 내 피를 따뜻하게 해주며, 또 내 눈을 뜨게 해서 조용하게 빛나게 해주는 이것들을 무엇이라고 말로써 표현할 수 있을까요? 태양과 조용한 들판의 빛이 만나면서 충만하는 것을 보는 나의 눈과 마음은 어린 시절의 형제들 곁으로 돌아가는 것 같습니다. 물결치는 들판으로, 맑디맑은 하늘로, 또 다정한 나무들이며, 시냇물이며, 바람에게로 돌아가는 것 같습니다.

형제여, 그리고 누이여, 그대들에게 인사하노니, 타향에서 보냈던 일을 용서해 주십시오. 오랫동안 내 몸은 병들었고, 내 귀와 내 눈은 그대들에게 닿을 수 없었습니다. 내 속 깊은 마음조차 나는 알 수 없게 돼버렸습니다. 어머니가 나에게 주셨던 내 마음속의 영원한 것은 쇠사슬에 얽매어져 있었고, 조용한 한밤중에나 겨우 무거운 숨을 쉴 수 있었습니다. 이제 마음껏 가슴을 펴고 숨을 쉬고 보니, 비로소 마음속의 모든 것이 선명한 윤곽을 드러내는 것 같습니다.

그대, 빛나는 이삭 여문 들판이여! 그대의 고요한 청명함이 나의 눈을 젖게 하는 것일까요? 아니면, 내 눈에서 그대를 향해 불길이 용솟음치며 태양에 불을 붙이듯 하는 것이 바로 나의 행복의 빛일까? 풍요, 수확, 필요,

분배, 융합, 영원한 수수께끼를 풀어주는 이 감미로운 낟알, 이것들이 바로 나의 사랑이며 또한 당신의 사랑입니다. 이 엄청난 것들, 그 핵심으로부터 어떻게 내가 자유로워질 수 있겠습니까? 어디에 아직도 시작이니 종말이니 하는 것이 있으며, 어디에 아직도 의지와 목표, 또는 원천(源泉)과 다리(橋)가 각기 있는 것입니까?

그대, 빛나는 이삭여문 들판이여, 그대는 나의 자유로운 영혼의 초상이 아닐까요? 그대와 나는 넘치는 청명속의 한 쌍이 아닐까요? 우리 둘은 충일하는, 말할 수 없는 사연들을 간직한 채 때로는 서로 주고받으며 공동의 감미로운 생의 짐을 짊어지고 구부리고 서 있는 하나의 쌍이 아닐까요?

헤세 · 이삭 여문 들판의 꿈

책임이 꿈을 지울 수는 없다. 의무가 꿈을 덮을 수는 없다. 당신 안에 있는 꿈을 빼앗을 수 있는 사람은 아무도 없다.

톰 클래시

꿈을 밀고 나가는 힘은 이성이 아니라 희망이며, 두뇌가 아니라 심장이다.

도스토예프스키

꿈꾸는 것이 가능하다면 그 꿈을 실현하는 것도 가능하다. 이 모든 것이 작은 생쥐 하나로 시작되었다는 것을 기억하라.

월트 디즈니

오랫동안 꿈을 그리는 사람은 마침내 그 꿈을 닮아간다.

앙드레 말로

꿈은 실패할 때 끝나는 것이 아니라, 포기할 때 끝난다. {리처드 닉슨}

위대한 인물에게는 목적이 있고, 평범한 사람들에게는 소망이 있을 뿐이다.
{워싱턴어빙}

아무리 높다 하더라도 인간이 도달할 수 없는 곳은 없다. 비전과 자신감, 근면을 가지고 이를 행하지 않으면 안 된다. {안데르센}

비전이 확실한 사람이 성공한다. {실러}

꿈은 반드시 기록하라. 당신이 그리는 꿈들을 기록하지 않는다면, 뿌려지지 않은 씨앗만을 가진 것과도 같다. {마이클 핸슨(수학자)}

꿈이 한 번도 실현되지 않았다고 해서 가엾게 생각해서는 안 된다. 정말 가엾은 사람은 한 번도 꿈을 꿔보지 않았던 사람들이다. {에센 바흐}

어떤 것이 불가능하다고 말하기는 어렵다. 왜냐하면, 어제의 꿈이 오늘의 희망이고 내일의 현실이기 때문이다. {로버트 고다드}

발을 내딛기 전에 결코 땅을 살피고자 아래를 내려 보지 말라. 저 먼 지평선을 바라보는 사람만이 자신이 가야할 길을 정확히 찾는다.

{조지 헤르메스}

꿈을 꿀 배짱이 있다면, 꿈을 좇을 배짱이 있다면, 진정한 감동을 맛볼 수 있을 것이다. {로라 슐레징어}

꿈을 품고 무엇인가 할 수 있다면 그것을 시작하라. 새로운 일을 시작하는 용기 속에 당신의 천재성과 능력과 기적이 모두 숨어있다. 내가 알고 있는 최대의 비극은, 사람들이 자기가 진정으로 하고픈 일이 무엇인지 모르고 있다는 것이다. {데일 카네기}

꿈을 이루려는 사람이라면 굳은 결심으로 수천 개의 장애물을 극복해야 할 뿐 아니라 수천 번의 거부와 패배를 딛고 이겨내야 한다. {루스벨트}

인간이 할 수 있는 가장 건강한 일은 자신의 꿈에 주의를 기울이는 것이다. 꿈은 우리에게 삶에서 어떻게 의미를 찾을 것인지, 저마다의 운명을 어떻게 이행해 나갈 것인지, 우리 안에 있는 더 큰 삶의 잠재력을 어떻게 깨달을 수 있는지 보여준다. {폰 프란츠}

꿈이 있는 사람은 인생을 즐긴다. 어려움이 닥쳐도 기꺼이 과정으로 받아들인다. 반면, 꿈이 없는 사람은 자기 인생의 주도권을 남에게 맡긴 것

이나 마찬가지이다. 삶이 무미건조하다면, 꿈을 리모델링할 때가 된 것은 아닌지 생각하라. {혼다 켄}

꿈을 버리지 말라. 꿈이 사라지면 당신은 존재하지만, 사는 것은 끝난 것이다. {마크 트웨인}

이 세상에는 위대한 진실이 하나 있어. 무언가를 온 마음을 다해 원한다면, 반드시 그렇게 된다는 거야. 무언가를 바라는 마음은 곧 우주의 마음으로부터 비롯됐기 때문이지. 자네가 무언가를 간절히 원할 때 온 우주는 자네의 소망이 실현되도록 도와준다네. {파울로 코엘료}

꿈을 날짜와 함께 적어 놓으면 그것은 목표가 되고, 목표를 잘게 나누면 그것은 계획이 되며, 그 계획을 실행에 옮기면 꿈은 실현되는 것이다. {그레그 S. 레이드}

02

질서 · 조화

백리를 가는 자는 구십을 반으로 한다.

길가에 널브러져 있는 돌멩이를 찬다. 그것이 굴러 떨어지는 것을 보라. 우연이 질서를 만든다.

{도교}

나라의 질서가 잡혀 있을 때에는 돈이나 지위가 없다는 것이 부끄러운 일이 된다. 그러나 나라가 어지러울 때는 돈이 있고 지위가 높다는 것이 수치이다.

{공자}

어떤 곤경에 처했을 때 거기에 억눌리지 않고, 올바르다고 판단되는 행위를 하는 용기는 개인의 행동에 가장 큰 힘으로 작용한다. 일시적인 격정에 사로잡혀 저지르는 경솔함이 아닌 정정당당하고 동요하지 않는 행위가 진정한 용기이다. 구성원 모두가 서로 어긋나지 않고 잘 어울려 적절한 균형을 이루는 것도 중요하다. 조화는 전쟁과 평화의 기로에서 승리를 이끌고 가정에서의 행복을 이루는 근간(根幹)이 된다.

{가지미르 드라뷔뉴}

노소(老少)와 장유(長幼)는 하늘이 정한 질서이니, 바른 도리를 어기고 도덕을 손상해선 안 된다.

{명심보감}

소 잡는 칼로서 닭을 잡을 수 있지만, 닭 잡는 칼로서는 소를 잡을 수 없다.

{한국속담}

한국 음식은 그것이 찌개가 아니라도 반드시 국물이 있게 마련이다. 김치와 야채샐러드의 차이가 그것이다. 음식에는 건더기가 주된 것이라면, 반드시 그에 따라붙은 부수물인 국물이 있게 마련이다. 생선이든 야채든 고기 종류든 모든 음식에 국물 없는 음식이란 없다. 그래서 독특한 미각의 윤택이 생겨난다.

결국 한국 음식을 먹고 싶어 하는 미각의 향수는 한마디로 국물 맛을 찾는 그리움이었다. 프랑스 요리뿐만 아니라 서양의 요리에는 건더기는 건더기뿐, 국물은 국물뿐이었다. 어디까지나 그 한계가 확실하다. 비프스테이크를 아무리 포크로 뒤집어 봐도 국물이 없이 그냥 뽀송뽀송하다. 야채샐러드를 다 먹고 나도 남는 것을 올리브기름 뿐 김칫국물 같은 것은 없다. 한국인의 입은 허전하다. 무슨 음식이고 우리의 입은 건더기를 먹고 난 뒤의 국물맛을 봐야 음식을 먹은 것 같다. 그렇지 않으면 너무 빡빡해서 목이 멘다. 하도 깍두기가 먹고 싶어서 서양오이지(피클)를 곤잘 시켜 먹었지만, 도저히 그 국물맛을 충족할 수는 없었다.

미각만이 그런 것은 아니다. 미각 속에는 문화의 원형이 잠재되어 있다는 구조주의자들의 까다로운 이론이 아니라도 한 나라의 문화는 미각의 구조 속에 있는 것 같다. 건더기가 실체라면 국물은 그 실체의 그림자이다. 이 음영이 있기 때문에 비로소 그 실체는 생생하게 살아 있는 생명력을 갖고 있는 것이다. 그것이 여우이기도 하다.

우리나라 말에 좀 점잖지 못한 속어이기는 하나 '국물도 없다'는 표현이 있다. 각박한 것, 철저한 것, 야박스러운 것을 나타낼 때 쓰는 말이다. 음식에 국물이 있듯이 한국인의 성격에나 행동에는 으레 건더기를 건지고 나도 국물이 있다. 어수룩한 데가 있고 그늘이 있다는 이야기이다.

이런 표현으로 서구의 문화를 한마디로 정의하라고 하면 〈국물 없는 사회〉이다. 공짜가 없다. 따라붙는 덤이 없다는 이야기다. 미각소(味覺素)의 국물맛이 인정으로 나타나고 사회생활로 나타난 것이 바로 그 '덤' 사상이라고 할 수 있다.

요리만이 그런 것이 아니다. 서양 사람들에게서는 도시 국물이라는 것, 즉 덤이라는 것을 기대할 수 없다. 군더더기 공짜를 바라는 것을 경제적인 탐욕으로 오해해서는 안 된다. 몇 푼 안 되는 것, 별로 도움 될 것이 없는 과외의 그 물질보다 우리는 덤을 통해 인정을 찾는 것이다.

{이어령 · 음식과 국물}

모든 것은 더 이상 단순화할 수 없을 때까지 단순화해야 한다. {아인슈타인}

윗사람의 몸가짐이 바르면 명령하지 않아도 아랫사람은 행하고, 그 몸가짐이 부정하면 비록 호령하더라도 아랫사람은 따르지 않는다. {공자}

인간으로서의 권리는 평등하지만, 사람마다 능력이나 인격의 우열이 있으니 자기보다 나은 자를 따라야 질서가 잡히는 것이다. {모택동}

슈퍼마켓의 계산대 앞에 늘어선 줄을 보고 짜증을 내는 것도 조급하고 성급한 과속문화에서 온 병폐다. 자기 차례를 참고 기다릴 줄 알아야 그 안에서 시간의 향기를 누릴 수 있다. 시간에 쫓기지 않고 현재 자신의 삶을 맑은 눈으로 지켜볼 수 있어야 한다.
어떤 수행자는 많은 일을 하면서도 한결같은 모습을 유지한다. 사람들이 어떻게 그럴 수 있느냐고 물으면 이와 같이 대답한다.

"나는 서 있을 때는 서 있고, 걸을 때는 걷고, 앉아 있을 때는 앉아 있고, 음식을 먹을 때는 그저 먹는 답니다."
"그건 우리도 하는데요."라고 질문자가 대꾸하자, 그는 다시 말을 이었다.
"아니지요. 당신은 앉아 있을 때는 벌써 서 있고, 서 있을 때는 벌써 걸어갑니다. 걸어갈 때는 이미 목적지에 가 있고요."
오늘의 성급하고 조급해 하는 과속문화의 병폐를 드러낸 이야기다.

{법정}

청명한 날씨는 절로 따스한 분위기를 향하여 조화가 되어 있듯이 인생도 그 생활과 이상이 조화를 얻었을 때 비로소 사람은 건강하고 조용한 기쁨을 얻는 거라고 말하고 싶다. 조화되지 않으면 모든 것은 분열되고 불안정한 법이다.

{러셀}

사물의 새로운 질서를 도입하는 것보다 더 착수하기 힘들며 실천하기에 위험하며 또 그 성과가 우려되는 것은 없다.

{마키아벨리}

나뭇잎에 앉은 참새의 지저귐
은은히 빛나는 달과 은하수
그리고 더 뚜렷한 잎의 조화는
인간의 이미지와 외침을 지워 버렸다.

{예이츠 · 사랑의 슬픔}

힘에 있어서 신과 같이 되려고 소망하여 천사는 법을 깨뜨려 타락했고,

지식에 있어서 신과 같이 되려고 소망하여 인간은 법을 깨트려 타락했다.

{베이컨}

질서는 그 무한한 자연 속에 임하고 있다. 인간이 자기의 이성적 노력에 의해서 표시할 수 있는 것보다 더 한층 복잡하다. 그리고 또한 항상 변화하고 있다. 그러나 예술은 이 한정된 질서에 규율되어 있을 때만큼 빛날 때는 없다. 조용한 아름다움이 투명한 대리석의 광명 속에 완전히 표현되어 있는 것도 그 때문이다. 사상과 그 사상이 살린 재질과의 완전한 조화가 있는 것도, 그 질서의 지혜 때문이다. 그런데 근대정신은 반대로 자기가 변신하는 모든 형태를 교란시키고 파괴하고 있다. {로당}

내가 가지고 싶은 철학이 있다고 하면, 곧 조화의 철학이다. 조화된 생활, 조화된 인간, 조화된 가정, 조화된 사회, 조화된 역사, 어느 것 하나도 미 아닌 것이 없다. 조화는 곧 미의 원리다. 서로 성질을 달리하는 둘 이상의 요소가 하나의 전체적인 통일을 이루고 있을 때, 우리는 이것을 조화라고 일컫는다. 조화는 진실로 미 그 자체다.

조화는 결코 타협이 아니다. 타협은 내 주장과 네 주장, 네 요구와 내 요구가 서로 대립 충돌할 때, 나는 내 주장과 내 요구의 일부를 죽이고, 너는 네 주장과 네 요구의 일부를 포기함으로써, 제3의 어떤 절충점을 발견한다. 그러므로 타협에는 반드시 자기 부정의 요소가 언제나 따른다. 그러나 조화는 그렇지 않다. 나는 내 위치에서 내 본질과 내 요구를 주장하고, 너는 네 위치에서 네 본질과 네 요구를 내세우되, 그것이 서로 모순 대립하지 않고, 나는 나대로 살고 너는 너대로 살면서, 저마다 자기다운 빛과 의미와 생명을 드러낸다. 이것이 곧 조화다.

조화 속에는 자기 부정의 비극이 없다. 조화는 완전한 자기 긍정의 세계다. 내가 살기 위해선 네가 죽어야 하고, 또 네가 살기 위해선 내가 희생되어야 하는 세계는 조화의 세계가 아니다. 조화는 나도 살고, 너도 살고, 우리가 다 같이 사는 것이다. 그러므로, 조화는 곧 생명의 원리다.
모든 존재로 하여금 저마다 제 자리를 얻게 하고, 제 빛을 드러내게 하고, 제 생명을 다하게 하는 것이 조화의 세계다. 같은 남자끼리 둘이 어깨를 나란히 하고 걸어가는 모습이 더 한층 아름답다. 이것은 이론이 아니고 실감이다. 그 경우에, 남자는 키가 좀 크고 여자는 좀 작기가 일쑤다. 또한 그럴수록 더 조화의 미가 드러난다. 이것은 성의 조화요, 남녀의 조화다. 조화의 원리가 가장 잘 나타나는 것은 음악의 세계다. 하모니는 곧 음악의 생명이다. 하나의 심포니를 생각해 보면 좋다. 북은 북으로서 큰 소리를 내고, 나팔은 나팔로서 우렁찬 소리를 낸다. 피아노는 피아노대로 은근한 소리를 내고, 바이올린은 바이올린답게 흐느끼는 듯한 섬세한 소리를 낸다. 클라리넷은 클라리넷으로서, 색소폰은 색소폰으로서 저마다 제 소리를 낸다. 그러나 이 모든 소리가 저마다 제 소리를 내되 서로 남을 해치지 않고, 아름답게 전체적 통일을 이룬다. 이것이 교향곡의 미다. 이것은 진실로 조화의 극치다. 조화는 다양성의 세계다. 동시에 통일성의 세계다. 다양 속의 통일, 통일 속의 다양, 이것이 곧 조화의 본질이다. 조화(調和)는 곧 조화(造化)가 아닐 수 없다. 아무리 수려한 산이라도 물이 없으면 섭섭하다. 아무리 아름다운 강이라도 산이 비치지 않으면 어딘지 허전한 감을 느낀다. 산은 강을 부르고 강은 산을 찾는다. 산은 강 옆에 있어야 빛나고, 강은 산을 안아야 아름답다. 이것이 곧 산수의 조화다. 사람의 신체에서 가장 아름다운 조화의 원형을 찾는다면 곧 얼굴이다. 두 눈과 한 코, 두 귀와 한 입으로 구성된 사람의 얼굴에서 우리는 진실로 기능과 작용의 아름다운 조화를 볼 수 있다. 우리가 길을 걷다가, 음식을 먹거나 말을 할 때를 생각하여 보라! 눈은 보는 일을 게을리 하지 않고, 귀는 듣는 기능을 소홀히 하지 않는다. 코는 숨 쉬는 일을 잠시도 쉬지 않고, 입은 말하는 일을 다한다. 저마다 제자리에서 제 기능과 제 작용을 다하면서 전체적 생명에 봉사한다. 말할 때 귀가 딴전을 부리거나, 음식을 먹을 때 코와 눈이 입에 협력하지 아니한다면 우리의 전체적 생명의 기능은 파괴된다. 작게는 하루살이의 목숨에서부터 크게는 사람의 목숨에 이르기까지 무릇 생명은 일대 조화의 체계다. 유기체는 이러한 조화의 원리를 가지기 때문에 살아갈 수 있다. 조화는 미의 원리인 동시에 생명의 원리라고 아니 할 수 없다.

예로부터 조화의 사상을 가장 강조한 것은 그리스 사람이었다. 우리는 그리스의 철학에서 조화의 원리를 찾을 수 있다. 그리스 사람들은 우주를 '코스모스'라고 불렀다. '코스모스'는 동시에 질서 또는 조화를 뜻한다. 얼른 보기에 복잡한 혼돈의 세계를 이루고 있는 듯한 삼라만상의 대우주에서, 그리스 사람들은 정연한 질서와 아름다운 조화를 보았다. 그러기에 우주를 뜻하는 '코스모스'란 말이 질서 또는 조화의 뜻을 가지게 된 것이다.

봄이 가면 여름이 되고, 가을이 지나면 겨울이 찾아온다. 춘하추동의 네 계절은 어김없이 순환한다. 어두운 밤이 지나면 밝은 낮이 된다. 밤과 낮의 교체는 영원을 두고 변하지 않는 질서다. 눈을 들어 밤하늘을 쳐다보면, 수십 억을 헤아리는 무수한 별들이 저마다 제 위치를 지키고, 제 궤도를 돌되, 결코 서로 충돌하는 일이 없다. 그것은 참으로 놀라운 질서이며, 또한 아름다운 조화의 세계가 아닐 수 없다. 그러므로 그리스 사람들이 우주를 질서와 조화의 체계라고 본 것은 당연한 일이다.

그리스의 수학자 피타고라스에 의하면, 일월성진인 천체의 운행에 아름다운 음악이 있다는 것이다. 그러나 인간의 귀로써는 그 오묘한 음악을 들을 수가 없다고 하였다. 과연 그리스 사람다운 자유분방한 상상이라고 아니할 수 없다.

그리스의 철인 플라톤은 조화를 곧 '정의의 원리'라고 보았다. 인간의 몸이 머리와 가슴과 배의 세 부분으로 되어 있듯이, 국가는 나라를 다스리는 통치 계급과, 국토를 지키는 방위 계급과, 국민의 의식주를 마련하는 생산 계급의 세 계급으로 되어 있다. 머리는 머리의 위치에서 머리의 기능을 다하고, 가슴은 가슴의 자리에서 가슴이 맡은 바를 다하고, 배는 배의 위치에서 배의 할 일을 다하기 때문에, 우리의 몸이 건전한 생명의 구실을 할 수 있다. 만일, 머리가 머리의 직분을 안 하고 가슴의 일을 하려고 든다든지, 가슴이 가슴의 기능을 집어치우고 배의 구실을 하려고 한다면, 우리의 몸은 파멸될 수밖에 없다. 저마다 제 자리에서 제 직분을 다하고, 남을 침범하지 않는 것이 가장 올바른 자세다. 이것이 곧 질서요 조화다.

정의란, 별것이 아니고 질서와 조화를 의미한다. 국가의 정의도 마찬가지다. 통치 계급은 통치 계급으로서 나라를 다스리는 일을 잘하고, 방위 계급은 방위 계급으로서 국토방위의 직책을 다하고, 생산 계급은 생산 계급으로서 생산에 전력을 기울이되, 서로 남을 간섭하거나 방해하지 않는다. 저마다 제 자리를 지키고 제 직분을 다하여 아름다운 조화를 이룰 때, 국가의 정의가 실현될 수 있다는 것이다. 이것이 국가의 가장 올바른 모습이다.

사실, 우리는 자기의 자리를 안 지키고 자기의 할 일을 등한히 하면서 공연히 남의 일을 간섭하고 방해하기가 쉽다. 이것이 사회의 정의를 깨뜨린다. 소크라테스는, "너 자신을 알아라" 하는 말을 강조한 데 대하여, 플라톤은 "네 분을 지켜라"고 역설했다. 그는 수분(守分)의 철학을 주장했다. 저마다 제 자리를 지키고 제 직분을 다할 때, 사회는 아름다운 조화가 이루어진다.

조화는 미의 원리요 정의의 원리일 뿐만 아니라, 또한 건강의 원리요 행복의 원리다. "건전한 정신은 건전한 육체에 깃들인다." 이것이 그리스 사람들의 부동의 신념이었다. 그들은 정신만의 인간이나 육체만의 인간을 생각하지 않았다. 인간은 영과 육, 정신과 육체의 아름다운 통일이요 조화라고 보았다. 영의 이름 아래서 육이 멸시되거나, 육의 이름 아래서 영이 망각되기 쉽다. 우리는 영이 없는 육의 나라에서 살기를 원하지 않는 동시에, 육이 없는 영의 나라에 살기도 바라지 않는다. 육은 영을 부르고, 영은 육을 구한다. 영이냐 육이냐가 아니고, 영과 육이 조화되어 하나가 되어야 한다. 이것이 인간의 가장 건강한 모습이다. 영과 육의 조화를 떠나서 인간의 진정한 행복을 구한다는 것은 헛된 일이다.

고도로 분업화한 현대의 산업적 대중사회에서, 인간은 자칫하면 불구적 인간, 부분적 인간이 되기 쉽다. 한 가지 영역에 전문적 직업인이 되는 결과, 전체적 인간으로서의 조화를 잃어버린다. 머리만의 인간이 생기기 쉽고, 손만의 인간이 되기 쉽다. 인간성의 모든 요소가 조화적으로 발달된 '전인'은 찾아볼 수 없고 어느 한 요소만이 극단이 불구적으로 발달된 인간을 보게 된다. '전인'이 스러지고 '불구인'이 늘어간다.

막스가 지적한 바와 같이 현대의 표어는 '조화'다. 현대인의 비극은 인간이 모든 영역에서 조화를 상실한 사실에 있다. 조화의 상실이 우리의 불행이라면, 조화의 회복은 우리가 불행에서 벗어 나가는 길이 아닐 수 없다.

민주주의 사회의 이상은, 만인이 다 제멋에 겨워서 살아가되, 서로 충돌하거나 대립하지 않는 일대 조화의 체계를 세우는 데 있다. 만인이 저마다 자기를 실현하고 자기를 주장할 수 있는 사회, 저마다 제 소리를 지를 수 있고 제 노래를 부를 수 있는 사회, 다양성 속에 통일성이 있고 통일성 속에 다양성이 있는 사회, 이것이 조화의 세계다.

조화! 이것은 분명히 미의 원리요, 생명의 원리요, 정의의 원리인 동시에, 또한 건강과 행복의 원리가 아닐 수 없다. {안병욱 · 조화}

몸에 상처를 입은 경우, 아끼는 물건이 파손되거나 흠이 갈 경우, 세월이 지나면 상처는 아물고 손해 본 것은 잊기 마련입니다. 그러나 타인에게 받은 모욕감은 외면상으로는 아무런 상처나 흔적을 남기지 않지만 마음에 두고두고 상처를 남겨 좀처럼 잊혀 지지 않습니다. 혹 누군가의 자존심을 상하게 하거나 그 사람의 인격에 흠을 내는 비판을 한 적은 없는지요. 잘못을 지적하되 비판이나 비난이 되지 않도록 하며 칭찬과 조언으로 적절히 조화를 이루어 가야 하는 인생입니다. { 체스터 필드 }

수학적 논리라는 것은 소위 우리가 직관과 천재성이라고 하는 두 가지 형태의 조화에서 나온다고 볼 수 있다. { 알란 튜링 }

지금까지 살아오면서 나는 이 아프리카인들의 투쟁에 나 자신을 바쳐왔다. 나는 백인이 지배하는 사회에 맞서 싸웠고, 또한 흑인이 지배하는 사회에도 반대해 싸웠다. 나는 모든 사람이 함께 조화를 이루고 동등한 기회를 누리는 민주적이고 자유로운 사회에 대한 이상을 간직하고 있다. 그런 사회야말로 내가 살아가는 목적이고 이루고 싶은 것이다. 하지만 필요하다면 그런 이상을 위해 나는 죽을 준비가 돼 있다. { 넬슨 만델라 }

떡국에는 따뜻한 마음이 담겨 있다. 떡가래는 본래 차겁게 한 기운을 품고 있으며, 떡국을 우려내는 물은 불을 만나 뜨거운 기운을 가지게 된다.

이들 둘이 서로 만나면서 차거움과 뜨거움은 함께 어우러져 하나가 된다. 온도만 중화된 것이 아니다. 만남을 통한 따뜻함이 생긴 것이니, 모든 따뜻함이란 본래 만남에서 오는 것이다.

인간도 마찬가지다. 또한 만남의 힘은 넓힘의 힘이기도 하다. 작은 나를 벗어나서 큰 나를 이루어가는 힘이기도 하다. 그러기에 떡국을 일러 따뜻함, 곧 온심(溫心)의 표상이라 한다. 떡국은 곧 항심(恒心)의 상징이다. 언제 우려도 떡국물은 늘 그렇다. 진정 없어지지 않는 것은 없지만, 그럼에도 불구하고 한결같은 게 있다면 그것이 바로 항심이다.

떡국은 오로지 하는 마음이 없으면 제 맛을 낼 수 없다. 오로지 하는 마음이란 슬퍼할만한 일이 있어도 마음 들뜨지 않아야 하는 것이니, 이 또한 떡국을 먹는 사람이 갖추어야 할 덕목이다. 또한 떡국을 편안한 마음으로 끓여야 제 맛을 내고 제 역할을 한다. 이것은 이익과 손해를 떠난 마음이니 사랑의 마음을 키워 모든 굴레에 매이지 않는 이 마음이 떡국 먹는 사람이 풀어내는 맑은 바람이 아닐까?

{한기러기}

03

행복과 평화

행복을 추구하는 것도 중요하지만,
행복을 누릴 자격이 있는 사람이 되는 일이 더욱 중요하다.

행복하게 산다는 것은 마음의 평온함을 뜻한다. ｛시세로｝

오래가는 행복은 정직한 것 속에서만 발견할 수 있다. ｛리히텐베르히｝

행복은 무엇보다 건강 속에 있다. ｛G.W 커티스｝

불행은 진정한 친구가 아닌 자를 가려준다. ｛아리스토텔레스｝

마음이 어진 사람은 조그마한 집에 살아도 행복하다. ｛홍자성｝

인생에 있어서 최고의 행복은 우리가 사랑받고 있다는 확신이다.
｛빅토르 위고｝

인간의 행복은 거의 건강에 의하여 좌우되는 것이 보통이며, 건강하기만 하다면 모든 일은 즐거움과 기쁨의 원천이 된다. 반대로 건강하지 못하면, 이러한 외면적 행복도 즐거움이 되지 않을 뿐 아니라 뛰어난 지(知), 정(情), 의(義) 조차도 현저하게 감소된다. ｛아르투어 쇼펜하워｝

행복하게 지내는 사람은 대개 노력가이다. 게으름뱅이가 행복하게 지내

는 것을 보았는가. 수확의 기쁨은 흘린 땀에 정비례한다. {윌리엄 블레이크}

원하는 것을 소유할 수 있다면 그것은 커다란 행복이다. 그러나 그보다 더 큰 행복은 우리가 갖고 있지 않은 것을 원하지 않는다는 것이다. {메네데모스}

인간의 행복의 원리는 간단하다. 불만에 자기가 속지 않으면 된다. 어떤 불만으로 해서 자기를 학대하지 않으면 인생은 즐거운 것이다. {러셀}

작별 인사에 낙담하지 말라. 재회에 앞서 작별은 필요하다. 그리고 친구라면 잠시 혹은 오랜 뒤라도 꼭 재회하게 될 터이니. {리처드 바크}

모든 것이 흑백이 아니라면 "대체 왜 아닌가"라고 나는 묻는다. {존 웨인}

자기보다 못한 자를 벗으로 삼지 말라!(無友不如己者) {공자}

인생에 있는 큰 비밀은 큰 비밀 따위는 없다는 것이다. 당신의 목표가 무엇이든 열심히 할 의지가 있다면 달성할 수 있다. {오프라 윈프리}

남으로 창을 내겠소.

밭이 한참 갈이
괭이로 파고
호미론 풀을 매지요.

구름이 꼬인다 갈 리 있소.
새 노래는 공으로 들으랴오.
강냉이가 익걸랑
함께 와 자셔도 좋소.

왜 사냐건
웃지요. 〈김상용 · 남으로 창을 내겠소〉

행복은 자기의 분수를 알고 그것을 사랑하는 것이다. 〈롤랑〉

행복하게 되기 위해서는 두 가지 길이 있다. 욕망을 줄이거나 소유물을 늘이거나 하는 것이다. 어느 편이든 좋다. 〈프랭클린〉

남을 행복되게 할 수 있는 자만이 또한 행복을 얻는다. 〈플라톤〉

내가 사는 집은 늘 시냇물을 끼고 있는 곳에 있어야 한다. 흰 조약돌이 깔려 맑게 잔잔히 흐르고 있어야 한다. 초가삼간 허술한 집이라도 맑은 시내만 끼고 보면 낙원일 수도 있다. 여름에는 더욱 그러하다. 내 육체의 한 부분같이, 내게 없어서는 안 될 생명수와도 같다. 나의 생가가 그러한 곳에 있어, 어린 시절을 냇물과 더불어 자라난 탓인지도 모르겠다. 앞산 기슭에 잔잔히 흐르던 맑은 개울이며, 푸르게 흐르던 뒷개울과 남대천! 나는 여기서 캐어 온 나물을 헹구었고, 빨래를 하고, 멱을 감았다. 빨래는 일이라기보다 나의 유희였다.

집을 떠나 학창 생활을 한 이래, 나는 다시 고향 땅을 밟을 기회가 적었지만, 그 시냇물을 잊지 못하겠다. 오늘날같이 찔 듯한 여름날, 방에 앉았으면 그 추억은 더욱 그리움으로 변한다.

몇 해 전에 정양(靜養)갔던 Y촌의 맑은 냇물을 잊지 못한다. 푸른 산과 우거진 숲도 좋고, 새소리도 좋고, 들꽃도 좋았지만, 그 맑디맑던 냇물을 잊을 수가 없다. 6·25때 피난을 가서도 우연히 방을 얻은 것이 개울 옆이다. 다른 불편을 다 참고라도, 나는 개울 옆에 있으리라고 마음먹었다. 수정같이 맑지는 못했지만, 흐르는 풍경만 보아도 좋았다. 나는 새벽이면 빨래를 들고 개울가에 나온다. 그리고 빨래 그릇을 놓고 방죽에 서서 사방을 바라본다. 건너편 푸른 언덕, 푸른 밭들이 그림같이 누워 있는데, 시냇물은 쉴 새 없이 흘러간다. 아직 아무도 없다. 그러더니, 저기 광주리 인 여인들의 대열이 빠른 걸음으로 물가에 다다른다. 다리를 걷고 물을 건넌다. 광주리는 복숭아, 토마토, 가지, 오이, 호박 등 가지각색의 과일들과 야채로 채워져 있다. 그들은 무거운 걸음을 빨리 하며 시장으로 시장으로 흘러간다. 아직 온 마을은 잠 속에 고요하였다. 물기를 품은 바람이 온몸을 씻겨 주는 듯 시원하였다.

나는 물가로 내려가서 빨래를 담갔다. 담근 빨래를 비비고 방망이질을 해서는 헹구고, 비누질을 해서는 또 비볐다. 비누칠한 것들은 한쪽에 차곡차곡 쌓아놓았다가 비누칠이 끝나면 맨 밑에서부터 방망이질을 하였다. 그동안에 때는 비누에 용해되었을 것이기에……. 방망이로 두드리고 헹구고 비비고 하는 동안에 거짓말같이 깨끗해지는 빨래.

하얀 빨래를 그릇에 담을 때 느끼는 기쁨은 마치 바느질을 마치고 난 때의 기쁨에 비길 수 있을 것이다. {임옥인 · 시냇물 따라}

어린애들에게 행복해지는 법을 가르칠 필요가 있다. 불행이 머리 위에 떨어져 올 때에도 역시 행복해지는 법을 일컫는 것이 아니다. 그런 것은 스토아주의자들에게 맡겨 두면 된다. 그런 것이 아니라 주변의 상황이 그다지 나쁘지도 않고, 인생의 괴로움이 사소한 근심거리나 대단치 않는 불쾌사에 있을 때 행복해지는 법을 일컬음이다.
첫째 규칙은, 현재의 것이건 과거의 것이건 자기 자신의 불행을 남에게 절대로 얘기하지 않는 것이다. 가령 그것을 조심스러운 말로 가려서 하였을 때라 할지라도 남에게 구토니 언짢은 심사니 복통이니 하는 것들을 얘기하는 것은, 실례되는 일로 볼 일이다. 부정이나 오산에 대해서도 마찬가지다. 어린이나 젊은이들, 어른들에게까지도 그들이 너무나 잊고 있는 것 같은 다음사항을 설명해야만 될 것 같다. 즉 자신의 괴로운 일을 늘어놓는 것은 남을 우울하게 할 뿐이라는 것이다. 가령 그들이 그와 같은 신세한탄을 듣고자 할 때일지라도, 또 사람을 위로해 주는 일을 좋아하는 것같이 보일지라도 결국은 그들을 불유쾌하게 할 뿐이라는 얘기다. 왜냐하면, 슬픔이란 독(毒)과 같은 것이어서, 그것을 좋아할 수는 있겠지만 슬픔에서 편안을 찾을 수는 없기 때문이다. 종국에 가서 마음에 만족을 주는 것은 반드시 마음 구석에서 느껴지는 감정이다. 저마다 살기를 희구하는 것이지 죽기를 희구하는 사람은 없다. 그리고 누구나 살고 있는 사람들 그러니까 자기 자신은 만족하고 있노라 말하고, 또 자기 자신 만족하고 있는 듯이 보이는 사람을 찾고 있는 것이다. 사람들이 저마다 타버린 잿더미에서 건성으로 우는 시늉을 말고 자기의 장작을 불에 지핀다면 인간사회는 그 얼마나 멋있겠는가! 이 규칙들이 예절바른 사회의 규칙이었음에 주목하라. 그곳에선 자유로이 얘기한다는 일이 없었기 때문에 지루하였음은 사실이다. 우리 부르주아지는 교제의 담화에 필요한 솔직한 화법을 모두 되찾을 수 있었다. 그리고 그것은 대단히 좋은 일이다. 그렇다고 해서 저마다 자기의 근심거리를 가져와 산더미처럼 쌓아도 좋다는 이유는 되지 않는다. 그런 짓을 하면 한층 더 어두운 권태밖에는 생기지 않을 것이다. 그러니까 교제를 가정 밖에까지 확대할 필요가 있다. 왜냐하면, 가정의 테두리 안에서는 지나치게 꾸밈없이 굴고 지나치게 신뢰하기 때문에 조금이라도 남의 비위에 들고자 한다면 생각하지도 않았을 사소한 일에도 흔히 불평을 하기 쉽기 때문이다.
권력을 둘러싸고 책략을 꾸미는 즐거움은, 아마도 이야기하면 지루하리라 생각되는 수많은 조그만 근심거리를 필연적으로 잊어버리게 되는 데에 기인할 것이다. 책략가는 고생스럽다고 말들 하지만, 이 고생은 음악가나 화가의 고생과 마찬가지로 즐거움으로 변한다. 그러나 책략가는 모든 사소한 고민을 얘기할 기회도 시간도 없기 때문에 누구보다도 먼저 괴로움에서 해방된다. 그 원칙은 이와 같다. 만약에 당신이 당신의 고민을, 내가 얘기하는 것은 당신의 사소한 고민이지만, 이야기하지 않는다면, 당신은 그것에 관하여 언제까지나 생각하고 있지는 않을 것이다.
내가 생각하고 있는 이 행복해지는 방법에서 나는 나쁜 날씨를 좋게 지내는 데에 대하여서도 마찬가지로 유익한 충고를 할 수가 있다. 내가 이것을 쓰고 있는 바로 이 순간에 비가 오고 있다. 기왓장에 소리가 난다. 수많은 작은 도랑들이 노래한다. 공기는 씻기어 마치 여과된 것 같다. 구름은 멋있게 조각조각 이어진 헝겊을 생각한다.
이와 같은 아름다움을 포착하도록 배울 일이다. "하지만 비는 수확을 망친다."고 어떤 사람은 말한다. 그리고 또 다른 사람은 "진흙은 모든 것을 더럽힌다."고 말한다. 그리고 세 번째 사람은 "풀밭에 앉으면 기분이 좋을 텐데."하고 말한다. 물론 그렇지. 그런 것은 누구나 다 안다. 당신의 불평은 비의 불쾌함을 조금도 덜어주지도 않을 뿐 아니라 그 불평의 비는 집안까지 나를 뒤따라온다. 그러니 자, 비가 올 때야말로 특히 밝은 얼굴을 하였으면 좋겠다. 그러니까 날씨가 나쁜 날에는 좋은 얼굴을 하라.

알랭 · 행복해지는 법

이른 새벽 시끄러운 자명종 소리에 깼다면 그건 내가 살아 있다는 것이고, 그리고 10대 자녀가 공부를 좀 못한다 해도 그건 아이가 거리에서 방황하지 않고 집에 잘 있다는 것이고, 지불해야 할 세금이 있다면 그건 나에게 가진 것이 있다는 것이고, 파티를 하고 나서 치워야 할 게 너무 많다면 그건 친구들과 즐거운 시간을 보냈다는 것이고, 깎아야 할 잔디, 닦아야 할 유리창, 고쳐야 할 하수구가 있다면 그건 나에게 집이 있다는 것이고, 주차장 맨 끝 먼 곳에 겨우 자리가 하나 있다면 그건 내가 걷는 운동도 하고 차도 있다는 것이고, 난방비가 너무 많이 나왔다면 그건 내가 따뜻하게 살고 있다는 것이고, 세탁하고 다림질해야 할 일이 산더미라면 그건 나에게 입을 옷이 많다는 것이고, 이메일이 너무 많이 쏟아진다면 그건 나를 생각하는 사람들이 그만큼 많다는 것이지요. 마음속에 나도 모르게 일궈진 불평 불만들을 바꾸어 생각해보면 행복한 일이라는 것을 알아야 할 때이다.

무명씨

행복이란 최고의 선이다.

아리스토텔레스

우리가 선을 행하되 낙심하지 말지니 피곤하지 아니하면 때가 이름에 거두리라. 너희는 세상의 소금이 만일 그 맛을 잃으면 무엇으로 짜게 하리오. 맛을 잃은 후에는 아무 쓸데없이 다만 밖에 버리어 밟힐 뿐이니라. 또 눈은 눈으로 이를 이로 갚으라 하였다는 것을 너희가 들었으나, 나는 너희에게 이르노니 악한 자를 대적치 말라. 누구든지 네 오른 뺨을 치거든 왼편도 돌려대며, 또 너를 송사하여 속옷을 가지고자 하는 자에게는 겉옷까지도 가지게 하며, 또 누구든지 너를 억지로 오리를 가게 하거든 그 사람과 십리를 동행하고, 네게 구하는 자에게 주며 네게 꾸고자 하는 자에게 거절하지 말라. 무엇이든지 남에게 대접을 받고자 하는 대로 남을 대접하라. 욕심이 잉태한 즉 죄를 낳고 죄가 장성한 즉 사망을 낳으리라.

{성서}

법과 사회 정의의 수호신인 테미스 여신은 오른손에 천칭을 들고 있다. 테미스 여신은 가이아(땅)와 우라노스(하늘) 사이에 태어난 초대 티탄 12남매 중 하나, 올림포스 신족에 쫓겨 난 티탄족의 하나이지만, 자기 일족과는 달리 올림포스 신족 사회에서도 계속 존경을 받고 제우스 대신 등위 당초에는 그의 아내이기도 하였다. 헤라 여신의 제우스 대신의 정처(正妻)로 들어앉은 후에도 테미스 여신은 여전히 제우스 대신의 곁을 떠나지 않고 그를 섬겼는데, 샘 많기로 유명한 헤라 여신조차 테미스 여신에게만은 깍듯이 대하였다.
올림포스에서 테미스 여신은 질서 유지와 예식 집행을 맡았다. 손님 초대, 식사 준비, 모두 여신의 일이었다. 인간을 위해서도 신은 올바른 사람을 지켜주고 죄인을 벌하며 사회 정의를 지켜 주었다. 또한 여신은 남을 도와주길 잘했다. 레아가 남편의 눈을 피해 갓난아기 제우스를 이 여신에게 맡겨 자라게도 했고, 아폴로 신과 아르테미스 여신을 난산할 때 레토를 도와준 것도 이 여신, 그리고 본시 자기 어머니 가이아의 신탁소(神託所)였던 델포이 사당을 아폴로 신에게 선사한 것도 이 여신이다. {무명씨}

부천시에서 운행 중인 어느 시내버스 기사님에 대한 이야기다. 부천에 일이 있어 외출을 하여 버스를 타는 순간 계단을 오르는데 "어서 오세요."라는 인사말에 내 앞이나 혹 뒤에 오르는 분이 기사님과 아시는 사이어서 나누는 인사인 줄로 알았다. 그런데 다음 정류소에서도 손님이 오를 때마다 "어서 오세요."라는 인사를 잊지 않고 하시는 것이었다. 나는 기사님을 주시해 보게 되었다. 사람들이 많은 역 앞 정류소에 차가 멈추고 긴 시간 동안 손님들이 차에 오르는데, 그때마다 인사를 하시는 것이었다. 다른 버스처럼 곧 떠날듯이 천천히 움직이는 불안감을 씻어내듯 마지막 손님이 오를 때까지 버스는 움직이지 않았고, 문을 닫는 순간 한 아이를 업고 또 한 아이는 손을 잡은 어느 아주머니가 버스를 타려고 달려왔다. 우리의 상식으로는 그냥 떠날 줄 알았던 버스의 문이 다시 열리고 "어서 오세요. 아이 조심하시고 의자에 앉으세요."라는 말씀까지 하시면서 그 아주머니가 자리에 앉기를 기다렸다가 출발하는 것이었다. 내가 타고 가야 할 거리가 짧아서 그 아저씨의 친절을 더 이상 보지 못하고 내려야 하는 것이 못내 아쉬웠지만, 따사로운 봄볕을 받고 피어난 꽃들의 아름다움보다 더욱 아름다워 보이는 아저씨의 인사에 가슴까지 훈훈해졌다. 이웃들에게 친절을 베풀기 힘든 삶 속에서 찾아 낸 나 혼자만의 기쁨으로, 지금도 열심히 일하시며 친절을 베푸실 기사님의 앞날에 무사고와 행복이 함께 하시길 기도드린다. {무명씨}

평화는 천국의 원시상태도 아니고, 합의에 의해서 질서 지워진 공동생활의 한 형태도 아니다. 평화는 우리들이 익히 아는 것이 아니므로, 다만 탐구하고 예감하고 있을 따름이다. {헤세}

책상머리의 선인장이 꽃을 피웠다. 빨간 봉오리가 맺힌 지 오래 되었는데 마침내 엊그제 지방 여행에서 돌아온 다음날 아침, 불가사리 같은 예쁜 꽃 한 송이가 폈다. 꽃송이가 무거운 탓인지, 얼굴을 숙여 잘 볼 수가 없어서 아내와 둘이 지주를 세워 꽃모양이 잘 드러나도록 해놓았다.

그런데 웬일인가. 저녁 때 해가 지니, 선인장 꽃이 시들고 만 것이다. 축 늘어져 볼품이 없어졌다. 제행무상(諸行無常), 다 그런 것이로구나 하고 잠자리에 들었다. 그러나 아침에 일어나 창문을 열고 깜짝 놀랐다. 어제의 그 꽃이 다시 살아나 더욱 영롱한 모습으로 나에게 인사를 한다. 그때서야 나는 알았다. 아 태양이로구나. 햇빛이 꽃을 피고지게 하고 있는 것이다.

엊그제 부산서 대구로 가는 기차를 탔다. 새마을호를 타고 싶었지만, 아무거나 빨리 가는 차를 타야 할 형편이 되었다. 무궁화호 표를 손에 쥔 내 걱정은 세 좌석이 나란히 있는 자리의 한가운데가 되면 어쩌나 하는 것이었다. 들어가 보니 걱정한 그대로이다. 갑자기 내 마음이 어두워졌다. 기차가 떠났다. 빈자리가 없이 차안은 만원인데, 내 좌우만 비어 있다. 느긋한 마음으로 눈을 감았다. 기차가 구포역에 도착하자 왼쪽 좌석에 한 남자가 와서 앉았다. 그래서 이번에는 '대구까지는 안심이다'하고 차창 옆자리로 옮겨가 다시 눈을 감았다. 기차가 밀양역에 도착했다. 그러자 잠시 후 내 앞에는 한 비구니 스님이 나타나 방긋 웃으며 합장을 하는 것이다. 나도 벌떡 일어나 자리를 비켜드리면서 어떻게 나를 아시냐고 물었다. "그럼요, 옛날엔 강의도 많이 들으러 다녔고요." 지금 어디 계시냐고 물었다. "대전서 내려서 두 시간마다 있는 버스를 타고 두 시간쯤 가서 다시 이십분쯤 걸어 올라가면 암자가 있지요." 한다.

아직 길도 안 난 곳에서 어렵게 살면서 젊은 비구니 몇 사람을 공부시키며 또 노스님 두 분을 모시고 산단다. 치약 튜브를 찢어서 하얀 것 남김없이 다 쓰고, 세제 한 번 쓴 것은 아까워 모아두었다가 다시 쓴단다. 티

없이 맑게 웃는 이 반백의 주지 스님을 보며 나는 또 한 번 아름다운 꽃을 본 것같이 기뻤다. 어두운 내 마음을 말끔히 가시게 한 빛이 거기에 오셨던 것이다.

무명씨

인류가 맞닥뜨리고 있는 비극적인 정세 아래에 있어서 우리들은 대량살상의 병기 발달로 말미암아 생기는 위험을 평가하고 부디 초안의 정신에 일관된 결의안의 작성을 토의하기 위하여 과학자회의를 소집하여야 할 것을 생각한다. 우리들은 지금 각 국적 · 대륙 · 신조에 속하는 사람으로서 발언하고 있음이 아니라, 현재 생명의 존속을 위협받고 있는 인류의 일원으로서 발언하고 있는 것이다.

현재, 세계는 분쟁에 차 있고, 더욱이 모든 조그마한 분쟁의 머리 위에는 공산주의와 반공산주의의 거대한 투쟁이 있다. 정치적 자각을 가진 거의 모든 인간은 그러한 문제의 몇 가지에 관하여 강한 정열을 보이고 있음이 상례다. 그러나 우리는 만일 가능하다면 이 감정을 한편 쪽으로 밀어놓고 자기가 빛나는 역사를 가지고 그 누구도 절멸할 수 없는 생물학적인 인류의 일원이라는 처지에서 생각하기를 요청한다. 우리는 어느 편이고 한 쪽의 그루우프에만 호소하는 것 같은 말은 사용하고 싶지 않다. 모두가 평등하게 위험을 받고 있는 것이다. 만일 이 위험이 이해된다면 공동의 힘으로 이 위험을 회피할 수가 있다는 희망이 있다.

우리는 무엇이고 새로운 방법으로 생각하기를 배우지 않으면 안 된다. 우리는 어느 편이건 군사적인 승리를 주는 것 같은 수단을 배워서는 안 된다. 그와 같은 수단은 이미 존재하지 않는다. 우리가 자문하여야 할 문제는 모든 쪽에 파멸적인 결과를 줌이 틀림없는 군사적인 정복을 회피하기 위하여선 어떠한 수단을 택할 것인가 하는 것이다. 일반 대중도, 권력의 자리에 있는 많은 사람들까지도 핵폭탄을 사용하는 전쟁이 어떠한 것인가를 인식하고 있지 않다. 일반 대중은 아직 도시의 전멸이라는 정도밖에는 생각하고 있지 않다. 신형 폭탄이 구형에 비교하여 훨씬 강력하고, 한 개의 원폭은 히로시마를 전멸시킬 수가 있었는데, 한 개의 수폭은 런던 · 뉴욕 · 모스크바와 같은 큰 도시도 전멸시킬 수가 있다고 생각되고 있다. 물론 수폭 전쟁에서는 큰 도회지도 궤멸시킬 것이다. 그러나 그것은 구제하지 않으면 안 되는 것 가운데에서는 훨씬 조그만 것에 불과하다.

런던 · 뉴욕 · 모스크바의 모든 주민이 폭사하였다고 하여도 세계는 몇 세기 뒤에는 타격에서 회복할 것도 가능하다. 그러나 지금으로서는, 특히 비키니 실험 이래 핵폭탄이 차츰 예상한 것보다는 아득히 광대한 지역으로 파괴를 미치는 것으로 되어가고 있음을 알았다. 지극히 권위 있는 이야기로서, 히로시마 폭탄보다도 2,500곱이나 강력한 폭탄이 이제는 제조가 가능하게 되었다고 한다. 이러한 폭탄이 땅 위 가까이에 혹은 물속에서 폭발하였다고 한다면 방사성을 지닌 입자를 하늘 위로 뿜어 올린다. 이 방사능 입자는 죽음의 재, 혹은 죽음의 비로서 천천히 내려와 지표에 이른다. 일본 어부와 그 어획물에 해를 준 것은 그 재일 것이다. 그 생명에 관계되는 방사능 입자가 얼마만한 넓이로 퍼지느냐 하는 것은 아직 알고 있지 못하다.

그러나 최고의 권위자들은 수폭 전쟁이 인류를 사멸시킬 가능성을 충분히 가졌음을 일치하게 인정하고 있다.

만일 많은 수폭이 사용되면, 당장에는 소수의 인간 밖에는 죽지 않는다고 하여도 대다수의 사람들이 천천히 진행하는 질병의 긴 고통을 맛보며 마침내는 붕괴에 맞닥뜨린다는 인류의 전멸이 벌어지고 말 것이다. 이제까지 유력한 과학자나 군사 전략가들이 몇 번씩이나 경고를 말하였으나, 아무도 최악의 결과가 확실히 온다고는 말하고 있지 않다.

그러한 경고는 최악의 사태가 발생할 가능성이 있다고 말하고 있을 따름이다. 최악의 사태가 발생하지 않는다는 것에 관하여서는 누구도 확언할 수 없는 것이다.

우리는 이제까지 이 문제에 관한 전문가의 견해가 다소라도 정치나 편견에 영향되었다는 예를 듣기 못하고 있다. 우리들의 조사 결과 밝혀진 한에 있어서는, 그들 전문가의 견해 차이는 개개의 전문가 자신의 지식의 넓이 차이에 의하는 것뿐이다. 따라서 더욱 많이 아는 사람이 더욱 비극적인 것이다. 우리들이 여기에서 제기하려는 문제는 다음과 같은 엄숙하고 가공한 피치 못할 문제인 것이다. 즉 인류는 전멸시키느냐, 안 그러면 인류가 전쟁을 버리느냐 하는 일인 것이다.

전쟁의 포기는 국가의 주권이 달가워하지 않는 제약을 요구할 것이다. 그러나 그 이상으로 이 정세의 판단을 저해하고 있는 것은 '인류'라는 말이 막연하였고 추상적이라고 느껴지는 데에 있었다. 사람들은 위기가 자기 자신이나 자기 자손에게 걸쳐 있으며, 단순히 막연하게 생각되고 있는 '인류'에 걸쳐 있는 것이 아니라는 사실을 몽상도 하여 보지 않는다. 사람들은 그들 개인 개인이 그리고 사랑하는 사람들이 민절(悶絶)의 위험에 내놓아져 있음을 거의 이해하지 못하고 있는 것이다. 따라서 사람들은 근대 병기마저 금한다면 금후에는 전쟁이 허용되어도 좋지 않느냐는 희망을 갖는다.

그러나 그 희망은 환영(幻影) 밖에는 안 된다. 평화로울 때에 수폭을 사용하지 않는다는 어떠한 협정이 맺어져도 막상 전쟁이 되면 그 협정은 지켜지지 않을 것이다. 왜냐하면, 한편 이 수폭을 제조하고 다른 한편이 제조하지 않으면 제조한 편이 승리를 거둘 것은 피할 수가 없기 때문이다. 전체적인 군축의 일부로서 핵병기의 포기에 관한 협정을 맺음은 최종적인 해결이라고까지는 말할 수 없어도 얼마간의 중요한 목적을 위하여 소용될 수가 있을 것이다.

첫째로, 동·서 사이에 협정이 맺어짐은 국제 사이의 긴장을 완화시키는 것에서 유익하다.

둘째로, 서방 진영이 서로 상대가 핵병기의 금지를 성실하게 실행하고 믿는다면 핵병기의 금지는 현재 쌍방이 신경을 날카롭게 하고 있는 진주만형의 기습공격에 대한 공포를 약화시킬 수가 있다. 우리들은 그러한 협정을 제1단계의 조치이기는 하지만은 환영한다.

우리들의 대부분은 그 사고에 있어서 중립이 아니다. 그러나 우리들은 인류의 일원으로서 동·서 사이의 문제가 공산주의와 반공산주의 혹은 아시아 사람, 유럽 사람, 나아가서는 아메리카 사람 또는 흑인과 백인이라는 구별에 불구하고 모든 인간에게 만족을 줄 방법으로 결정할 것이라고 하면, 그 모든 문제는 정쟁으로써 해결할 것이 아니라는 것을 기억하지 않으면 안 된다. 이 일은 동·서의 어느 진영에서나 이해할 수가 없는 것이라고 생각한다.

행복·지식·예지의 계속된 발전을 택하느냐, 죽음을 택하느냐의 문제가 우리들의 눈앞에 있다. 우리들은 인류의 한 사람으로서 인도주의를 생각하고 다른 것은 잊어버리도록 인류에게 호소하고 싶다.

만일 제군이 그같이 행동하면 제군의 앞에는 새로운 낙원으로 가는 길이 열릴 것이다. 만일 그것이 될 수 없다면 제군의 앞에는 인류 전멸의 위기가 찾아올 것이다.

우리들은 세계의 과학자와 일반 사람에 의한 회의를 소집하여 거기에서 다음과 같은 결의를 채택할 것을 제안한다.

"장래의 세계 전쟁에 있어서는 핵병기의 사용은 필지의 일이며, 그러면서도 핵병기는 인류 존속에 위협을 줄 것이다."

이와 같은 사실에 비추어 여기에 우리들은 세계의 정부가 전쟁에 의하여 그 목적을 달성함이 불가능하다는 것을 다 같이 인식하고 모든 분쟁의 해결에 평화적인 수단을 발견하기를 간절하게 요청한다.

러셀 · 인류의 가장 심각한 문제

희망 · 성공

희망을 품지 않은 자는 절망도 할 수 없다.

삼국시대의 위나라의 최염은 품격 있는 유명한 무장이었지만, 그의 사촌 동생인 임이라는 사내는 외모가 좋지 않았던 탓인지 통 형편이 피지를 않아, 사람들에게 바보 취급을 받고 있었다. 그러나 최염만은 '큰 종이나 큰 솥은 그리 쉽사리 주조되는 것이 아니야. 큰 재능도 마찬가지지. 이루어질 때까지는 아무래도 시일이 걸린다. 임도 대기만성에 속하나 보지. 두고 보게, 필시 대단한 인물이 될 테니까…' 하였다. 미상불 임은 뒤에 천자를 보좌하는 대임을 맡을만한 훌륭한 인물이 되었다. 노자 도덕경에 '큰 그릇은 늦게 이루어진다(大器晩成)'고 하였다. ⟨무명씨⟩

호랑이 굴에 들어가지 않으면 호랑이 새끼를 얻지 못한다. ⟨한국 속담⟩

인생에 있어서 성공은 환경에 의존하는 것이 아니고 우리들 자신에 의존한다. 다른 사람 때문에 망친 사람보다도 자신 때문에 망친 사람이 더 많고, 폭풍우나 지진이 파괴한 가옥이나 도시보다도 사람의 손으로 파멸된 도시가 많다. 사망으로 인도하는 길은 넓고, 그 문은 크며 거리로 들어가는 사람이 많으나 생명으로 인도하는 길은 좁고, 문은 작아 그 때문에 이를 발견하는 사람은 적다라는 성서의 비유는 왕왕히 잘못 쓰이고 있다. 그것은 정도가 더 거칠고 고생스럽다는 말이 아니다. 다만 좁아서 발견하기 힘들다는 말이다. 바다 위에 떠 있는 배는 진정한 항로를 하나밖에 갖고 있지 못하다. 나침반 위의 다른 점들은 배가 가야 할 항구로부터 딴 곳으로 인도할 것이다. 그러나 그렇다고 정도(正道)가 다른 길보다 결코 더 거칠고 험악하다는 말이 되는 것은 아니다. ⟨에이브리⟩

재앙의 근원은 남과의 경쟁에서 얻는 성공을 행복의 주요한 원천으로 지나치게 강조하는 데 있다. 성공하고 싶다는 감정이 인생을 쉽사리 즐거운 것으로 만든다는 것은 나도 부정하지 않는다. 이를테면 청년시대를 전혀 이름도 없이 보낸 화가는 일단 그 재능을 세상에서 인정을 받자 곧 대단히 행복해질 것이다. 그리고 그 선을 넘어서까지 금전이 행복을 증대시키는 것이라고는 생각하지 않는다.

내가 말하려는 바는 이러하다. 성공은 행복의 한 요소가 될 수 있다. 그러나 만약 다른 온갖 요소가 그 성공을 획득하기 위하여 희생된다고 할 것 같으면 성공의 가치는 지나치게 귀중한 것이 되고 만다는 것이다. 일단 성공하는 날 그 성공으로써 어떻게 할 것 같으면 성공의 달성도 필경은 그 인간을 권태의 제물로 만드는 데 지나지 않는다. {러셀}

희망은 사람을 성공에 이끄는 신앙이다. 희망이 없으면 아무 것도 성취할 수 없다. {켈러}

나는 새도 깃을 쳐야 날아간다. {한국 속담}

제자들이 아인슈타인에게 "선생님은 그 많은 학문이 어디에서 나왔나요?"라고 물었더니 그는 손끝에 물 한 방울을 떨어뜨리며 "나의 학문은 바다에 비하여 이 한 방울의 물에 지나지 않는다."고 하였다. "그러면 선생님은 어떻게 학문에 성공했나요?" 하고 다시 묻자, 그는 's=x+y+z'라고 써 주면서 s는 성공이며, x는 말을 많이 하지 말 것, y는 생활을 즐길 것, z는 한가한 시간을 가지라는 뜻이며 이것이 성공의 비결이라고 했다. 말을 많이 하면 실수가 있고, 너무 한가한 시간이 없으면 고요히 생각할 시간이 없으니, 감정적인 데서 이성적인 데로 돌아갈 시간적 여유를 갖기 못하게 된다. {무명씨}

세상은 고통으로 가득하지만, 한편 그것을 이겨내는 일로도 가득 차있다. {헬렌 켈러}

위대한 희망은 위대한 인물을 만든다. {토마스 플러}

희망이란 무엇인가? 가냘픈 풀잎에 맺힌 아침이슬이거나, 좁디좁은 위태로운 길목에서 빛나는 거미줄이다. {워즈워드}

희망은 믿음의 어버이다. {바르톨}

빛을 퍼뜨릴 수 있는 두 가지 방법이 있다. 촛불이 되거나 또는 그것을 비추는 거울이 되는 것이다. {이디스 워튼}

희망이 없는 일은 헛수고이고, 목적 없는 희망은 지속할 수 없다. {콜리지}

희망은 진실하다는 평을 결코 잃지 않는, 유일한 만인 공통의 사기꾼이라고 전해지는데, 그 말은 사실일 수 있다고 나는 생각한다. {잉거솔}

우리는 모두 누군가를 기쁘게 한다는 희망 위에서 산다. {사무엘 존슨}

나 하나가 웃음거리가 되어 국민들이 즐거울 수 있다면 얼마든지 바보가 되겠다. {헬무트 콜}

나의 희망은 항상 실현되지는 않지만, 나는 항상 희망한다. {오비디우스}

희망이란 깨어 있는 꿈이다. {이언}

인류의 대다수를 먹여 살리는 것은 희망이다. {소포클레스}

나는 희망을 가꿨는데, 나날이 시들어간다. 뿌리가 끊긴 나무의 잎사귀에 물을 준들 무슨 소용이 있으랴? {루소}

빈곤과 희망은 어머니와 딸이다. 딸과 즐겁게 얘기하고 있으면 어머니 쪽을 잊는다. {파울}

희망이란, 빛나는 햇빛을 받으며 나갔다가, 비에 젖으면서 돌아오는 것이다. {르나아르}

너를 사랑한다고 말할 수 있다면
굳게 껴안은 두 팔을 놓지 않으리
너를 향하는 뜨거운 마음이
두터운 네 등 위에 내려앉는
겨울날의 송이 눈처럼 너를 포근하게
감싸 껴안을 수 있다면
너를 생각하는 마음이 더욱 깊어져
네 곁에 누울 수 없는 내 마음조차 더욱
편안하여 어머니의 무릎 잠처럼
고요하게 나를 누일 수 있다면
그러나 결코 잠들지 않으리
두 눈을 뜨고 어둠속을 질러오는
한세상의 슬픔을 보리
네게로 가는 마음의 길이 굽어져
오늘은 그 끝이 보이지 않더라도
네게로 가는 불빛 잃은 발걸음들이
어두워진 들판을 이리의 목소리로 울부짖을지라도
너를 사랑한다고 말할 수 있다면
굳게 껴안은 두 손을 풀지 않으리. {곽재구 · 희망을 위하여}

희망을 품지 않은 자는 절망도 할 수 없다. {조지 버나드 쇼}

희망만이 인생을 유일하게 사랑하는 것이다. 〈앙리 프레데릭 아미엘〉

나는 망명자가 어떻게 희망의 꿈을 먹고 사는지 안다. 〈아이스킬로스〉

진실된 희망은 빠르고, 제비 날개를 타고 날아간다오. 희망은 왕을 신으로, 왕보다 못한 피조물들은 왕으로 만든다오. 〈윌리엄 셰익스피어〉

낙관주의는 성공으로 인도하는 믿음이다. 희망과 자신감이 없으면 아무것도 이루어질 수 없다. 〈헬렌 켈러〉

당신의 인생은 당신이 하루 종일 무슨 생각을 하는지에 달려 있다. 〈랠프 월도 에머슨〉

큰 나무도 가느다란 가지에서 비롯된다. 십층탑도 작은 돌을 하나씩 쌓아올리는 데서 시작된다. 마지막에 이르기까지 처음과 마찬가지로 주의를 기울이면 어떤 일도 해낼 수 있다. 〈노자〉

자신은 할 수 없다고 생각하고 있는 동안은 사실은 그것을 하기 싫다고 다짐하고 있는 것이다. 그러므로 그것은 실행되지 않는 것이다. 〈스피노자〉

부드러움을 한없이 펴는 비둘기같이 상냥한
손을 주십시오.
빛나는 바람 속에서 태양을 바라
꽃피고 익은 젖가슴을 주십시오.
샛맑간 들이랑 하늘이랑…… 바다랑
그런 냄새가 나는 입김을 주십시오.
불타는 사과인 양
즐거운 말을 주십시오.
오!……
나에게 내 자신의 모습을
주십시오.

{전봉건 · 원}

안연과 자로가 옆에 있었다.

공자 : "너희들의 희망을 말해 봄이 어떨까?"

자로 : "저는 거마와 가벼운 털옷을 친구와 공유하다가 상하여도 유감이 없는 사람이 되고자 원하나이다."

안연 : "저는 착한 일을 하고도 자랑하지 않으며, 또 공로도 자랑하지 않는 사람이 되고자 할까 합니다."

자로 : "선생님의 희망을 듣고자 하옵니다."

공자 : "나는 늙은이를 평안케 하며 친구에게 믿음이 있으며, 연소자를 사랑으로 감싸 주고 싶을 뿐!"이라 했다. {무명씨}

모든 일은 여러분이 무엇을 생각하느냐에 따라 일어납니다. {오프라 윈프리}

성공하는 사람들은 자기가 바라는 환경을 찾아낸다. 발견하지 못하면 자기가 만들면 된다. {조지 버나드 쇼}

희망은 우리에게 늘 말한다. 내일은 보다 나을 것이라고…. {티불루스}

함께 있는 사람들보다 학식이 높아 보이지 말라. 당신의 학식을 회중시계 마냥 주머니 속에 감춰라. 단지 시간을 세기 위해 시계를 꺼내지 말라. 누군가가 시간을 물어보면 알려줘라! {체스터필드 경}

멈춰서 두려움에 떨게 만드는 모든 경험을 통해 강인함, 용기, 자신감을 얻는다. '이런 공포를 이겨냈으니 다음에 오는 것도 문제없어'라고 스스로 되뇌일 수 있게 된다. 따라서 할 수 없다고 생각되는 일을 하라!

{엘리노어 루즈벨트}

일을 즐기면 일의 완성도가 높아진다. {아리스토텔레스}

성공은 형편없는 선생이다 똑똑한 사람들로 하여금 절대 패할 수 없다고 착각하게 만든다. {빌 게이츠}

05

진리

진리는 우리에게 신념을 줄 뿐 아니라, 진리를 구한다는 사실이 우리에게 무엇보다도 마음의 평화를 주는 것이다.

우리는 진리를 소유할 수는 없다. 다만 진리를 탐구할 뿐이다. {K.야스퍼스}

나는 자신이 어떤 원리에 기초해서 이 세계를 창조했는지 알고 싶다. 그 이외의 하찮은 일이다. {아인슈타인}

진리에 대한 탐색이 시작되는 곳에서 항상 인생은 시작된다. 진리에 대한 탐색이 중단된다면 인생도 거기서 끊어지고 만다. {존 러스킨}

세계적인 정신혁명 없이는 완전하고도 참된 평화에 도달할 수 없다. 미래 인류의 새 문명을 개창할 새 진리는 동양에서 탄생할 것이다.

{아놀드 토인비}

하늘과 땅을 보아라. 사라진 모든 것들을 생각하라. 우리의 시야에 나타났던 산과 강, 그리고 살아있는 생물은 흘러가는 것이다. 그러면 진리를 헤아릴 수 있을 것이다. 곧 흘러가지 않고 사라지지 않는 것들을 보게 될 것이다. {불교}

하늘이 내 마음 속에서 일깨워 놓은 진리를 위해서 나는 굶주림과 갈증도 이겨내고, 고통과 조롱도 이겨내지 않았던가? {칼릴 지브란}

허식이 많다는 것은 자기 것이 별로 없다는 것이다. 자연은 허식을 부리지 않는다. 환락은 망상 위에 세울 수 있으나, 행복은 진리 위에만 세워진다.

{니꼬라}

풍월과 화류(花柳)가 없으면 천지의 조화를 이룰 수 없고, 정욕과 기호가 없으면 마음의 바탕도 이루어지지 않느니라. 다만 나로써 사물을 부리고 사물로써 나를 부리지 못하게 한다면 기호와 정욕도 하늘의 작용이 아님이 없고, 속세의 마음도 곧 진리의 경지이니라.

{채근담}

진리는 개인적인 것이다. 타인이 말하는 것을 잠자코 받아들일 수 있는 이유가 여기에 있다. 진리에 도달하기 위해서는 끊임없이 저항할 필요가 있다. 타인에게 배워 '그가 말하는 것도 타당하다'고 생각할 때 그것이 진리가 되는 것은 우리도 알아차리고 그것을 소화하여 자기 것으로 만든 경우뿐이다.

{프란체스코 알베로니}

절대적인 진리는 쉽게 붙잡을 수 있는 가까운 곳에 있다. 그것은 타인의 손에 의해서 붙잡는 것이 아니고 자기 스스로 붙드는 것이다.

{샤르트르}

진리, 그것은 생명이다. 그것을 머릿속에서 찾으려 해서는 안 된다. 다른 사람들의 마음속에서 구하라. 다른 사람들의 생을 알고 그 운명을 받아들이고 그것을 사랑하라.

{로망롤랑}

대개의 사람들은, 진리는 자기 측에만 있다고 여긴다. 자기와 다른 의견은 틀린다고 생각하곤 한다. 그것은 마치 안개 속을 걸어가는 나그네와 같다. 자기보다 앞서가는 사람도 또 뒤에서 따라오는 사람도 좌우의 사람들도 모두가 안개 속에 싸여 있는 듯이 보인다. 그러니까 자기의 주위만이 보일 뿐이다. 그러나 사실은 자기 자신도 다른 사람들과 똑같이 안개 속에 싸여 있는 것인데 자신은 그것을 느끼지 못한다. 《프랭클린》

진리는 거대한 횃불이다. 그런 까닭에 모두들 눈을 가늘게 뜨고 그 곁을 지나려 한다. 화상이라도 입을까 조심하면서… 《괴테》

진리는 경험이어서 가르칠 수 없다. 그것은 지식이 아니고 존재하는 것이다. 《오쇼 라즈니쉬》

진리는 떠들고 토론한다고 해서 얻어지는 것은 아니다. 진리는 오직 근로와 자기성찰에 의해서만 얻을 수 있는 것이다. 그리고 그대가 어느 하나의 진리를 깨닫게 되면 그 진리가 그대 앞에 여신과 같이 잡힐 듯 잡힐 듯 할 것이다. 《존 러스킨》

진리는 램프와 같은 것이다. 진리는 그것이 아무리 작더라도 커다란 공포에서 우리를 건져낼 수 있다. 그것은 부정의 측면으로는 극복할 수 없다. 진리는 적극적이다. 그것은 영혼의 증언이다. 만일 진리가 조금이라도 일어나기만 하면 그것은 부정의 핵심을 공격하면서 이를 완

전히 압도해 버린다. {R. 타고르}

진리는 보석이며, 페인트칠을 한 것은 아니다. 그러나 밝은 빛을 받고 돋보이게 하기 위해 세탁은 해도 된다. {G. 산타야나}

진리는 신과 비슷하다. 진리는 직접적으로는 그 모습을 나타내지 않는다. 우리들은 그 계시에서 진리를 추측할 수 있을 뿐이다. {괴테}

진리는 우리에게 신념을 줄 뿐 아니라, 진리를 구한다는 사실이 우리에게 무엇보다도 마음의 평화를 주는 것이다. {파스칼}

진리는 적과 지기를 초월한다. {실러}

진리는 빛과 같다. 어떤 손으로도 그것을 더럽힐 수 없다. {J. 밀턴}

진리는 현자를 위해 존재하고, 미는 느끼기 쉬운 마음을 위해 존재한다. 진리와 미는 서로 포함되어 있으며 서로 보충하는 것이다. {베토벤}

진리대로 사는 게 편안하면 진리를 숨기기보다는 받아들이는 것이 좋다.

우리의 삶은 변하나 진리는 결코 변하지 않는 법이다. 그것은 항상 진리로 남아 우리를 드러낼 것이다. {톨스토이}

진리도 때로는 우리를 다치게 할 때가 있다. 그러나 그것은 머지않아 치료를 받을 수 있는 가벼운 상처이다. {앙드레 지드}

진리라는 것은 그대도 알다시피 세상을 간소화하는 것이다 혼돈을 일으키는 것은 아니다. 진리라는 것은 보편적인 것을 뽑아내는 언어이다. 뉴턴의 만유인력의 법칙은 사과가 떨어지는 것과 해가 떠오르는 것을 동시에 표시할 수 있는 인간의 언어를 창정(創定)한 것이다. 증명되는 것이 진리가 아니고 간단하게 만드는 그것이 진리이다. {생텍쥐베리}

진리란 오류의 반대이다. {데카르트}

진리를 깨달은 자 확신을 얻을 것이요, 기술을 연마한 자 자신감에 넘치리라. 용기로써 위험에 맞서고, 겸손함으로 힘을 기른다. {도교}

진리를 사랑하기를 배우고, 진리를 생명의 불가결한 요소로서 느끼기 위해서는 비상한 각오가 필요하다. 왜냐하면, 인간은 뭐니 뭐니 해도 피조물이고, 진리와는 철저하게 적으로서 상대하고 있기 때문이다. 진리란 것은 사람이 원하는 그런 것이 아니고 언제나 무정하고 냉혹한 것이다. {헤르만 헤세}

새끼로도 톱 삼아서 오래 쓰면 나무를 자르고, 물방울도 오래 떨어지면 돌을 뚫는다. 도(道)를 배우는 사람은 모름지기 힘써 찾기를 더할 것이니라. 물이 모이면 도랑이 되고, 오이는 익으면 꼭지가 떨어지나니 도를 얻으려는 사람은 하늘에 일임할지니라. 〔채근담〕

성직자나 예언자는 도(道)의 형식만을 가르친다. 진정한 도는 가르칠 수 없다. 진정한 도는 보이지 않는다. 배운다고 해서 알 수 있는 게 아니다. 〔도교〕

세 가지 길에 의하여 우리는 진리에 도달할 수 있다. 그 하나는 사색에 의해서이다. 이것은 가장 높은 길이다. 둘째는 모방에 의해서이다. 이것은 가장 쉬운 길이다. 그리고 셋째는 경험에 의해서이다. 이것은 가장 고통스러운 길이다. 〔공자〕

세상에 번뇌 없는 사람은 없다. 번뇌는 욕심에서 생긴다. 그러나 우리는 다행히 번뇌 이상으로 강한 것을 하나 가지고 있다. 그것은 곧 진리를 갈망하는 마음이다. 만약 진리를 갈망하는 마음이 욕심보다 약하다면, 정의 길을 찾아나서는 사람이 이 세상에서 몇이나 되겠는가? 〔아우구스티누스〕

손가락으로 달을 가리키되 달은 손가락에 있지 않고, 말로써 진리를 말하되 진리는 말에 있지 않다. 〔보조국사 지눌〕

사유 1) 여기서 달은 무엇을 상징하는가?
사유 2) 여기서 말을 무엇을 의미하는가?

진리를 알라. 그러면 그 진리는 그대를 자유롭게 해줄 것이다. 형제들아, 너희가 자유를 위하여 부르심을 입었으니 그런 그 자유로 육체의 기회로 삼지 말고 오직 사랑으로 서로 종노릇 하라. 온 율법은 '네 이웃 사랑하기를 네 몸과 같이 하라' 하신 한 말씀에 이루었나니, 만일 서로 물고 먹으면 피차 멸망할까 조심하라.

{ 성서 }

진리라는 것은 가린 것이 없는 백주의 빛인데, 그것이 세상의 가면과 허례와 속세의 영화를 훌륭하고 아름답게 비치는데 있어서는 촛불의 빛만 못하다. 진리에는 백주에 가장 잘 보이는 진주의 가치는 있을지 모르지만, 각종 불빛에 가장 잘 보이는 다이아몬드나 루비의 가치에는 미치지 못한다. 그러나 유일하게 스스로 자체를 판단하는 진리는 이렇게 가르친다. —진리의 추구(이것은 지리에 대하여 연애를 하는 것, 즉 구애이다)와 진리의 인식(이것은 진리의 현재이다)과 진리에 대한 믿음(이것은 진리를 즐기는 것이다)의 세 가지는 인간 최고의 행복이다. —해안에 서서 바다 위에 흔들리는 배를 바라보는 것은 유쾌하다. 성곽의 창가에 기대어 아래로 전쟁과 가지가지 위험을 내려나 보는 것은 유쾌하다. 그러나 어떠한 쾌감도 진리라는 우월한 위치(이것은 결코 점령당하는 일이 없는 고지로서, 공기는 항상 청정하다)에 서서, 아래로 골짜기에 오류와 착란과 안개와 폭풍을 내려다보는 쾌감에 비할 바 못된다(로마의 시인; Lucretius) — 라는 훌륭한 말이 있다. 확실히 사람의 마음이 인자에서 움직이고 섭리에 악착하고 진리의 축을 중심으로 회전한다면, 이야말로 지상의 천국이다. {베이컨}

시련이란 진리로 통하는 으뜸가는 길이다. {바이런}

만 가지 이치, 하나의 근원은 단 번에 깨쳐지는 것이 아니라 참 마음, 진실 된 본체는 애써 연구하는 데 있다. {이황}

무엇을 웃고 기뻐하랴! 세상은 쉴 새 없이 타고 있는데, 너희들은 어둠 속에 덮여 있구나. 어찌하여 등불을 찾지 않느냐! {법구경}

더 이상 공부할 필요가 없다고 생각하는 순간부터 우리는 진리에서 멀어진다. 우리에게 주어진 삶은 우리가 마땅히 받을 자격이 있어서 받는 것이 아니라, 우리들에게 감추어진 새로운 진실을 반드시 찾으라고 주어진 것이다. {존 밀튼}

도덕적인 것처럼 보이는 하나의 명백한 사실이 있다. 그것은 바로 인간은 항상 자기 자신의 진리에 사로잡혀 있다는 것이다. 한 번 진리를 인정

해 버리고 나면 거기에서 빠져 나올 수 없는 것이다. 〈알베르 카뮈〉

도(道)를 알기 쉬워도 말하기는 어렵다. 알고서 말하지 않는 것은 자연의 경지에 들어간 까닭이요, 안다고 하여 말하는 것은 인위적이기 때문이다. 〈장자〉

남에게서부터 주입된 진리는 단지 우리들의 외면에 붙어 있을 뿐이다. 그것은 인공적인 갈빗대이다. 의치와 같은 것이다. 자기 자신의 사색으로써 얻은 진리는 우리들의 참된 갈빗대이다. 오직 그것만이 실제에 있어서 우리들에게 속하고 있는 것이다. 〈쇼펜하우어〉

통발은 고기를 잡기 위한 것이다. 물고기를 잡으면 통발을 버려야 한다. 올가미는 토끼를 잡기 위한 것이다. 토끼를 잡으면 올가미를 버려야 한다. 말은 뜻을 전달하기 위한 것이다. 그 뜻을 알았다만 말을 버려야 한다. 〈장자〉

사유 1) 여기에서 통발, 올가미, 말은 무엇을 의미하는가?

사유 2) 여기에서 물고기, 토끼, 뜻은 무엇을 의미하는가?

06

도덕

사람이 사람답지 않으면,
말이나 소에 옷을 입혀 놓은 것이나 다름없다.

도둑놈은 한 죄, 잃은 놈은 열 죄. {속담}

도둑맞으면 어미 품도 뒤져본다. {속담}

도덕은 이기심과 동정심의 조화. {아담 스미드}

도덕적인 경멸이야말로 인간의 품성을 손상시키는 그 어떤 종류의 범죄보다도 훨씬 더 혹독한 모욕이다. {니체}

도덕을 전할 수 있는 음악, 이것이 참된 음악이다. 풍속을 문란하게 하는 것은 참된 음악이 아니다. {예기}

최상의 행복은 일 년을 마무리 할 때에 연초 때의 자신보다 더 나아졌다고 느끼는 것이다. {톨스토이}

서로 사랑하면 살 것이요, 서로 싸우면 죽을 것이다. {안창호}

그대가 할 일은 그대가 찾아서 하라. 그렇지 않으면 그대가 해야 할 일은 끝까지 그대를 찾아다닐 것이다. {버나드 쇼}

사람이 사람답지 않으면, 말이나 소에 옷을 입혀 놓은 것이나 다름없다.

{한유}

배부른 돼지가 되기보다는, 배고픈 인간이 되는 것이 바람직하다. {밀}

도덕을 지키어 사는 사람은 한때만 적막할 뿐이나, 권세에 의지하고 아부하여 사는 사람은 만고에 처량하다. 도에 통달한 사람은, 사물 밖의 것을 보고 육체 뒤의 몸을 생각한다. 차라리 한때의 적막함을 받을지언정 만고의 처량함을 취하지 말라. {무명씨}

우리들이 모랄이라고 부르는 도덕의 규범은 단순한 궤변적 유희에 불과하다. 도덕은 여러 가지 행동에 나타나는 것이다. 도덕의 의의는 행동의 동기 가운데에만 있고, 행동의 형식에 있는 것이 아니다. {무명씨}

부귀와 명예가 도덕으로부터 온 것은 수풀 속의 꽃과 같으니 절로 잎이 피고 뿌리가 뻗을 것이요, 공업으로부터 온 것은 화단 속의 꽃과 같으니 이리저리 옮기고 흥폐가 있을 것이며, 만일 권력으로써 얻은 것이면 화병 속의 꽃과 같으니 그 뿌리를 심지 않은지라 시듦을 가히 서서 기다릴 수 있으리라. {무명씨}

얼마 전 감은사라는 절에 다녀왔다. 안내를 맡은 학생을 따라 논두렁길을 걷고 있는데, 저만큼서 뱀 한 마리가 빠르게 기어가고 있었다. 나는 무심결에 소리를 질렀다.

"저기 봐."

학생이 눈을 크게 떴다. 나는 도망가는 뱀을 가리켰다. 학생이 짧은 비명 소리를 냈다. 그리고 얼마 동안 침묵이 흘렀다. 뒤에서 따라오던 학생이 비로소 입을 열었다.

"선생님한테 실망했습니다." "왜?" "달려드는 것이 아니라 도망가는 뱀이었는데, 선생님 혼자서만 알고 넘어갈 수는 없었는가요? 보기 좋은 것이 아닐 경우에는…."

나는 갑자기 부끄러워졌다.

"아버지께서 그러셨어요. 자기가 봐서 안 좋은 것을 남한테 전하지 말라구요. 안 좋은 것은 자기만으로 그치고, 좋은 것은 널리 퍼뜨리라고 하셨어요."

그렇다. 이것은 평범 속에서 발견한 비범한 진리이다. 우리는 자기가 봐서 안 좋은 것인데도 굳이 함께 보길 원한다. 쌓아놓은 오물, 보기 흉한 것들을 '저 봐라' 하고 가리킨다. 그리하여 함께 속상해 하고 함께 저주한다. 물론 고의로 그런다고까지 말하기는 어렵다. 그러나 많은 사람들이 나처럼 그런 데에 신경이 못 미치고 있음은 사실이다. 가능한 한 자기가 봐서 안 좋고 흉한 것은 그만 막아버리는 것이 사람다운 사람의 도리임을.

'물귀신'이라는 말이 있다. 좋지 않은 것이 뻔한 데도 함께 끌고 들어가서 고생하게 만드는 못된 '심보'를 일컫는 말이다. '나만 이렇게 되어서야 되겠는가. 너도 나와 함께 이렇게 되자'는 이 망할 덫에 우리는 얼마나 많이 걸려들고 있는가 말이다.

'바늘 도둑이 소 도둑 된다'는 속담이 있다. 무엇이나 시작은 지극히 미세한 것이어도 나중에는 자신도 감당키 어려운 위치가 된다. 지금은 하잘것없이 작은 것이라도 어떤 마음을 갖느냐에 따라서 엄청난 차이의 사람이 될 것이다. 그런 의미에서 오늘은 이 한 가지만 명심하자. 아무리 작은 것이라도 추한 것은 나 하나로 막고, 아름다운 것을 함께 바라보자.

{무명씨}

사는 것이 중요한 문제가 아니고, 바르게 사는 것이 중요한 문제이다.

{소크라테스}

세상에서 가장 강한 사람은 자기 자신을 이기는 사람이다. {노자}

얼굴을 붉히는 자는 이미 유죄요, 참다운 결백은 어떤 것에도 부끄럽지 않다. {루소}

07

지혜

지혜는 샘이다.
그 물을 마시면 마실수록 점점 많고, 힘세고, 또다시 솟아 나온다.

돈이 무슨 소용인가? 성공한 사람이란, 아침에 일어나고 밤에 잠자리에 들며 그사이에 하고 싶은 일을 하는 것이다. 〈밥딜런〉

무언가를 위해 목숨을 버릴 각오가 되어 있지 않는 한, 그것이 삶의 목표라는 어떤 확신도 가질 수 없다. 〈체 게바라〉

비관론자는 모든 기회에서 어려움을 찾아내고, 낙관론자는 모든 어려움에서 기회를 찾아낸다. 〈윈스턴 처칠〉

운명은 우연이 아닌 선택이다. 기다리는 것이 아니라 성취하는 것이다.
〈윌리엄 제닝스 브라이언〉

싸우지 않고 적이 스스로 항복하는 것이 최고의 승리이다. 싸우지 않고 이기는 것이 최선이다. 〈손자〉

사람을 있는 그대로 받아들이면 그를 타락시킨다. 그가 될 수 있는 가능성을 통해 보면 그를 발전시킨다. 〈괴테〉

명확히 설정된 목표가 없으면 우리는 사소한 일상을 충실히 살다 결국 그 일상의 노예가 되고 만다. 〈로버트 하인라인〉

새로운 발상에 놀라지 마라. 다수가 받아들이지 않는다고 해서 더 이상 진실이 아니지는 않다는 것을 잘 알지 않는가? {바뤼흐 스피노자}

오래 엎드린 새는 반드시 높이 날며, 먼저 핀 꽃은 홀로 먼저 시든다. 이 이치를 알면 발을 헛디딜 근심을 면할 수 있고, 초조한 마음을 없앨 수 있느니라. {무명씨}

약(藥)이 만들어질 때에 독이 들어가는 것처럼, 덕이 이루어질 때는 거기 부덕이 들어간다. 지혜란 덕과 부덕과를 잘 조화하고 그것으로써 인생의 불행에 대해서 쓸모 있게 한다. {라로슈푸코오}

뱀같이 지혜롭고, 비둘기같이 순결하라. {성서}

마음속에 넣어둔 지혜는 병속에 넣어둔 불과 마찬가지다. {이디오피아}

나귀 한 마리가 목장에서 풀을 뜯고 있었다. 먼 데서 나귀를 바라보고 있던 이리가 이럴 때 저 나귀를 잡아먹어야겠다는 생각을 했다. 이리는 나귀와 싸워서 이길 수도 있지만, 처음부터 싸울 것이 아니라 되도록 가까이 가서 틈을 보아 물어 죽이는 것이 안전하다는 생각이 들었다. 그래서 이리는 이야기라도 있는 듯이 나귀 곁으로 다가갔다. 나귀는 이리가 가까이 오는걸 보고 얼른 한 꾀를 내어 한쪽 다리를 절룩거리며 괴로운 얼굴을 지었다. 그리고는 이리를 향해 다리에 가시가 박혔으니, 자네가 잡아먹으려 해도 이 발에 박힌 가시를 빼내고 먹어야 찔리지 않을 터이니 좀 빼내 달라고 부탁을 하는 것이었다. 이리는 이 말을 듣고 나귀의 말이 옳은 말이라 생각했다. 이왕 먹을 바에는 가시를 빼어야 안전한 느낌이 들었기 때문이다. 이리가 나귀의 오른쪽 발을 눈앞에 갖다 대고 가시를 찾고 있을 때 나귀는 있는 힘을 다하여 내민 발로 이리의 주둥이를 냅다 찼다. 이빨이 부서지는 것같이 발길로 차인 이리가 그만 뒤로 나둥그러지자, 이 틈에 나귀는 껑충껑충 뛰어 달아나 버렸다. {이솝}

농사를 지으면서 무섭게 여겨지는 것 가운데 하나가 한여름의 잡초다. 수십 년을 두고 많은 나라를 돌아다닐 기회가 있어서 가는 곳마다 나무나 자연경관을 유심히 보아왔는데, 이만큼 억세고 무성한 것이 또 있을까 싶을 정도로 한여름의 우리나라 잡초는 유난히 기승을 부린다. 밭에서 김을 매어나가다 보면 방금 거쳐 온 뒷자리에 쑥쑥 자라는 것이 돌아다 보일 만큼 빠르게 자라고 그 줄기와 뿌리가 악착스럽다.
그래서 김을 맬 시기를 놓치면 그때부터는 잡초를 잡는 것이 아니라 잡초에게 끌려 다니는 고역이 시작되게 마련이다. 올 5월에 국외 나들이가 있어서 한 달 가량 집을 비웠다가 돌아왔다. 그랬더니 논둑이며 밭고랑이가 잡초 세상이었다. 더덕밭, 도라지밭, 땅콩밭이며 감자밭은 아예 본래의 모양을 찾아 볼 수가 없을 지경이 되었고, 토란은 아주 못 쓰게 되었다. 이 밭 저 밭으로 겅정거리던 동안에 논둑의 잡초는 숫제 나무꼴이 배길 만큼 자라서 제멋대로 꽃도 피고 씨도 맺혀 마음 놓고 날아다녔다. 잡초의 입장에서 본다면 잡초로서 마음껏 다 살고 있는 셈이었다. 잡초가 악한 것이 아니라, 잡초를 마다하는 인간살이가 선악의 경계를 짓는 것일 뿐이다. 어떻든 잡초를 잡을 시기를 놓쳐 잡초가 자랄 대로 자란

요즘에서야 논둑에 손을 대기 시작했다. 뿌리채 뽑는다는 것은 말도 안 되는 일이었고, 낫도 안 들어갔다. 할 수 없이 잡초 깎는 기계를 들이댔는데, 얼마 안가서 기계가 헛돌아갔다. 기계 날이 톱니처럼 되고 나사가 마모돼버려 쓸 수 없게 되었다. 주저앉아 둘러보니 풀씨는 이미 온천지로 날아 빈틈없이 새끼를 치고 다른 작물을 뒤덮어 버렸다.

사람이 살아가는 이치도 이런 것이겠구나 싶었다. 우리의 나쁜 습관이나 상한 감정, 하찮은 일로 싹튼 마음이나 잘못 등이다. 그때그때 씻어내고 잘라내고 뿌리를 뽑지 않으면, 나중에 우리의 마음도 몸도 망가져 버리는 일이 생기겠구나 싶었다. 우리들의 일상에서 잡초처럼 솟아나는 갖가지 쓸데없는 것들을 부지런히 매는 일이야말로 내가 내 생명을 지키는 일일 것이다.

정연희 · 때를 놓치면

개미는 그 자체로서는 슬기로운 생물이지만, 과수원이나 정원에 있어서는 해로운 것입니다. 그리고 확실히 자기 자신을 대단히 사랑하는 사람은 사회를 거칠게 합니다. 이성을 가지고 자애(自愛)와 사회를 구분하십시오. 특히 자기의 국왕과 나라에 대해서 그렇게 하십시오. '자기 자신'을 행동의 기준으로 삼는 것은 부끄러운 일입니다. 그것은 마치 지구와 같습니다. 왜냐하면, 지구는 자기 자신의 중심 위에 확고히 서있기 때문입니다. 이에 반해서 천체와 관계있는 모든 것은 다른 것을 중심으로 해서 움직이며 그것을 이롭게 합니다.

모든 것을 자기 본위로 생각하는 것은 주권을 가진 군주에게는 비교적 용납될 수 있는 일입니다. 왜냐하면, 그들의 선악은 그들 자신뿐만 아니라 공공의 운명의 안위에도 관계되기 때문입니다. 그러나 그것이 군주에 대한 신하라든가, 공화국에 있어서의 시민의 경우로 옮겨가면 굉장한 해가 되기도 합니다. 왜냐하면, 어떠한 일이든지 이와 같은 사람들의 손을 거칠 때에는 그들은 그들 자신의 목적에 맞도록 그것을 왜곡해 버리고 말기 때문입니다. 때문에 그것은 그 주인과 국가의 이익과 가끔 배치되지 않을 수가 없는 것입니다. 그러므로 군주나 국가는 이러한 특색을 갖지 않은 신하를 선택해야 합니다. 그 결과로 하여금 더욱 해롭게 되는 경우는 모든 균형을 잃었을 때입니다.

신하의 이익을 군주의 이익보다 앞세우는 것은 십분 균형을 잃은 경우입니다. 또한 신하의 적은 이익이 군주의 커다란 이익을 배제하면서까지 모든 일이 운행되는 것은 더욱 극단적인 경우입니다. 그리고 이것은 나쁜 관리 · 재무관 · 대사 · 장군 기타 거짓되고 부패한 신하들의 경우입니다. 그들은 군주의 중대한 일을 뒤집어 엎기 위해서 그들 자신의 사소한 목적이나 선망에다 볼링이 비스듬히 가도록 힘을 넣습니다. 그리고 대개 그러한 신하들이 얻는 이익은 그들 자신의 분수에 맞는 것이지만, 그러한 이익을 위해서 그들이 팔아넘기는 손실은 그들 군주의 분수에 상응할 만큼 큰 것입니다.

자기 자신을 위한 지혜는 여러 가지 면에 있어서 비열한 것입니다. 그것은 집이 넘어지기 조금 전에 반드시 떠나버리고 마는 쥐새끼의 지혜입니다. 그것은 자기를 위해 땅을 파서 빵을 만든 오소리를 내쫓는 여우의 지혜입니다. 그러나 특별히 주의해야 할 일은 '천하무비(天下無比)의 자애가(自愛家)'들은 —키케로가 폼페이를 평해서 말한 것처럼— 대개의 경우 불행하다는 사실입니다. 그들은 평생 동안 자신을 위해서 희생해 왔지만, 마침내 그들 자신이 변덕이 심한 운명의 제물이 되고 맙니다. 그들은 그들 자신의 지혜를 가지고 운명의 여신의 날개를 묶어 두었다고 생각하지만…….

크리슈나무르티 · 지혜

호랑이가 모든 동물을 잡아먹는 중에 여우를 잡았다. 여우가 말했다. "그대는 감히 나를 먹지 못할 것이요. 천제가 나를 백수의 우두머리로 만들었으니, 만약 그대가 나를 잡아먹는다면 곧 천명을 거역하는 것이요. 그대가 나를 못 믿겠다면 내가 앞장 서 갈 테니, 그대가 뒤를 따라오면서 모든 동물들이 나를 보고 도망가지 않는지 살펴보시오." 호랑이는 그러리라 생각하고 마침내 여우를 앞세우고 함께 가면서 보니, 과연 동물들이 도망을 가더라. 그러나 호랑이는 동물들이 자기를 겁내고 도망가는 줄 모르고 여우를 겁내는 줄 알았다. 〈전국책〉

사유 1) 호가호위(狐假虎威)란?

중국 당나라 때 마조(馬祖, 709~788)선사의 일화가 있다. 어느 날 마조선사는 법당 앞에 앉아서 좌선을 하고 있었다. 이를 본 스승인 회양선사가 물었다.

"거기 앉아 무엇을 하고 있는가?"

"예, 좌선을 하고 있습니다."

"좌선을 하여 무엇 하려고 하는가?"

"빨리 깨달아 부처가 되어야지요."

다음날 마조는 또다시 같은 장소에서 앉아 좌선을 하고 있었다. 그때 회양선사가 마조가 앉아 있는 앞으로 와 돌 위에 기왓장을 갈고 있는 것이었다. 이를 쳐다 본 마조가 물었다.

"무엇에 쓰려고 기왓장을 갈고 계십니까?"

"이 기왓장을 갈아서 거울을 만들려고 해."

"아니, 스님 기왓장을 갈아서 어떻게 거울을 만듭니까?"

"누구는 앉아서 부처가 된다고 하지 않았는가?"

앉아서 부처가 되겠다는 것이나, 기왓장을 갈아 거울을 만들겠다는 것이나 같은 것이라는 말이다. 이에 마조가 깨달은 바 있어 다시 여쭈었다.

"어떻게 해야 합니까?"
"소가 수레를 끌고 가다 수레가 멈추면 수레를 때려야 하겠는가? 소를 때려야 하겠는가?" {벽암록}

사유 1) 수레는 무엇을 의미하는가?
사유 2) 소(牛)는 무엇을 의미하는가?

재물이 앞에 놓였을 때 올바른 방법이 아니면 구차하게 얻지 말고, 어려움이 닥쳤을 때 구차하게 모면하려고 하지 마라. 다투게 되어도 이기려 하지 말고, 재물을 나누어도 많이 얻으려 하지 마라. {예기}

여기에 송곳이 다섯 개가 있다면, 이 중에 날카로운 것이 있는데 가장 날카로운 것이 반드시 먼저 무뎌질 것이다. 여기에 칼이 다섯 자루 있다면 이 중에 날이 선 것이 있는데, 가장 날이 선 것이 반드시 먼저 상할 것이다. 이것이 단 우물이 먼저 마르고 좋은 나무가 먼저 베이는 까닭이다. {묵자}

큰 지혜를 가진 사람은 먼 것과 가까운 것을 같이 볼 줄 안다. 그래서 작은 것도 적다고 보지 않고 큰 것도 많다고 보지 않는다. 물건의 양이 무궁하다는 것을 알기 때문이다.
옛날이나 지금이나 시간의 흐름에 대해 알고 있다. 오래 살아도 싫어하지 않고, 짧게 살아도 더 바라지 않는다. 시간은 멈추는 것이 아님을 알기 때문이다. 모든 것은 찼다가 기운다는 것을 잘 알고 있다. 그러므로 얻어도 기뻐하지 않고 잃어도 걱정하지 않는다. 사람들의 분수는 일정하지 않다는 것을 잘 알기 때문이다.

〈장자〉

자기를 아는 사람은 다른 사람을 원망하지 않고, 천명을 아는 사람은 하늘을 원망하지 않는다. 다른 사람을 원망하는 사람은 궁색하고, 하늘을 원망하는 사람은 뜻을 이루지 못한다.

〈순자〉

진실한 말은 아름답지 않고, 아름다운 말은 진실하지 않다. 착한 사람은 변명하지 않고, 변명을 잘하는 사람은 착하지 않다. 아는 사람은 넓게 알지 않고, 넓게 아는 사람은 제대로 알지 못한다.

〈노자〉

아주 커다란 저수지에 말과 소를 동시에 던지면 둘 다 헤엄쳐서 뭍으로 나옵니다. 말이 헤엄속도가 훨씬 빨라 거의 소의 두 배 속도로 땅을 밟는데, 네발 달린 짐승이 무슨 헤엄을 그렇게 잘 치는지 보고 있으면 신기하죠. 그런데 장마기에 큰물이 지면 이야기가 달라집니다. 갑자기 몰아닥친 홍수로 강가의 덤프트럭이 물살에 쓸려가는 그런 큰물에 소와 말을 동시에 던져보면 소는 살아나오는데 말은 익사합니다. 그 이유는 다음과 같습니다. 말은 자신이 헤엄을 잘 치는데 강한 물살이 자신을 떠미니까 그 물살을 이기려고 물을 거슬러 헤엄쳐 올라갑니다. 1미터 전진, 물살에 밀려 1미터 후퇴를 반복하다가 한 20분 정도 헤엄치면 제자리에서 맴돌다가 나중에 지쳐서 물을 마시고 익사해 버립니다. 소는 절대로 물살을 위로 거슬러 올라가지 않습니다. 그냥 물살을 등에 지고 같이 떠내려가면서 저러다 죽겠다 싶지만, 10미터 떠내려가는 와중에 한 1미터 강가로, 또 10미터 떠내려가면서 또 1미터 강가로, 그렇게 한 2~3킬로미터 떠내려가다 어느새 강가의 얕은 모래밭에 발이 닿고, 엉금엉금 걸어 나옵니다. 신기한 일이죠. 헤엄을 두 배 잘 치는 말은 물살을 거슬러 올라가다 힘이 빠져 익사하고, 헤엄이 둔한 소는 물살에 편승해서 조끔씩 강가로 나와 목숨을 건졌습니다. 이것이 그 유명한 〈우생마사〉 소는 살고 말은 죽는다는 이야기입니다. 인생을 살다보면 일이 순조롭게 잘 풀릴 때도 있지만, 어떨 때는 일이 아무리 애써도 꼬이기만 합니다. 어렵고 힘든 상황일 때는 흐름을 거슬리지 말고 소와 같은 지혜를 배워야 할 것입니다. 김제록

옛날에 목수가 살고 있었습니다. 어느 날 목수가 길을 가다가 마을을 지나게 되었는데, 길가의 사당 옆에 세워져 있는 큰 상수리나무를 보게 되었습니다. 상수리나무는 어찌나 크던지 나무의 그림자는 수천 마리의 소를 가릴 정도였고, 줄기의 굵기는 백 아름이나 되었으며 그 높이는 산을 내려다 볼 정도였습니다. 게다가 칠팔십 자 되는 곳에서 가지가 나왔는데, 배를 만들 수 있을 정도의 것이 수십 개나 되었습니다. 그 나무를 보기 위해 구경꾼들이 구름처럼 모여 있었으나 나무에 가장 관심을 가져야 할 목수는 이상하게도 그 나무를 거들떠보지도 않고 그냥 지나쳐 버렸습니다. 함께 가던 그의 제자만이 한동안 그 나무를 지그시 바라보고 있다가는 부리나케 목수에게로 달려와서는 물었습니다.
"제가 도끼를 잡고 선생님을 따라다니게 된 뒤로, 이 나무처럼 훌륭한 재목은 아직 본 적이 없습니다. 그런데 선생님께선 거들떠보지도 않고 그대로 지나쳐 버리시니 도대체 어찌된 일입니까?"

그러자 목수가 제자를 바라보며 말했습니다.

"그런 게 아닐세, 쓸모없는 나무야. 배를 만들면 가라앉고 널을 짜면 썩으며, 그릇을 만들면 얼마 못가 망가지고, 문을 만들면 진이 흐르며 기둥을 만들면 좀이 생기게 되지. 이러니 어찌 재목으로 쓸 수 있겠어. 아무데도 소용이 없으니까 저처럼 오래 살 수 있었던 거야."

이렇게 목수가 제자에게 말하고 집에 돌아와 밤이 되어 잠을 자게 되었는데, 꿈속에 낮에 본 사당의 상수리나무가 나타나더니 이렇게 말했습니다.

"그대는 나를 무엇에다 비교하려 하느냐? 세상에서 쓸모 있다는 나무에 비교하려나 본데, 무릇 배, 귤, 유자 같은 과일 나무는 열매가 익으면 잡아 뜯기고, 뜯기다 부러지기도 한다. 이는 맛있는 열매를 맺는 그 능력 때문에 제 삶이 괴로움을 당하는 것이다. 그래서 그것은 천명을 다하지도 못하고 도중에 죽게 된다. 스스로 화(禍)를 부른 것이다.

세상만사가 다 마찬가지다. 그래서 나는 쓸모없는 것이 되기를 오랫동안 바라왔다. 지금까지 오는 동안 여러 번 베어 없어질 뻔했으나, 이제 비로소 뜻을 이루어 사람들에게는 쓸모없는 것이 되었기 때문에 나 스스로에게는 크게 쓸모가 있는 나무가 되었다. 만약 내가 쓸모 있는 나무였다면 어찌 이토록 커질 수 있었겠는가. 그리고 따지고 보면 그대나 나나 다 같이 하찮은 것이다. 어찌 서로를 하찮은 것이라 헐뜯을 수 있겠는가! 그대같이 거의 죽은 것이나 다름없는 쓸모없는 인간이 어찌 '쓸모없는 나무'의 진정한 쓸모를 알겠는가!"

무명씨

감상) 우리는 알아야 합니다. 남에게 쓸모 있는 성공보다는 자신에게 쓸모 있는 행복이 더 가치 있다는 것을, 그런데도 사람들은 다른 사람들이 자신을 알아주기를 바라는 마음으로 성공을 향해 갑니다. 그것이 화가 미치는 사정거리에 자신을 세워두는 지름길임을 모른 채 말입니다. 다른 사람들이 보기엔 하찮은 일일지라도 자신이 하고픈 일을 하며 살 때, 비로소 '쓸모없는 나무의 진정한 쓸모'를 자신의 삶에도 있게 하는 것일 것입니다.

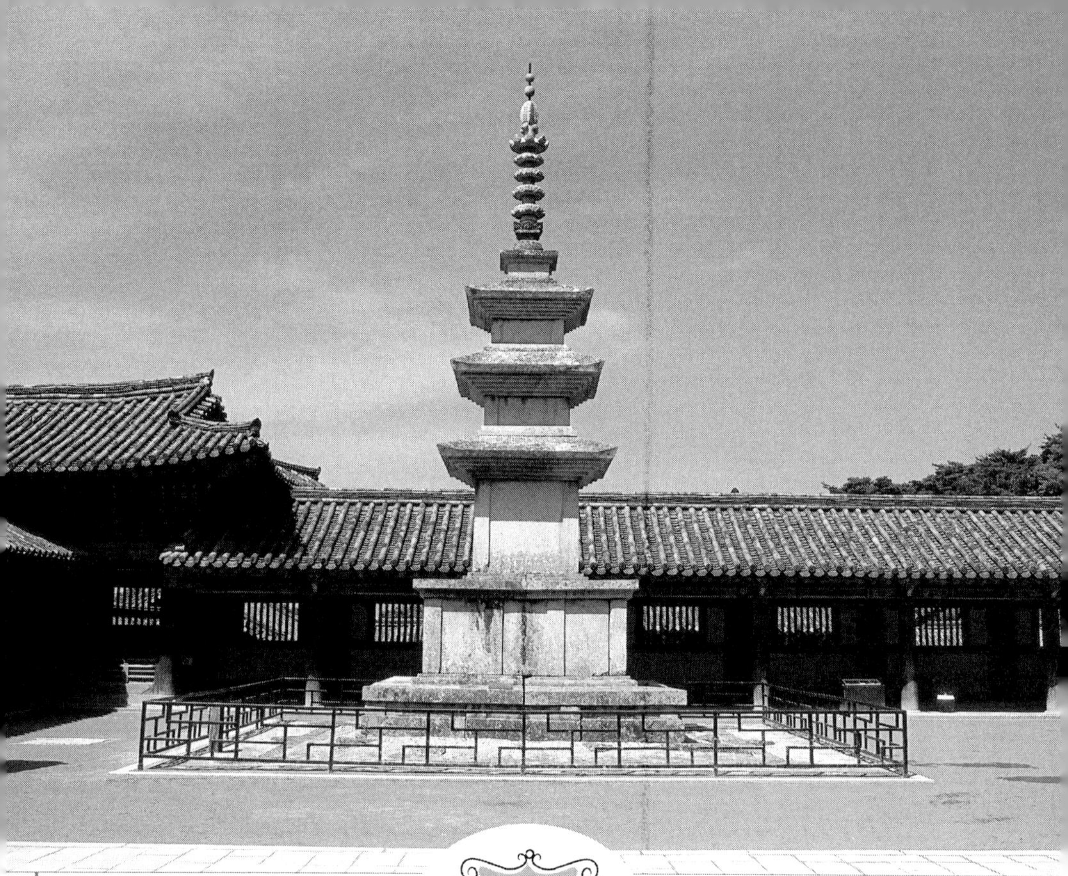

08

목적

목표를 달성하는데 우리들이 봉착하는 어려움은
그 목표에 도달하는 가장 가까운 길이다.

살아있는 것 중 목적 없이 존재하는 것은 아무 것도 없다. { 보들레르 }

목표가 없는 행동은 하나의 방종이다. 목표는 고치고, 고치고, 또 고치고, 계속 고쳐야 한다. 배나 로켓, 미사일도 그렇다. { 앤드류 매튜스 }

목표는 장기적이어야 한다. 단기적인 목표는 일시적인 장애물에 부딪혀도 쉽게 포기하게 된다. 그러나 장기적인 목표는 사소한 문제나 일시적인 장애물에 굴복하지 않고 그것을 극복하여 성취할 수 있다.

{ 지그 지글라 }

목표를 달성하는데 있어서 우리들이 봉착하는 어려움은, 그 목표에 도달하는 가장 가까운 길이다. { 칼릴 지브란 }

성공의 비결은 목적을 향해 시종일관 하는 것이다. 한 가지 목표를 버리지 않고 지켜 나간다면 반드시 싹이 틀 때가 온다. 사람이 성공하지 못하는 것은 처음부터 끝까지 한길로 나가지 않았기 때문이지 성공의 길이 험악해서가 아니다. 한마음 한뜻은 쇠를 뚫고 만물을 굴복시킬 수 있다.

{ 디즈레일리 }

승리는 목적이 아니다. 목적에 이르는 하나의 단계이며 장애물을 제거하는데 지나지 않는다. 목표를 잃으면 승리도 공허하게 된다. { 네루 }

목적 없이 산다는 것은 위험한 일이다. 또한 목적이 있더라도 그것이 낮은 것이라면 역시 위태롭다. 왜냐하면, 목적이 희미하거나 있어도 낮은 것이라면 죄악에 가까이 서 있기 때문이다. {워너메이커}

목적 없이 행동하지 마라. 처세를 위한 바르고 훌륭한 원칙이 명하는 데 따라 행동하는 이외의 어떤 행위도 하지 마라. {아우렐리우스}

목적이 멀면 멀수록, 더욱더 앞으로 나아감이 필요하다. 성급히 굴지 마라. 그러나 쉬지 말라. {맛찌니}

목적은 반드시 달성되기 위해서 세워지는 것이 아니고, 표준점이 구실을 하기 위해서 세워지는 것이다. {쥬벨}

지금 어떤 지점에 놓여있다는 것은 문제가 아니다. 모든 지점은 다 숭고한 목표에 통할 수 있는 출발점인 것이다. 당신이 서 있는 그 환경은 당신의 출발점인 것을 알라. 마음이 견주는 것이 높으면 누구나 높은 것을 표현할 수 있는 것이다. 누구나 그 사람이 진실로 열렬히 사랑할 수 있는 것은 그 자신에게 있어서 독자적인 아름다움일 뿐 아니라, 동시에 다른 사람에게도 그 아름다움을 비쳐주게 된다. {밀레}

18세기 초에 몽골피에가 최초의 기구를 하늘로 올렸다. 그러자 다른 학자들이나 친구들 사이에까지 큰 조소의 대상이 되었고 실험이 성공할 것이라고 생각한 사람은 극히 드물었다. 미국의 정치가이며 과학자인 벤자민 플랭크린도 이 극소수의 사람들 중의 한 사람이었다. 어느 날 플랭크린 앞에서 과학자 한 사람이 기구의 상승실험에 악담을 하였다.

"설사 기구가 공중에 올라갔다 해도 그것으로 어떤 목적이 달성되었단 말입니까?"

플랭크린이 반문하였다.

"그렇다면 당신은 갓난 어린애가 어떤 목적을 가졌다고 설명하겠습니까?"

플랭크린의 이 반문에 비난하던 과학자는 한 마디의 대답도 못하였다.

{무명씨}

인간이 끊임없이 갈망하며 찾고 있는 것은 무엇이며 인간 개개인이 바라고 있는 것은 무엇입니까? 특히 현대처럼 불안정한 세계에서는 모든 사람이 어떤 형태이든 평화와 행복, 또는 피난처를 찾으려고 하는데, 그보다는 우선 우리가 찾으려는 것이 무엇인가를 아는 것이 중요합니다.

모든 사람들은 어떤 형태로든 행복과 평화를 추구하고 있고, 혼란 · 전쟁 · 투쟁 등으로 고통을 받고 있는 세계에서 조금이라도 벗어나기 위해 평화를 누릴 수 있는 피난처를 찾고 있습니다. 그리고 우리는 끊임없이 위대한 지도자나 종교, 또는 정신적 지도자를 찾아 헤매고 있습니다.

그런데 우리가 찾는 것이 행복입니까? 아니면 행복을 갖다 줄 것 같은 어떤 종류의 만족입니까? 행복과 만족은 다른 것입니다. 그리고 행복을 추구한다는 것이 가능할까요? 만족은 찾아낼 수 있겠지만 행복을 발견한다는 것은 불가능합니다. 따라서 열의 · 주의력 · 사려 · 배려 등을 필요로 하는 문제에 대해서 우리의 노력을 다하기 전에 우선 우리가 찾는 것이 무엇인가, 그것은 행복인가, 아니면 만족인가 하는 것을 분명히 알지 않으면 안 됩니다. 우리 인간들은 대체로 '만족'을 희구하고 있는 것 같습니다. 우리는 뭔가에 의해서 만족되어지기를 바라고, 바라는 것을 찾아낸 후에는 충족감을 맛보고 싶어합니다. 우리가 마음의 평안을 찾고 있는 경우, 그것은 간단히 찾아질 수 있습니다.

예를 들어, 어떤 주의나 사상에 맹목적으로 헌신해 보십시오. 적절한 피난처를 발견할 수도 있을 것입니다. 하지만 그것으로 모든 문제가 해결되는 것은 아닙니다. 한 가지 사상으로 벽을 쌓고 고립되는 것만으로 투쟁으로부터 벗어나는 것은 아니기 때문입니다. 따라서 어떻게 해서든 외면적으로나 내면적으로 우리는 무엇을 원하고 있는지를 먼저 알지 않으면 안 됩니다. 이점만 확실해지면 일부러 가르침을 받는다든지, 교회를 다닐 필요가 없습니다. 이때 우리가 먼저 해결해야 할 문제는 자신이 의도하는 것을 자기마음 속에서 명백히 하는 것입니다. 이것이 제일 어려운 문제입니다.

그런데 우리는 이 문제에 대해 명확한 해답을 찾을 수 있을까요? 그리고 탐구를 한다든지, 위로는 최고급의 정신적 지도자에서부터 아래로는 가까운 교회의 목사까지 포함하여 누군가 다른 사람의 의견을 들어 보면 알 수 있는 것일까요? 또 그것을 알기 위해 어떤 사람을 찾아 갈 필요가 있는 것일까요? 우리 모두는 언제나 그런 일을 하고 있는 것이 아닐까요? 우리는 많은 책을 읽기도 하고, 집회에 참가해서 토론도 하고, 여러 가지 단체에 참가하여 일상생활에서 일어나는 투쟁이나 비참에 대한 피신 방법을 발견하려고 합니다. 또는 그런 일을 시도해 봄으로써 우리는 찾고 있던 것을 이미 발견했다고 생각합니다. 이를테면, 특정한 조직이라든지, 지도자나 서적이 자신을 충분히 만족시켰다고 우리는 말합니다. 그리고는 그 속에서 자신이 바라는 모든 것을 찾아내어 결국 일정한 틀에 파묻히면서 자기의 주위에 벽을 쌓아버립니다. 혹시 당신도 그렇습니까?

우리는 이런 모든 혼란 속에서 항구적이며 영원한 것, 결국 '진실한 실재'

라든지, '신'이라든가, '진리'라고 부르는 것을 찾고 있는 것이 아닐까요? 그것을 어떻게 부르든 상관없습니다. 왜냐하면, 언어는 그것이 표현하는 물자체(物自體)가 아니기 때문입니다. 따라서 언어에 사로잡혀서도 안 됩니다. 표현 문제는 전문가들에게 맡겨 둡시다.

그렇다면 우리가 찾고 있는 것으로서, 우리에게 항구성을 부여해 줄 것으로 기대되는 것은 어떤 것일까요? 우리는 언제까지나 만족을 갖다 주는 무엇인가를 찾고 있습니다. 찾고 있는 것이 무엇인지를 잘 생각해 보십시오. 이때 우리를 둘러싸고 있는 말이나 표현 같은 것을 모두 버려야만 됩니다. 이렇게 해서 찾아낸 것이야말로 우리가 진정으로 바라는 것이며, 영원히 지속되면서 우리를 만족시켜주는 것입니다. 이런 영원한 기쁨과 만족, 소위 진리 또는 신이라고 일반적으로 불리고 있지만, 이것을 우리는 찾고 있는 것입니다.

우리는 기쁨을 당연한 것으로 갈망하고 있습니다. 단정적인 말일지는 모르겠으나, 현실적으로 우리가 바라고 있는 것은 우리에게 기쁨을 줄 만한 것입니다. 우리는 오늘날까지 만족감을 주고 있는 것을 여러 가지로 실험해 왔습니다. 하지만 그 모든 것들은 모두 사라지고 말았습니다. 그래서 이번에는 '진실한 실재'라는 것에서 항구적 만족을 찾아보려고 합니다. 현명한 사람도, 우둔한 사람도, 공론가도, 그리고 끊임없이 무엇인가를 얻으려는 현실주의자도 이런 것을 찾고 있습니다. 그런데 영속적인 만족이라든가 지속적인 만족이라는 것이 과연 존재할까요?

만약 당신이 신이라든가, 진리라든가, 그런 항구적인 만족을 찾는다면, 우선 당신은 찾고 있는 것을 이해하고 있어야 합니다. 또한 당신이 "나는 항구적인 행복인 신이나 진리를 찾고 있다."고 한다면, 그것을 찾고 있는 탐구자, 즉 '나 자신'도 이해해 둘 필요가 있습니다. 이렇게 말하는 이유는 먼저, 신제로 항구적인 안전이나 행복 같은 것은 존재하지 않을지도 모르기 때문이며, 또한 진리라는 것도 당신이 생각하는 것과는 전혀 다른 것일지도 모르기 때문입니다. 진리라는 것은 당신이 보고 상상하며 공식화할 수 있는 것과는 전혀 이질적인 것이라고 나는 생각합니다.
다음으로, 탐구자와 그 대상을, 전혀 별개의 것이나 혹은 별개의 과정으로 보기보다는 오히려 하나의 일체화된 현상으로 보아야 하기 때문입니다. 그러므로 어떤 항구적인 것을 탐구하기 전에 우선 탐구를 하고 있는 인간인 '나' 자신을 이해하는 것이 중요하다고 하는 것입니다. 안정이라든가, 행복이라든가, 진실한 실재 혹은 신이라는 것이 자기 이외의 다른 인간으로부터 주어지는 것인지 어떤지를 자기 자신에게 물어보지 않으면 안 됩니다. 이런 끊임없는 탐구와 갈망에 의해서 자기 자신을 이해했을 때 놀라운 실재감이나 창조나 생명을 얻을 수 있습니다.
그런데 이 자기 인식은 추구한다든가, 타인을 추종한다든가, 특정한 단체에 참여한다든가, 책을 읽는다든가 해서 과연 얻어질 수 있을까요? 여기서 문제가 되는 것은 다음과 같은 것입니다. 즉 '나 자신'을 이해하지 않으면 '나'에게는 사고하는 기반이 없기 때문에 '나'의 탐구는 모두 쓸모없는 것이 된다는 것입니다. '나'는 환상 속으로 도피할 수도 있으며, 또한 경쟁이나 충돌, 투쟁으로부터 도피할 수도 있습니다. 또한 타인을 통해서 구원을 얻을 수도 있습니다. 그러나 '나'가 자기 자신에 대해서 무지하거나 '나' 자신을 알지 못하면, '나'에게는 사고와 애정과 행동의 기반이 결여되고 있는 것입니다.
자기 자신을 이해한다는 것, 이 중대한 일을 우리 인간은 무시하기 쉽습니다. 자기 자신을 아는 것, 바로 그것이 뭔가를 쌓아 올릴 수 있는 토대가 되는 것입니다. 이것은 자명한 이치가 아니겠습니까? 그러므로 우리는 뭔가를 건설하거나 변혁하기 전에, 또한 비난하거나 파괴하기 전에, 우선 있는 그대로의 자신을 반드시 알아야 합니다. 따라서 무엇을 추구하며 돌아다닌다든가, 지도받기를 원한다든가, 요가나 복식호흡, 혹은 교회를 다닌다든가, 스승이라는 사람들의 뒤를 따라다닌다든가 하는 것들은 모두가 필요 없는 일입니다. 우리가 믿고 있는 바로 그 사람이 "당신 자신을 분석하시오."라고 말했다 해도 아무런 의미가 없는 것입니다. 왜냐하면, 우리의 이 자세가 바로 그대로 세계의 자세이기 때문입니다. 만약 우리가 인색하고, 질투심이 많고, 허영심이 많으며, 탐욕스럽다면 그와 똑같은 것이 우리의 주변에 일어날 것이며, 그것이 우리가 살고 있는 사회가 될 것입니다.

그러므로 '진실한 실재'나 '신'을 찾기 전에, 먼저 자기 자신을 이해할 필요가 있습니다. 성실한 사람은 특정한 목표에 어떻게 도달하는가를 생각하는 사람이 아니라, 먼저 이 문제에 철저하게 맞붙는 사람이라고 나는 생각합니다. 왜냐하면, 자지 자신을 이해하지 못한다면, 사회나 인간관계 또는 우리의 행위를 변화시킬 수 없기 때문입니다. 또한 자기 인식이란 인간관계와 대립한다든가 그 관계로부터 떨어져 나가는 것을 의미하는 것은 아닙니다. 또는 집단이나 다른 사람과의 대립의 형태에서 '나'라는 개인을 강조하는 것도 아닙니다.

따라서 당신이 자기 자신을 모르고, 자기의 사물에 대한 사고방식이나 또는 어떤 특정한 일을 생각하는지를 모른다든가, 당신의 생활을 만들어 주는 여러 가지 배경, 혹은 예술이나 종교, 자기의 나라와 이웃, 그리고 자기가 어째서 일정한 신념을 가지는지를 이해하지 못한다면 사물을 옳게 판단할 수 없습니다. 만약 당신이 자기가 처해 있는 배경을 모르고 당신이 생각하는 실체나 또는 당신의 사고가 어디에서 나온 것인지를 모른다면, 분명히 당신의 사고는 필요 없는 것이 되며, 당신의 행동도 아무런 의미가 없습니다. 당신이 미국 사람이든, 인도 사람이든, 또는 당신이 믿고 있는 종교가 무엇이든 간에 이런 경우에는 전혀 무의미합니다.

'인생의 최종 목적은 무엇인가'라는 물음이나 그 속에 포함되어 있는 모든 것, 말하자면 전쟁, 민족 사이의 적대심, 투쟁 또는 모든 종류의 혼란 등이 무엇을 의미하는가를 이해하기 전에 우리는 먼저 자기 자신에서부터 출발해야 합니다. 이것은 매우 간단한 것같이 생각되지만 매우 어려운 일입니다. 자기 자신을 추구하며 자기의 사고가 어떻게 작용하는가를 알기 위해서는 우리의 생각은 예민해져야만 됩니다. 이렇게 해서 우리가 자신의 사고 · 반응 · 감정 등의 복잡한 움직임에 대해서 더욱더 민감하게 되면, 자기 자신뿐 아니라 우리와 관계되는 다른 사람에 대해서도 한층 더 인식이 깊어지게 될 것입니다. 자기 자신을 안다는 것은 행동하고 있는 자기, 즉 자신과 타인의 관계를 안다는 것입니다. 그것이 어렵게 되는 이유는 우리가 너무나 성급하고 인내심이 부족하기 때문입니다.

우리는 진보를 바라며 목적에 도달하기를 너무 원한 나머지, 배우고 관찰할 시간의 여유를 갖지 못하고 있습니다. 우리는 생계를 이어가야 하고, 자식을 양육해야 하는 등 여러 가지 일에 신경 써야 하며, 여러 가지 조직에 대한 책임도 져야 합니다. 우리는 여러 가지 면에서 피치 못할 상태에 있기 때문에 자성한다든가, 관찰이나 배워야 할 시간이 거의 없습니다. 따라서 그로부터 생기는 결과의 책임은 다른 사람에게 있는 것이 아니라, 사실은 자기 자신에게 있습니다. 그리고 정신적 지도자나 그들의 방식을 찾아본다든가, 많은 분야의 서적을 읽어보는 것도 무의미하고 필요 없는 일이라고 나는 생각합니다. 왜냐하면, 그런 일 때문에 세계를 둘러보아도 결국 마지막에는 당신 자신으로 돌아와야만 되기 때문입니다. 그러나 우리는 대부분 자기 자신에 대해 무지하기 때문에, 자신의 사고나 감정이나 행위의 과적을 분명히 보는 데서부터 출발하는 일이 좀처럼 없습니다.

당신은 자기 자신을 알게 되면 될수록 사물을 똑바로 판단할 수 있게 됩니다. 자기 인식에는 끝이 없으며 목적에 도달하는 일에도, 결론에 도달하는 일에도 끝이란 없습니다. 그것은 흐르는 강물입니다. 그런 것을 배우고 그 속으로 깊이 돌진함으로써 당신 마음의 평안을 찾는 것입니다. 스스로 강요하는 자기 수련에 의해서가 아니라 자기 인식을 통해서 정신

이 정적을 찾게 되었을 때, 그 정적과 침묵 속에서 진실한 실재라는 것이 존재합니다. 그때야 비로소 무상(無上)의 지복(至福)과 창조적 행위가 있을 수 있습니다. 이런 이해와 경험이 없이 책을 읽거나, 강연을 듣거나, 선전활동을 하는 것은 마치 철없는 아이들이 하는 것과 같으며 아무 의미도 없는 행위라도 생각합니다. 하지만 자기 자신을 이해하고 그로부터 저 창조적인 행복과 두뇌로부터 생긴 것이 아닌 어떤 것을 체험할 수 있게 된다면, 그때야말로 우리 주위의 것과의 직접적인 관계 속에서, 그리고 우리가 살고 있는 세계 속에서 변화라는 것을 이룰 수 있게 됩니다.

{크리슈나무르티 · 우리는 무엇을 추구하는가}

목표는 커야 한다. 작은 목표는 작은 성취감만 느끼게 할 뿐이다. 목표가 커야 성취감도 크고 자신의 능력을 극대화시킬 수 있다. {지그 지글러}

목표를 지향하지 않는 단순한 희망적인 상상은 뱃속에 잠자고 있는 위력을 불러 일으켜 실용에 이바지하는 힘은 지니고 있지 않다.

{디오도어 루빈}

생명과 영원의 터

01

생명

내가 영원을 갈망함은 내가 영원한 생명을 가진 증거다.

생명의 자랑은 늘 신선하고 기운찬 점에 있다. 사람은 일생을 통하여 완성했다는 순간은 없는 것이다. {알랭}

생명이 있는 한, 사람은 무엇인가 바랄 수 있다. {세네카}

생명은 황금을 쌓지만, 이것을 살 수는 없다. {호메로스}

생명은 존재에게 주어진 최고의 선물이다. {토마스 굿윈}

생명은 신성(神聖)하다. 생명에의 사랑이 가장 첫째가는 미덕이다. {로망 롤랑}

생명은 자연의 가장 아름다운 발명이며, 죽음은 더 많은 생명을 얻기 위한 기교이다. {괴테}

생명의 위협을 당하는 중대한 비상사태에 임해서도 동요하는 일이 없고, 그의 뜻을 빼앗을 수는 없는 의연한 데가 있다. 그런 사람이 참으로 군자다운 사람이다. {증자(曾子)}

내가 영원을 갈망함은 내가 영원한 생명을 가진 증거다. {V. 위고}

사람들이 자기 생명만큼 오래 보존하고 싶어 하는 것도 없지만, 이것만큼 소중하게 다루지 않는 것도 없다. {라 브뤼예르}

나는 영혼이 멸할 수 없다는 것을 온전히 믿는다. 그것은 영원한 것으로서 마치 우리가 밤에는 태양을 볼 수 없지만, 그 태양이 사실은 또 다른 세계에서 인간을 향하여 찬란히 빛을 발하고 있는 것과 같다. {괴테}

정신의 생명을 죽음에 직면하여 두려워하지도 않으며 후퇴도 하지 않는다. 죽음을 견디는 것, 그리고 죽음 속에서 정신의 생명을 유지하여 가는 것이 생명이다. {이어령}

대지가 숨을 내쉴 때는 우리들에게 생명을 준다. 대지가 숨을 들이마실 때는 우리는 죽음을 맞아야 할 운명이다. {칼릴 지브란}

아버지로부터는 생명을 받았으나, 스승으로부터는 생명을 보람 있게 하기를 배웠다. {플루타르크}

아침에 나는 버섯은 그믐날도 초하룻날도 모른다. 사람의 생명도 이 버섯처럼 덧없는 것이다. {장자}

나는 나무에서 잎사귀 하나라도 의미 없이는 뜯지 않는다. 한 포기의 들꽃도 꺾지 않는다. 벌레도 밟지 않도록 조심한다. 여름밤 램프 밑에서 일할 때 많은 벌레가 날개가 타서 책상 위에 떨어지는 것을 보는 것보다는 차라리 창문을 닫고 무더운 공기를 호흡한다. {A. 슈바이처}

며칠 전에 있었던 일이다. 국민학교에 다니는 조카가 학교 정문 앞에서 병아리 네 마리를 사가지고 왔다. 추위에 떨어서인지 병아리들이 훈훈한 내실 공기에 두 눈을 껌벅이며 졸고 있는 모습이 우습기만 하였다. 조카는 먹이를 주고, 천으로 상자 위를 덮어주는 등 흥분되어 있었다. 그러면서 하는 말이 '병아리들이 추우니까 방 안에 놓고 싶다'는 것이었다.
"냄새 나는데 밤에는 거실에 이렇게 놓고 낮에는 베란다에 놓으렴."
아무 관심 없는 투로 내뱉었다. 조카는 아쉬운 듯,
"그러면 밤에는 이 소파 위에 이렇게 놓아야지."
"거실 공기는 똑같은데, 소파 위나 아래나 다 똑같지" 하면서 외출을 하였다. 다음 날 오전 청소를 하기 위해 안방에 들어가 보니 병아리가 든 상자는 예쁜 수건으로 덮여 있고, 그 속에는 스탠드 전등이 병아리들의 몸을 비추고 있었다. 할아버지께서 이렇게 해주신 것이다. 평소에 에너지 절약에 앞장서신 할아버지신데 전등을 이렇게…….
문득 생명에 대한 귀중함을 느끼지 못한 무감각과 삭막해져 버린 나의 모습이 큰 충격으로 다가오고 있었다. 껍질을 깨고 세상에 나온 햇병아리들에게 미안한 마음이 간절하였다. 이젠 제법 노란 깃털을 세우고 '삐약 삐약' 하며 몸 놀림도 눈 돌림도 총총하기만 하다. {무명씨}

우리 인간이란 본래 어디에서 왔다가 어디로 가는 것인가? 또 무엇 때문에 사는 것이며 그저 막연히 생겨났으니 살 때까지는 죽지 못해서 살아가고 있는 것인지? 고달픈 삶에 쫓기다보면 이런 문제들을 생각하기 이전에 벌써 살고 있는 것이며, 그러하기 때문에 여기서 나는 잘 사는 문제를 가지고 말하려 한다. 농사짓는 사람이나 장사하는 사람이나 고기 잡는 사람이나 공장 직공, 정치인, 학자, 종교인 심지어는 석가 · 공자 · 예수에 이르기까지 물어 볼지라도 잘 살려는 마음, 즉 이 한 생각만은 똑같이 가지고 있으리라. 이 글을 쓰는 나도 그렇고, 이 글을 읽는 여러분도 그러할 것이다.

그러면 어떻게 사는 것을 잘 산다고 할 수 있는가? 인간이 누구나 다 잘 살려는 이 한 마음을 가졌을진댄 잘 살 수 있는 어떤 법칙이 필요할 것은 틀림없는 사실이다. 그런데 나는 잘 사는 법을 말하기 전에, 먼저 어떤 것을 잘 사는 것이라고 하는가를 우리 인간 모두에게 묻고 싶다. 세계의 경제를 한 손에 넣고 주무르는 재벌이나, 천하를 다스릴 수 있는 제왕이 되거나, 또 사자후의 웅변을 토하며 듣는 이로 하여금 가슴이 서늘하게 만드는 웅변가가 되거나, 천하의 독자를 붓 하나로 놀라게 하는 큰 문호가 된다면 이것을 일러 잘 사는 것이라고 할 것인가?

그러면 어떤 것이 잘 사는 것인가? 부족이 없는 것이 잘 사는 것이요, 구할 것이 없는 것이 잘 사는 것이요, 원망이 없는 것이 잘 사는 것이요, 성냄이 없는 것이 잘 사는 것이요, 미움과 질투가 없는 것이 잘 사는 것이요, 공포와 불안이 없는 것이 잘 사는 것이요, 강제와 속박이 없는 것이 잘 사는 것이요, 해탈과 자유가 있는 것이 잘 사는 것이요, 늙지 않고 병들지 않고 죽지 않고 영원히 사는 것이 잘 사는 것이요, 보다 위없는 것이 잘 사는 것이요, 마음에 흡족한 것이 잘 사는 것이다.

인간의 일평생을 백 년이라 한다면, 이 일평생을 흔히들 살아간다고 한다. 이 귀중한 한 평생을 무엇을 위해서 살아야 하고, 또 누구를 위해서 살고 있단 말인가? 우리는 흔히 이런 문제들을 전혀 생각하지 못한 사이에 머리엔 흰 머리카락이 얹어지고 얼굴엔 주름살이 잡히는 수가 있다. 만일 인간들이 이런 이유를 모르고 그저 먹고 자고 성생활만을 지탱해 나간다면, 이는 저 금수들의 생활과 다를 것이 무엇인가. 사람들은 흔히 들 살아간다고 한다.

그러나 살아간다는 말은 아무런 내용이 없는 말이다. 가령 인간이 ○○년의 삶의 권리를 가지고 와서 하루 살았다는 말은 하루 죽었다는 말 외에 또 무슨 다른 뜻이 있다는 말인가. 그러니까 일년을 살았다는 것은 곧 일년을 죽었다는 말이다. 그렇다면 살아간다는 말은 죽어간다는 말이 옳을 것이다. 우리가 농사짓고, 장사하고, 정치하고, 경제하고, 종교를 믿는다는 것은 죽지 않으려는 것인데, 그래도 죽어야만 하는 것이 우리 인생이 아닌가. 이는 참으로 비참한 사실이다. 또 권력 · 재력 그 무엇으로도 해결할 수 없는 일이다.

인간의 일생을 따지고 보면 죽음이라고 하는 큰 구렁이한테 뒷다리를 물려 들어가는 개구리의 운명과 다를 것이 없다. 그런 인간들이 살려고 발버둥치는 것을 볼 때는 정말 안타까운 생각이 든다. 구렁이한테 물린 개구리는 구렁이 뱃속에 완전히 들어가기까지엔 오직 구렁이 자신이 결정할 것이지 개구리에겐 아무런 자유도 없다. 마찬가지로 우리 인간의 죽음도 인간의 자유의사에 의해서 결정되는 것이 아니고 오직 죽음 그 자체에 의해서만이 결정된다. 천하의 영웅과 만고의 호걸도 이 죽음 앞에선 아무런 반항도 못하고 그저 순종해야 하는 것이다. 우리는 이런 현실에 직면해 있으면서도 마치 남의 일처럼 새까맣게 잊고 살아가는 아니 죽음이라는 구덩이 앞에 다가서고 있는 것이 아닌가?

이 세계에서 잘난 사람, 못난 사람, 과학자, 종교가, 철학자 등 일체 중생이 누구나 다 업보 중생임은 틀림없는 사실이다. 그러므로 보는 견해도 역시 업안(業眼)으로 밖에는 보지를 못함이 또 사실이다. 우리 일체 중생이 이 업안을 해탈하여 진리의 눈(心眼)으로 세상을 보고 살도록 노력하여야 한다. 그런 진리의 눈[法眼]을 만들려면 어떻게 하여야 하느냐. 심성수양(心性修養) 곧 어두운 마음을 밝게 함이니 견성(見性)이다.

견성이란, 자기 성품(바탕) 자리, 일체만유의 본성 자리, 곧 진리이니 이 진리인 본심(本心) 자리를 맑고 청정히 가져 만사만리를 통찰할 줄 아는 지혜의 눈[慧眼]을 얻는 것이다.

중생의 육안으로는 아니 보이나 이상하고 묘하게도 성품은 각자가 모두 지니고 있으면서도 못보고 못 찾는 것이 묘한 이치라 할 수 있겠다. 그럼 어떻게 하여야 각자가 지니고 있는 성품을 보고 이 고해에서 헤어날 수 있는가. 범부 중생은 탐내는 마음, 성내는 마음, 어리석은 마음과 재물에 대한 욕심, 색에 대한 욕심, 음식에 대한 욕심, 오래 살고자 하는 욕심, 명예에 대한 욕심 등 다섯 가지 즐거움을 누려 보고자 하는 병에 걸린 환자들이다. 그러니 이 탐 · 진 · 치 삼독과 오욕병을 고치지 아니하고는 자기 성품을 볼 수 없나니 먼저 삼독과 오욕락을 버리고 6바라밀을 행해 나가야 한다.

그러므로 해서 죽음에 직면해 있는 우리 일체중생이 불안과 공포에서 헤어나서 영원한 절대 자유를 얻을 수 있게 될 것이다. 흔히 우리가 살고 있는 이 현실세계를 '사바세계'라 한다. 모든 생명들이 살아감에서는 빼앗고, 서로 죽이고, 잡아먹고, 약육강식하는 하나의 수라장이라 함이 무리가 아닐 것이니, 이 현실 세상은 과거 무량겁을 내려오며 서로가 지어놓은 죄악의 업력(業力)으로 만들어진 인과응보의 보복의 결산장이라, 서로가 지은 바 업력과 업보로 괴로운 재난이 눈앞에 전개됨은 피할 수 없는 필연적인 인과응보의 법칙이라는 것을 깊이 깨달아 자기성품을 바로 보아야 할 것이다.

성품을 보라 함은 나의 실체 존재성을 알라 함

이요, 나의 실체를 알라 함은 나의 영원의 삶을 터득함이다. 우리 인간이 이것 이외에 또 무슨 할 일이 있단 말인가? {이청담 · 어디서 와 어디로 가나}

조금 깨어져 금이 가고 오래된 못생긴 물항아리가 있었습니다. 그 항아리의 주인은 물을 길어 오는데 사용했습니다. 오랜 세월이 지나도록 그 주인은 깨어진 물항아리를 버리지 않고 온전한 물항아리와 똑같이 아끼니 미안한 마음이었습니다.

"내가 온전치 못하여 주인님께 폐를 끼치는구나. 나로 인해 그 귀하게 구한 물이 새어 버리는데도 나를 아직 버리지 않으시다니……"

어느 날 너무 미안하다고 느낀 깨어진 물항아리가 주인께 물었습니다.

"주인님, 어찌하여 저를 버리고 새로운 온전한 항아리를 구하지 않으시는 것입니까? 저는 별로 소용 가치가 없는 물건인데요."

주인은 그의 물음에 아무 말도 하지 않은 채 그 물항아리를 지고 계속 집으로 가고 있었습니다. 그러다 어느 길을 지나면서 조용히 부드럽게 말했습니다.

"얘야, 우리가 걸어 온 길을 보아라."

그제야 물항아리는 그들이 늘 물을 길어 집으로 걸어오던 길을 보았습니다. 길가에는 예쁜 꽃들이 아름다운 자태를 자랑하듯 싱싱하게 피어 있었습니다.

"주인님 어떻게 이 산골 길가에 이렇게 예쁜 꽃들이 피어 있을까요?"

주인이 빙그레 웃으며 말했습니다.

"메마른 산 길가에서 너의 깨어진 틈으로 새어 나온 물을 먹고 자란 꽃들이란다."

'세상에는 버릴 것이 하나도 없다'라는 노자의 말씀이 생각나게 하는 일화입니다. {무명씨}

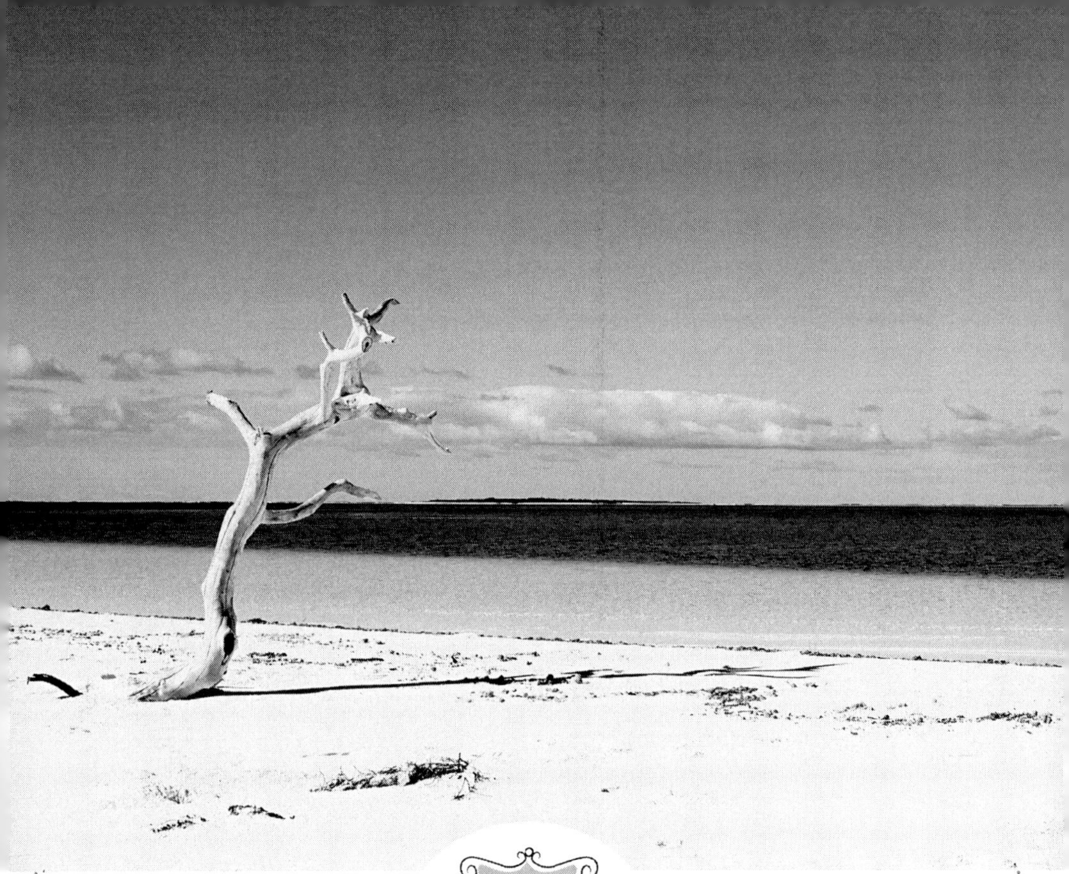

02

영혼

아아, 나의 가슴 속에는 두 개의 혼이 살고 있다.
그리하여 서로 갈라지려고 하고
하나는 억센 애욕에 사로 잡혀서 현세에 집착한다.
또 하나는 이 현세를 떠나서 높이 영(靈)의 세계를 지향한다.

영혼이 성숙하려면 긴장이 필요하다. 그리고 우리는 그러한 긴장을 잘 이용할 수 있습니다. 우리는 사랑을 주고받으며, 자연을 감상하고, 자신의 상처와 다른 사람들의 상처를 치유하며, 용서하고 봉사할 수 있는 모든 기회를 찾아 볼 수 있습니다.

{조앤 보리센코}

영혼이 택할 수 있는 가장 불안한 길은 안정입니다. 안정된 상태에 머물러 있는 사람들은 차츰 무감각하게 죽어갑니다. 마침내 죽어야 할 시간이 왔을 때 사람들은 깜짝 놀랍니다. 그들은 스스로에게 너무나도 짧은 삶을 허락해 온 것입니다.

{스티븐 레빈}

부정적 사고 때문에 마음이 산란해지지 않을 때, 지나간 일이나 혹은 앞으로 다가올 일에 마음을 빼앗기지 않을 때, 비로소 당신은 지금 이 순간을 살 수 있습니다.

{시드니 뱅크스}

중앙아프리카에 수면병이라고 불리는 질병이 있다는 사실을 당신도 알고 있을 것이다. 영혼에도 수면병이라는 것이 있습니다. 이 질병이 무서운 이유는 혼자 자신이 병에 걸렸다는 사실조차 깨닫지 못하기 때문입니다. 바로 그 때문에 더욱더 조심해야 합니다. 영혼에 대해 약간이라도 무관심해진 징조가 나타난다면, 즉 진지함이나 갈망, 열정, 열의 등이 사라져 버린 것을 깨닫게 된다면 그 즉시 당신은 그 사실을 하나의 경고로써 심각하게 받아들어야 합니다. 피상적으로 인생을 살아간다면, 당신의 영혼이 그로 인하여 괴로워 한다는 사실을 깨달아야 하는 것입니다.

{A. 슈바이처}

아름다운 육체를 위해서는 쾌락이 있지만, 아름다운 영혼을 위해서는 고통이 있다.

{와일드}

욕망의 눈초리는 불순하여 사물을 비뚤어지게 한다. 우리가 아무것도 바라지 않을 때, 우리의 사물을 보는 눈이 순수한 관찰이 될 때 비로소 사물의 영혼과 아름다움이 열린다. 하나의 숲만 하더라도 그것을 내가 사려고 하거나, 빌리려고 하거나, 벌목을 하거나, 거기서 나의 욕망과 계획, 배려나 돈주머니에 대한 숲과의 관계이다. 그럴 때 숲은 제목으로 이루어져 있는 것으로서, 젊거나 노쇠했거나 건전하거나 병들어 있거나 그 어느 쪽이다. 이에 반해서 숲에서 아무것도 바라지 않고 '아무런 생각 없이' 숲의 푸르른 심연을 바라본다면 그때 비로소 숲은 숲이 되고, 자연이 되고, 식물이 되고, 아름다운 것이 된다.
인간과 그의 얼굴도 마찬가지이다. 내가 두려움이나 희망이나 욕망이나 목적이나 어떤 요구를 가지고 인간을 보면 상대방은 인간이 아니라, 다만 나의 욕망의 흐려진 반영(反映)에 불과한 것이다. 우리는 의식적이든 무의식적이든 간에 그는 접근하기 쉬울까, 그는 예술을 이해할 수 있을까 하는 등등 편협하고 솔직하지 못한 의문을 가지고 상대방을 바라보게 된다. 우리는 우리가 대하고 있는 많은 사람들을 그러한 수많은 의문을 가지고 바라보고 있는 것이다. 그리고 우리가 상대방의 외모나 모습이나 거동 속에서 우리의 의도에 어울리거나 아니면 반대 되는 것을 잘 알아차리게 되면 우리는 인간을 잘 알고 있다느니 심리학자라느니 하고 여기게 된다. 그러나 그러한 것은 아주 비천한 태도이다. 그러한 유의 심리학에 있어서는 농부나 행상인이나 엉터리 변호사 쪽이 대다수의 정치가나 학자들보다도 뛰어난 것이다. 욕망이 정지하고 관찰이, 즉 순수한 관조와 몰입하는 상태가 생기면 그 순간에 고루한가, 친절한가, 난폭한가, 강한가, 약한가 하는 것이 아니라, 자연스러워지고, 순수한 관찰이 되고 있는 모든 사물이 그렇듯이 아름답고 주목할 만한 것이 된다. 관찰이란 탐구나 비판이 아니라 바로 사랑이기 때문이다. 관찰이란 우리의 영혼의 가장 높고 가장 바람직한 상태이며, 욕망이 없는 사랑인 것이다. 우리가 이런 상태에 이르면 설령 그것이 몇 분 동안이나 또는 몇 시간, 며칠 동안이라 할지라도(이러한 상태를 항상 유지한다는 것은 완전한 행복이리라) 인간은 그 전과는 달라 보인다. 이미 우리의 욕망의 반영이나 풍자화가 아니라, 인간은 다시금 자연이 되는 것이다. 아름답고 추한 것, 늙고 젊은 것, 선의와 악의, 솔직과 폐쇄, 냉혹과 유화 등은 이미 대립도 아니고 표준도 아니게 된다. 모든 사람이 아름답고 진기하게 된다. 어느 한 사람도 이미 경멸당하거나 증오받거나 오해당할 수 없게 된다.

조용한 관조의 입장에서 볼 때 일체의 자연이 영원히 생성하는 불멸한 생명의 변화하는 현상인 것처럼, 인간의 특별한 역할과 과제란 영혼을 표출하는 것이다. '영혼'이란 인간적인 그 무엇인가, 아니면 동물이나 식물에도 내재해 있는 것인가 하는 논쟁은 무의미한 것이다.

물론 영혼이란 어디에나 존재하고 어디에나 존재할 수 있다. 어디에나 준비되어 있고, 어디에서나 느낄 수 있고, 요구되고 있다. 그러나 우리가 둘이 아닌 동물을 운동의 소유자이며 표현이라고 느끼고 있듯이(돌에게도 운동, 생명, 구성과 해체, 진동이 있겠지만), 우리는 무엇보다도 인간에게서 영혼을 찾고 있는 것이다. 우리는 영혼이 가장 분명히 나타나 있고, 괴로워하고, 행동하고 있는 곳에서 영혼을 찾고 있다. 그리고 인간은 전에는 두 다리로 걷게 되는 것, 동물의 모피를 벗기는 것, 도구를 연구하고 불을 만들어내는 것을 과제로 하고 있었던 것처럼 현재의 영혼을 발전시키는 것을 과제로 하고 있는 세계의 일부분, 즉 특별한 분야가 되어 있는 것이다. 즉 우리에게 있어서 인간의 세계 전체가 영혼의 현현(顯現)이 되는 것이다. 내가 산과 바위 속에서 중력의 근원적 힘을 보고, 이를 사랑하고, 동물에게서 운동성과 노력의 대상이 되어 있는 자유를 보고 그것을 사랑하듯이, 나는 인간(그런 모든 것을 함께 나타내고 있는)에게서 무엇보다도 우리가 '영혼'이라고 부르고 있는 생명의 형식과 현현(顯現)의 가능성을 보는 것이다. 이 현현방법은 단순히 무수한 다른 현현방법 중의 임의의 생명의 발현이 아니라, 특수하고 선택된, 고도로 발달된 발현, 즉 궁극의 목표라고 생각되는 것이다. 왜냐하면, 우리가 유물론적으로 생각하거나 또는 이상주의적으로, 또는 그 어떤 다른 방법으로 생각하거나, '영혼'을 신적(神的)인 것으로 생각하거나, 불타버리는 물질로 생각하거나 마찬가지이며, 우리는 모두 영혼을 알고 있고 높이 평가하고 있는 것이다. 우리 모두에게 있어 영혼이 깃들어 있는 인간의 눈초리, 예술, 영혼의 구체화는 일체의 유기적(有機的)인 생명의 가장 높고, 가장 신선하고, 가장 가치 높은 단계이며 물마루(波頭)인 것이다. { 헤세 · 영혼에 대하여 }

함께 수행하는 사람을 도반(道伴)이라고 하는데, 도반은 참으로 중요한 스승의 역할을 합니다. 수행은 물론 스스로 마음을 닦아가는 것이지만, 부처님 당시부터 반드시 여럿이 모여서 수행을 했어요. 왜 그랬을까요? 조약돌이 저 혼자는 둥글어질 수 없기 때문입니다. 옆에 다른 조약돌이 있어야 둥글어질 수 있어요. 또 옆에 조약돌과 나만 있어가지고도 안 돼요. 파도가 때려줘야 해요. 옆에 있는 한 사람 한 사람이 모두 나를 둥글어지게 하는 도반이에요. 그리고 인생이라는 파도가 나를 때려 줍니다. 우리가 살면서 고통이 없으면 진리의 가르침에 귀를 기울일 생각이나 했을까요? 기도하고 수행하고, 그럴 마음이 생겼을까요? 고통 덕분에 우리는 더 나은 삶에 눈을 뜨게 되는 거예요. 전화위복인거죠. 파도를 두려워하지 마세요. 나를 둥글어지게 하는 에너지입니다. 고통은 고마운 스승이에요. 좌절하지 마세요. 아무리 큰 파도가 와도 서로 의지할 수 있는 도반이 있잖아요? 알고 보면 옆에 있는 한 분 한 분이 모두 고마운 분들이에요. 옆에 사람이 없다면 절도 없고 법문도 없을 테니까요. 여럿이 함께하는 것이 이렇게 중요합니다. 〈월도스님〉

우리가 여행을 떠나는 것은 우선 일상의 따분한 굴레에서 벗어나 낯선 풍경이나 환경에서 새로운 것을 느끼고 받아들이는 데에 의미가 있다. 그리고 나그네 길에서 시들어가는 일상적인 자신을 되돌아보고 새롭게 인생을 시작해보려는 그런 소망에서 벼르던 끝에 길을 떠난 것이 아닐까? 그렇다면 뭣보다도 먼저 마음부터 느긋하게 먹어야 할 것이다.
물소리 바람소리에 귀를 기울여도 보고, 이끼 낀 기와지붕 위로 열린 푸른 하늘도 한 번쯤 쳐다보고, 산마루에 걸린 구름이며 숲 속에 서린 안개에 눈을 줄 수도 있어야 한다. 돌담이며 굴뚝이며, 빛이 바랜 단청과 벽화 같은 것에도 눈길을 돌려 볼 일이다. 시멘트로 뒤덮인 아파트 단지 같은 데서는 볼 수 없는 우리 고유의 문살같은 것도 한 번쯤 유심히 눈여겨볼 만하고 기와집 추녀 끝의 영원으로 이어진 그 곡선에도 눈길을 보낼 만하지 않은가.
불교신자가 아닐지라도 불상의 온화한 그 미소를 대함으로써 날로 표정을 잃고 굳어져가는 우리들의 얼굴을 되돌아볼 줄도 알아야 한다. 저 불상의 미소가 오늘의 우리 얼굴과 어떤 연줄을 가지고 있는지 지나간 세월의 촌수를 한 번 따져 볼 수도 있지 않은가 말이다.
그리고 시냇가에 가서 구두와 양말을 벗어버리고 맑게 흐르는 시냇물에 그 흐름을 통해 더덕더덕 끼어있는 먼지와 번뇌와 망상도 함께 말끔히 씻길 것이다. 그리고 물소리에 귀를 모을 일이다. 그것은 우주의 맥박이고 세월이 흘러가는 소리이고, 우리가 살 만큼 살다가 갈 곳이 어디인가를 소리 없는 소리로 깨우쳐줄 것이다. 〈법정스님〉

03

신앙

신은 너로 하여금 신을 사랑하도록 만든 것이지,
신을 이해하도록 만든 것은 아니다.

둥지 속의 새들이 어미 새에게 전적으로 의지하는 것처럼 모든 은혜들도 믿음에 의해 완전히 좌우된다. {존 플리벨}

뜨거운 가슴으로 믿는 것과, 차가운 머리로 믿는 것의 차이는 마치 구원과 저주의 차이와 같다. {스위팅}

만일 누가 믿음을 잃었다면, 그에게 의지하고 살 수 있는 무엇이 남았는가? {로저 베이컨}

마음 반짝거리고 소박한 사람은 신과 자연을 믿는 법이다. {롱펠로우}

신이란 폭풍 속의 무지개와 같이 오색이 찬란해야만 된다. 사람은 자기 형상에 맞추어서 신을 창조한다. 그리고 신을 만든 사람들과 더불어 신을 창조한다. {로렌스}

그해 여름 산수동 오거리에 새 교회가 서고부터
사람들은 잃었던 빛과 희망을 꿈꾸었다
다섯 갈래 여섯 갈래 찢겨진 마음들도 다시 돌아와 조용히
기도하고 찬송하며 당신의 그날이 올 것을 꿈꾸었다
장중하게 쌓아올린 높은 벽과 은빛 십자가에
지나간 시절의 어둠과 고통을 함께 묻었다

땀과 먼지로 뒤범벅된 행상에서 돌아와 바라보면
몇 층인지도 모른 은빛의 교회는 우뚝 서 있고
사람들은 이 거리에 번져나갈 녹슬지 않은
절대의 푸른 종소리를 생각했다
그 여름내 희망을 간직한 사람들은 행복하였고
은빛의 십자가는 더욱 은빛으로 높이 치솟았다
구름과 새와 치솟는 햇살이 사람들의 가슴 속
깊은 꿈과 하늘 높은 곳에서 만났다
그러나 끝내 사람들은 불안하였다
그 긴 여름 고단한 저녁상에 놓인
한 그릇의 밥과 열무김치 앞에서 사람들은
당신의 옛 주인이 산상과 호수와 초원에서 자유롭게
희망을 나누어주던 옛 추억을 그리워하고 있었다
그해 여름 산수동 오거리에 육중하고 튼튼한 교회가 서고부터
오거리의 양떼들은 울 안의 양떼와 울 밖의 양떼로 갈라서게 되었다.
아무도 울 밖의 양떼를 양떼라 부르지 않았다. {곽재구 · 그해 여름}

사람이란 대체 묘한 존재다. 이 세상에 태어난 것이 우선 묘하고, 어디서 왔는지, 어디로 가는지, 무엇 때문에 사는지도 모르고 살아가는 것이 묘하고, 그러면서도 무엇을 생각하려고 하는 것이 묘하고, 백인백색으로 얼굴이나 성미가 다 각각 다른 것이 또한 묘하다. 모르면 약이요, 아는 게 병인데도 아는 체하는 것이 묘하고, 뛰는 놈 위에 나는 놈이 있건마는 다 뛰려고 하는 것이 묘하다. 제 앞에 죽어 가는 놈이 한없이 많은 것을 뻔히 보면서도 저만은 영생불사 할 줄 아는 멍텅구리가 곧 사람이요, 남 굶리는 게 저 굶는 거요, 남 잡이가 저 잡인 줄을 말끔히 들여다보면서도,

남 잡고 남 곯려서 저만 살찌겠다는 욕심쟁이가 곧 사람이다. 산 속에 있는 열 놈의 도둑은 곧 잡아도 제 마음 속에 있는 한 놈의 도둑은 못 잡는 것이 사람이요, 열 길 물 속은 알 수 있어도 한 길 사람의 속은 모른다더니, 십년을 같이 지내도 그런 줄을 몰랐다는 탄식을 발하게 하는 것이 사람이란 것이다. {이희승 · 묘한 존재}

이 세상에 가장 널리 퍼져 있는 미신의 하나는 인간은 제각기 일정한 성질을 가지고 있다는 것이다. 즉 선한 자, 악한 자, 영리한 자, 어리석은 자, 근면한 자, 태만한 자 등등 여러 사람이 있다는 것이다. 그러나 인간을 그렇게만 말해 버릴 수는 없는 것이다. 우리네 인간들은 나쁜 점보다 좋은 점이 많다든가, 어리석기보다 영리한 경우가 더 많다든가, 냉정하기보다는 정력적인 경우가 많다든가 또는 그 반대로 말할 수도 있는 것이다. 그러나 우리는 인간을 언제나 이렇게 구분하고 있다. 이것은 그릇된 일이라 아니할 수 없다.

인간은 강(江)과도 같은 것이다. 물은 어느 강에서든, 어디를 흘러가도 역시 같은 물이요, 강에는 빠른 것도 있고 넓은 것, 고요한 것, 찬 것, 흐린 것, 따뜻한 것도 있다. 인간은 이런 것이다. 인간은 누구나 자신 속에서 인간으로서의 온갖 성질이 나타나고 딴 경우에는 또 다른 성질이 나타나는 법이다. 그래서 같은 사람이지마는 가끔 전혀 다른 성질이 나타나곤 하는 것이다. 어떤 사람에게는 이런 경우가 몹시 심한 경우가 있다.

{톨스토이 · 부활}

신은 너로 하여금 신을 사랑하도록 만든 것이지, 신을 이해하도록 만든 것은 아니다.

{볼테르}

우리들이 가장 조금 밖에 알고 있지 않은 것, 이것만큼 굳게 믿어지는 것은 없다.

{몽테뉴}

나무 한 그루 심었습니다.
날마다 그 매출한 졸가리 옆에 가서
기쁜 마음으로 한 번씩 매만져 주면
빨간 꽃송이는 맺히리니
그것은 당신의 영혼으로 알겠습니다.
한밤 포근히 좋은 꿈꾸고 난 아침
파란 잎은 돋아나리니
그것은 당신이 준 생명으로 알겠습니다.

내 마음 깊이 뿌리 박히여
낙락히 뻗어나간 우람한 가지 끝
한가히 뒷짐 짓고 학의 둥주리를 쳐다보는 날
비와 바람과 별과 태양과
아 나는 그때사 창창한 당신의 뜻을 은혜로 알고 살겠습니다.

{박치원 · 기도}

천주여, 저로 하여금 당신의 평화를 위한 도구로 만드소서. 미움이 있는 곳에 사랑의 씨를 뿌리게 하소서. 위해 있는 곳에는 사면을, 의혹을, 비애 있는 곳에는 환희를, 오! 거룩하신 천주여. 저는 위안해 주는 만큼 위안 받기를 구하지는 않나이다. 이해하는 만큼 이해받기를 구하지 않고, 사랑하는 만큼 사랑받기를 구하지는 않나이다. 그것을 알기 때문입니다. 줌으로써 받고, 용서함으로써 용서받고, 죽음으로써 영생으로 태어난다 함을….

{ 프란시스 }

신앙이란 눈으로 보지 못한 것에 대한 믿음이 아니고 무엇이랴.

{ 아우구스티누스 }

신앙은 이성의 연장이다.

{ 아담스 }

오랜 동안은 저는 먼지에 쌓인
혼돈의 세계를 걸었습니다.
당신의 모습에서 완전히 떠나
저 하나만을 의지한 채.

가지가지의 목표에 배반되어
지금 저는 먼 타향에서 잠시 쉬고 있습니다.
추억의 향기에 싸여
지난 옛날의 손님이 되어.

그러나 세상에서 완전히 쫓겨난

이렇게 서러운 때에도
당신은 그 자리에 서 계시며, 저에게
잃어버린 천국의 소식을 전합니다.

제가 신을 잊어버린 것을
당신은 벌써 용서하셨습니다.
필경에는 캄캄한 골짜기에서
저는 당신께로 돌아갑니다.

{헤르만 헤세 · 사모곡}

아무것도 신지 않고
가만가만 흐르는 새벽 물소리에
눈이 떠졌습니다
불을 밝히고
물소리 바람소리 밖에 나가
하늘을 보며
새벽별을 보았습니다
첫닭이 울었습니다
이 누더기처럼 부끄러운 짐을 다 벗고
시를 쓰고 싶었습니다
사람만이 갈 수 있는 가장 정직한 길
아름다운 지구의 길을 갔던 오직 한 사람
이 세상 무거운 짐을 다 짊어지고도
물 위를 걸어갔던
가장 가벼운 사람 예수처럼
지구의 길을 가고 싶었습니다.

{김용택 · 새벽에}

04

시간

시간의 걸음에는 세 가지가 있다.
미래는 주저하면서 다가오고,
현재는 화살처럼 날아오고, 과거는 영원히 정지하고 있다.

며칠 전 길상사에 나갔더니 내게 온 우편물 속에 '노인교통수당 안내문'이 들어 있었다. 내용은 이렇다.

"「노인복지법」 제26조에 의거 만 65세 이상의 노인에게는 일정액의 교통수당을 정기적으로 지급하고 있습니다. 귀하도 주민등록상 만 65세가 되어 교통수당 지급 대상자임을 알려드리오니, 아래 기간 중에 교통수당 지급신청서를 제출하여 주시기 바랍니다."

서울특별시 성북구 성북2동장 명의로 된 이 안내문을 펼쳐보고 나는 기분이 아주 미묘했다. 성북2동은 연락상 편리해서 옮겨놓은 길상사의 내 주소지다. 평소 나이를 의심하지 않고 지내다가 이런 안내문을 받아 볼 때면 나는 새삼스레 움찔 놀란다. 어느덧 세월의 뒷모습이 저만치 빠져나간 것이다. 문득 영국의 극작가 버나드 쇼의 묘비명이 떠올랐다.

"우물쭈물하다가 내 이럴 줄 알았다."

자신의 묘비명에 남기고 싶은 말도 많았을 텐데, 그는 덧없는 인간사를 이렇듯 솔직하게 털어놓은 것이다. 그 어떤 남기는 말보다도 진솔하고 울림이 크다. 누구나 삶의 종점에 이르면 허세를 벗어버리고 알몸을 드러내듯 솔직해 질 것이다. 하루하루, 순간순간을 우물쭈물하면서 세월을 헛되이 보내고 있는 우리들에게 경종을 울려주는 묘비명이다. **법정**

진실은 웅변과 미덕의 비결이다. 도덕적 권위의 기초이고, 예술과 인생의 정점이다. **앙리 프레데릭 아미엘**

인생에는 두 가지 비극이 있다. 하나는 가슴이 원하는 것을 성취하지 못하는 것이다. 다른 하나는 가슴이 원하는 것을 성취하는 것이다.

조지 버나드 쇼

젊음은 반드시 칭송되는 것만큼 좋은 것은 아니다. 〈라와나 블랙웰〉

스포츠는 과거의 혼돈에 질서를 부여한다. 〈앤소니 스타〉

많은 인생의 실패자들은 포기할 때 자신이 성공에서 얼마나 가까이 있었는지 모른다. 〈토마스 에디슨〉

시간은 모든 권세를 침식, 정복합니다. 시간은 신중히 기회를 노리고 있다가 포착하는 자의 벗이며 때가 아닌데, 조급히 서두는 자에게는 최대의 적이다. 〈플루타크〉

원래 과거, 현재, 미래의 세 가지 시간이 있다고 하는 것은 타당치 못하다. 더욱 정확하게 말한다면 과거의 것의 현재, 현재의 것의 현재, 미래의 것의 현재라는 세 가지 시간이 있다고 보아야 한다.
그 이유는 우리 정신에는 이 세 가지가 존재하며, 다른 어떤 곳에서도 나는 그것을 보지 못하는 까닭이다. 과거의 것의 현재는 기억이며, 현재의 것의 현재는 직관이며, 미래의 것의 현재는 예기인 것이다. 〈아우구스티누스〉

일월, 마음 깊은 곳에 머무는 달
이월, 삼나무에 꽃바람 부는 달
삼월, 암소가 송아지 낳는 달
사월, 머리맡에 씨앗을 두고 자는 달
오월, 오래 전에 죽은 자를 생각하는 달
유월, 옥수수 수염이 나는 달
칠월, 천막 안에 앉아 있을 수 없는 달
팔월, 옥수수가 은빛 물결을 이루는 달
구월, 작은 밤나무의 달
시월, 양식을 갈무리하는 달
십일월, 물이 나뭇잎으로 검어지는 달
십이월, 무소유의 달

{ 인디언의 달력 }

이렇게 생각하고 살라. 즉 그대는 지금이라도 곧 인생을 하직하지 않으면 안 되는 것이라고 이렇게 생각하고 살라. 즉 당신에게 남겨져 있는 시간은 생각지 않은 선물이라고.

{ 아우렐리우스 }

모란이 피기까지는
나는 아직 나의 봄을 기다리고 있을 테요
모란이 뚝뚝 떨어져 버린 날
나는 비로소 봄을 여읜 설움에 잠길 테요
오월 어느 날 그 하루 무덥던 날

떨어져 누운 꽃잎마저 시들어 버리고는
천지에 모란은 자취도 없어지고
뻗쳐오르던 내 보람 서운하게 무너졌느니
모란이 지고 말면 그뿐 내 한 해는 다가고 말아
삼백예순날 하냥 섭섭해 우옵내다
모란이 피기까지는
나는 아직 기다리고 있을테요 찬란한 슬픔의 봄을.

{김영랑 · 모란이 피기까지는}

잠결에 빗소리가 들리자
나는 눈을 떴다
빗소리가 피부로 느껴진다
그 소리가 밤을 채우고 있다
젖고 차가운 무수한 소리로
속삭이고, 웃고, 신음하면서
흐르는 듯 부드러운 고즈넉한 소리에
나는 하염없이 귀를 귀울인다

무섭도록 내리쪼인 나날의
견고하고 메마른 소리 뒤에
얼마나 정답고 행복에 설레이며
비는 부드럽게 내리는가

아무리 무정한 척 해보아도
사랑스런 가슴 속에서 솟아나듯이

언젠가 흐느껴 울던 기쁨이
눈물의 정다운 샘물이
흐르고 하소연하며 온갖 구속을 풀어 주고
말 못하던 것을 말하게 해주고
새로운 행복과 괴로움에
길을 열어주고 마음을 넓혀준다.

{헤르만 헤세 · 밤비}

어두운 방 안엔
바알간 숯불이 피고

외로이 늙으신 할머니가
애처로이 잦아드는 어린 목숨을 지키고 계시었다

이윽고 눈 속을
아버지가 약을 가지고 돌아오시었다

아, 아버지가 눈을 헤치고 따 오신
그 붉은 산수유 열매—.

나는 한 마리 어린 짐승
젊은 아버지의 서느런 옷자락에
열(熱)로 상기한 볼을 말없이 부비는 것이었다
이따금 뒷문을 눈이 치고 있었다
그 날 밤이 어쩌면 성탄제의 밤이었을지도 모른다

어느 새 나도

그때의 아버지만큼 나이를 먹었다

옛 걸이란 거의 찾아볼 길 없는
성탄제 가까운 도시에는
이제 반가운 그 옛날의 것이 내리는데

서러운 서른 살, 나의 이마에
불현듯 아버지의 서느런 옷자락을 느끼는 것은

눈 속에 따 오신 산수유 붉은 알알이
아직도 내 혈액 속에 녹아 흐르는 까닭일까. 〈김종길 · 성탄제(聖誕祭)〉

호라이(Horai Horae) 여신들은 제우스 대신과 테미스 여신(天秤)의 딸이다. 호라이의 어원(語源) '호오라'는 그리스 말로 시간의 주기 곧 연(年), 계절(季節), 시간(時間)의 뜻이다. 꽃은 싹을 트게 하고, 피게 하고 열매를 맺게 하는, 즉 탄생, 개화, 결실의 세 여신들이며 봄과 여름의 상징이 되었다. 아테네 시민들은 '꽃을 피게 하는' 탈로(Thallo), '열매를 맺게 하는' 카르포(karpo) 두 명을 숭배한다.

후에 호라이 세 여신은 자연의 질서와 사계의 진행을 맡게 되어 계절의 여신이 되고 말았다. 이들은 또 도덕질서도 관장하게 되었는데, 세 여신의 이름을 에우로미아(Euromia; 秩序), 디케(Dice; 正義) 및 에이레네(Eirene; 平和)라고 한다.

그리스의 조각이나 그림들을 보면 그녀들은 갖가지 계절의 산물, 꽃핀 나뭇가지, 밀 이삭, 포도나무, 덩굴 따위를 들고 있는 어여쁜 처녀의 모습을 하고 있다. 그녀들은 어린애, 젊은이를 몹시 좋아했다. 전설에 헤라 여신을 길러낸 것도 이들이요, 제우스 대신의 넓적다리에서 디오니소스 신이 태어난 것을 받아 낸 것도 이들이다. 〈무명씨〉

어느 날 영국의 웰링턴 공작이 고급 관리와 런던 다리 근처에서 만나기로 약속했다. 웰링턴(Willington Archur Wellesley. 1769~1852, 군인)은 미리 와서 기다리고 있었다. "5분 지각이군." 그는 시계를 보면서 매우 불쾌하게 말하였다. "그렇지만 불과 5분이니까요. 각하", "불과 5분이라고? 그 시간 때문에 우리 군대가 패배를 당했다면?" 다음 약속시간에는 그 관리가 미리 가서 기다렸다. 과연 웰링턴 공작은 뒤에 왔다. "각하, 제가 5분 먼저 왔습니다." 공작은 찡그린 얼굴로 "자네는 시간의 가치를 모르는군, 나는 정각에 왔어. 5분을 낭비하다니 아깝기 짝이 없는 일이야."
〈무명씨〉

내가 어른이 되어서도 나의 소년 시절은 언제나 여러 가지 모습으로 나에게 떠오르곤 한다. 그것은 마치 창백한 얼굴을 한 동화 속의 어린아이처럼 곱슬머리를 묶고, 어딘가 낯선 듯한 것이었다. 이러한 추억은 대개 잠 못 이루는 밤이면 찾아오는 것이었다. 처음에는 꽃향기와 노래의 음조와 더불어 오지만, 마지막에는 슬픔과 불쾌함과 죽음의 괴로움이 되거나, 또는 애무해 주는 사람의 손길에 보내는 부드러운 동경이나 기도와 눈물에 보내는 따뜻한 마음으로 변하는 것이었다. 지금도 때때로 소년시절이 나의 마음속에 떠오르면 그것은 마치 금빛 액자 속에 넣어진 음영(陰影) 짙은 그림처럼 그곳에는 유달리 울창한 밤나무며 오리나무가 무성하고, 무어라고 표현하기 어려운 아침 햇살이 비치고, 우람한 산마루가 배경을 이루고 있는 모습이 또렷이 나타나는 것이었다. 나의 생활 가운

데에서 세상일을 잊게 하는 짧은 안식이나마 나에게 주었던 모든 시간도, 전에 아름다운 산들을 올라가서 혼자 헤매었던 그 어떤 방황도, 뜻하지 않았던 작은 행복이나 또는 욕심 없는 사랑이 어제와 내일의 일들을 잊게 해주었던 어떠한 순간도 나의 어린 시절의 생활을 그린 초록빛 그림에 비하면 그 이상 고귀한 것은 없을 것 같다. 그러므로 내가 지나간 생애에서 위로 받았고, 최고의 기쁨으로서 사랑하고 바라왔던 그 어떤 것과 비교해 보아도, 다시 말해서 타향 마을을 돌아다니고 별을 헤아린다든가 푸른 나무그늘 아래 드러눕든가, 나무와 구름과 아이들과 함께 이야기를 주고받은 모든 것과 비교해서도 똑같은 말을 할 수가 있다.

{헤세 · 나의 소년 시절}

벤자민 플랭크린이 경영하는 서점에 한 손님이 와서 책을 들고 물었다. "이 책 얼마요?" "1달러입니다." "조금 싸게 안 될까요?" "그러면 1달러 15센트 주십시오." 손님은 플랭크린이 잘못 알아들은 줄 알고 "아니 깎자는데 더 달래?" 하고 말하자, 그는 "1달러 50센트만 냅쇼."라고 하였다. 손님은 기가 막혀 "아니 이건 점점 더 비싸져 가나?" 하고 화를 내자, 플랭클린은 "아, 시간은 돈보다 더 귀한 것인데, 손님께서 시간을 소비시켰으니 책값에 시간비를 가산해야 할 게 아닙니까?" {무명씨}

자신의 부족한 점을 더 많이 부끄러워할 줄 아는 이는 더 존경 받을 가치가 있는 사람이다. {조지 버나드 쇼}

나는 맥주병 그리고 거울과 사랑에 빠졌을 뿐이다. {시드 비셔스}

한 마을에 삼 형제가 살고 있었습니다. 어느 날 거지가 찾아와 빵 몇 조각을 구걸했습니다. 큰형은 거지를 피하고 싶었으나 인색함을 보이기 싫었습니다.

"내일 오십시오."

거지가 돌아가자 가장 어린 막내가 집 밖으로 뛰어나갔습니다.

"어디 가는 거냐?"

"그 거지를 찾아가려구요. 형님은 언제나 시간이 오는 것이라지만 저는 그렇게 생각하지 않습니다."

큰 형은 동생의 말에 어떤 깨달음을 얻게 되었습니다.

"어떻게 내일이라 말할 수 있는가? 내일이면 내가 여기 없을 지도 모르고 거지 또한 내일은 오지 않을 수도 있지 않은가."

큰형도 거지에게 빵을 주기 위해 막내를 따라갔습니다. 오늘 우리 앞에 주어진 시간과 내일은 전혀 다른 시간입니다. 흘러가는 시간은 바람과 같아서 다시 움켜쥘 수 없습니다. 이미 가버린 시간은 잡을 수 있을 것 같지만, 손으로 물을 잡을 수 없는 것처럼 이내 내 손에서 빠져나가 버립니다. 오늘의 시간을 앞에 두고 내일 할 것이라 미루는 어리석음은 없어야 합니다. 지금 자기 앞에 놓인 길을 최선을 다해 걸어가는 것만이 우리 삶을 성공적으로 이끄는 비결입니다. 지금보다 더 눈부신 시간은 없습니다. 지금보다 더 화려한 시절은 없습니다. 오늘 일을 내일로 미루는 '내일병' 환자에게 지금 일을 다음으로 미루는 '다음병' 환자에게 세상은 절대 귀하고 값진 것을 주지 않는 법입니다.

무명씨

05

자연 · 섭리

자연은 결코 우리를 속이지 않는다.
우리를 속이는 것은 언제나 우리 자신이다.

숲은 신의 최초의 신전이었다. ⦃W.C. 브라이언트⦄

자연과 시간과 인내라는 이 세 가지가 가장 위대한 의사이다. ⦃H. 본⦄

네가 아무리 자연의 문을 세게 두드려도, 자연은 너에게 알아들을 수 있는 말로 대답해 주지는 않을 것이다. ⦃투르게네프⦄

자연은 신의 살아 있는 옷이다. ⦃카알라일⦄

내가 숲 속으로 들어간 것은 인생을 내 식대로 살아보기 위해서였다. 즉 삶의 본질적인 문제에 직면하여 인생이 가르치고자 한 것을 내가 배울 수 있는지 알아보고자 해서였다. 그리하여 마침내 죽음에 이르렀을 때 내가 헛된 삶을 살았구나 하고 후회하는 일이 없도록 하기 위해서였다. ⦃소로우⦄

자연은 부단히 건설하고 부단히 파괴한다. 자연의 공장에는 당하지 못한다. ⦃괴테⦄

나는 나무를 좋아한다. 나무는 다른 많은 것들이 그러한 것처럼 더 자기의 살아갈 길을 참고 살아가는 것처럼 보이기 때문이다. ⦃윌러 캐더⦄

자연은 인류가 일하는 것을 멈추면 굶어죽는다는 냉혹한 명령을 내리고 있다. {G.B. 쇼}

자연은 결코 우리를 속이지 않는다. 우리를 속이는 것은 언제나 우리 자신이다. {루소}

씨앗 몇 개만 뿌리고도 트럭 한 대분의 호박을 얻을 수 있다. 이처럼 자연의 경이로움은 우리가 내준 것보다 훨씬 많이 돌려 주는 저 관대함이다. 다만 열매를 얻으려면 우선 밖으로 나가 땅을 파야 한다.

{앤드류 매튜스}

마음의 본체는 곧 하늘의 본체이다. 그러므로 기쁨의 한 생각은 빛나는 상서로운 구름이요, 분노의 한 생각은 진동하는 우뢰 사나운 비요, 인자한 한 생각은 따뜻한 바람 단 이슬이요, 엄격한 한 생각은 뜨거운 여름 햇볕 가을의 찬 서리이니, 어느 것인들 없을 수 있겠는가! 다만, 일어났다가는 사라져 텅 비어 막힘이 없어야 하거니와 이것이 곧 한없이 넓은 하늘과 한 몸이 되는 길이니라. {채근담}

누구를 위해 우주는 창조되었다고 말할 것인가? 정녕 이성을 사용하는 생령(生靈)들을 위해서이다. 그것은 확실히 제존재(諸存在)들 중의 가장 완전한 존재인 제신(諸神)들과 인간들이다. {시세로}

이 무한한 우주의 영원한 침묵은 나를 전율케 한다. ⊰파스칼⊱

우선은 자연에 복종하라. 그리고 그 다음에는 자연을 정복하라. ⊰베이컨⊱

성적으로 말하면, 여자는 자연이 최고의 완성을 보전키 위해 연구한 것이고, 남자는 자연의 명령을 가장 경제적으로 끝내기 위하여 여자가 연구한 것이다. ⊰쇼오⊱

이 가을에 나는 새삼 봄을 기다린다. 봄을 기다리는 마음은 녹음을 기다리는 마음이며, 녹음을 기다리는 마음은 새싹을 기다리는 마음이다.
한국의 가을과 겨울산은 쓸쓸하다. 나뭇잎을 다 털고 죽은 듯 앙상하게 서 있는 낙엽수들로 덮여 있기 때문이다. 이제 그런 가을과 겨울이 오고 있다.
나는 포항공대에 와서 두 번째 봄을 보내고 가을을 맞고 있다. 이곳 주변엔 산이 많아 좋다. 형산강을 내려다보는 언덕 위에 깨끗한 건물들로 산뜻하게 꾸며진 이 대학 캠퍼스에서 둘러보는 전망은 어느 휴양지 못지않게 좋다. 퍽 공들여 조경한 캠퍼스를 틈틈이 거니는 즐거움이 흡족스럽다.
나는 왜 이렇게도 남달린 초조하게 이곳 캠퍼스의 봄을 기다리는가. 지난봄이 오기 전에는 더 그랬다. 그리고 그때, 모든 게 얼어붙은 듯 하던 동토에서 수선화와 개나리가 꽃봉오리를 틔우던 모습, 그 깊은 감동을 나는 잊을 수가 없다. 그래서 이 가을, 일찌감치 봄을 기다리는 절실한 마음은 더욱 조바심이 난다.
상록수가 아닌 낙엽수들의 생사는 새싹을 내밀 때까지 그냥 봐선 알 수가 없다. 겨울 동안 잎 하나 없이 뼈대만 남은 채 서 있던 나무들이 혹시 죽었으면 어쩌나 하는 불안은 새싹이 나올 때까지 완전히 가시지 않는다. 추위를 견디지 못하거나 몹쓸 병으로 죽는 나무가 있을 수 있기 때문이다. 풀이나 나무에서 새싹이 나는 시기는 그 종류에 따라 가지 각색이다. 수선화나 개나리 같은 건 꽃이 빠르게 피는가 하면 느티나무와 팽나무의 싹은 늦게야 튼다. 그렇지만 사월이 가기 전에 모든 나무는 새싹을 틔운다. 그리고 오월이면 모두가 꽃을 피우고 무성할 만큼의 잎으로 덮인다. 그러나 봄을 기다리는 내 초조함과 불안은 완전히 사라지지 않는다. 나중에 목백일홍과 낙우송이라고 정원사가 일러주었지만, 이름을 몰랐던 나무에서는 그때까지도 잎도 꽃도 보이지 않았기 때문이다. 나는 작은 가지 하나를 꺾어보았다. 메마르지 않았으니 아직 희망은 있다. 다음날 손톱으로 껍질을 긁어보았다. 연한 연둣빛이 손톱 밑으로 배어난다. 나무가 살아 있다는 증거다. 마음이 놓인다. 그래도 너무 늦기는 마찬가지다. 며칠이 지난 뒤 백일홍에 튼 싹을 보고 나는 조용히 환호를 질렀다. 그리고 또 며칠 뒤에 낙우송의 작은 가지에서 마침내 색실 같은 푸른 잎을 확인했다. 지난 봄, 나의 불안은 그제서야 비로소 완전히 가셨다.
이 가을이 가고 또 겨울이 지나면 모든 나무가 계절의 시련을 이기고 죽지 않고 살아 있음을 내게 확인시켜줄 새봄이 다시 올 것이리라.

{박이문 · 가을에 생각하는 봄, 그 생명}

산은 여인의 몸매나 얼굴과도 같아 가장 아름답게 보이는 각도와 거리와 고도가 있다.

{강봉식}

새는 인간이 지니고 있지 못한 명예를 사랑한다. 인간은 그가 만들어 놓은 법과 전통의 함정들 속에서 살아가지만 새들은 지구로 하여금 태양의 주위를 돌게끔 만든 신의 자연법에 따라서 살아간다. 《칼릴 지브란》

자연과 책의 주인은 그것을 보는 사람이다. 《R.W. 에머슨》

자연에는 보수도 형벌도 없고 결과가 있을 뿐이다. 《로버트 그린 잉거솔》

자연은 모든 규칙에 예외를 두고 있다. 《S.M. 풀러》

자연처럼 매일 새롭게 살아라. 자연의 가장 큰 교훈은 바로 이것이다. 훌륭한 예술가에게는 모든 자연이 아름답다. 그의 눈동자는 모든 외면의 진실을 대담하게 받아들여 마치 책을 펼쳐서 읽듯이 자연에서 온갖 내면적인 진실을 읽어낸다. 《로댕》

자연계에서 등을 돌리는 것은 결국 우리 행복에서 등을 돌리는 것과 같다. 《사무엘 존슨》

자연에는 비약(飛躍)이 없다. 《다윈》

보라! 천지는 조용한 기운에 차 있다. 그러나 반면에 모든 것이 쉬지 않고 움직이고 있다. 해와 달은 주야로 바뀌면서, 그 빛은 천년만년 변함이 없다. 조용함 가운데 움직임이 있고, 움직임 속에 적막이 있다. 이것이 우주의 모습이다. 사람도 한가하다고 가만히 있어서는 안 되며, 한가한 때일수록 장차 급한 일에 대한 준비를 하여 두는 것이 좋다. 그리고 아무리 분주할 때라도 여유 있는 일면을 지니고 있음이 필요하다. 〈채근담〉

나는 매화를 볼 때마다 항상 말할 수 없이 놀라운 감정에 붙들리고야 마는 것을 어찌할 수 없으니, 왜냐하면, 첫째로 그것은 추위를 타지 않고 구태여 한풍을 택해서 피기 때문이요, 둘째로 그것은 그림으로써 초지상적인, 비현세적인 인상을 내 마음 속에 던져 주기 때문이다.

가령, 우리가 혹은 눈 가운데 완전히 동화된 매화를 보고, 혹은 찬달 아래 처연히 조응된 매화를 보게 될 때 우리는 과연 매화가 사군자의 필두로 꼽히는 이유를 잘 알 수 있겠지만, 적설과 한월을 대비적 배경으로 삼은 다음에라야만 고요히 피는 이 꽃의 한없이 장엄하고 숭고한 기세에는, 친화한 동감이라기보다는 일종의 굴복감을 우리는 품지 않을 수 없는 것이니, 매화는 확실히 춘풍이 태탕한 계절에 난만히 피는 농염한 백화와는 달라, 현세적인, 향락적인 꽃이 아님은 물론이요, 이 꽃이야말로 이 세상에서 우리가 찾을 수 있는 가장 초고하고 견개한 꽃이 아니면 안 될 것이다.

모든 것이 얼어붙어서 찬 돌같이 딱딱한 엄동, 모든 풀, 온갖 나무가 모조리 눈을 굳이 감고 추위에 몸을 떨고 있을 즈음, 어떠한 자도 꽃을 찾을 리 없고 생동을 요구할 바 없을 이때에 이 살을 저미는 듯한 한기를 한기로 여기지 않고 쉽사리 피는 매화, 이는 실로 한때를 앞서서 모든 신산을 신산으로 여기지 않는 선구자의 영혼에서 피어오르는 꽃이랄까? 그 꽃이 청초하고 가향이 넘칠 뿐 아니라, 기품과 아취가 비할 곳 없는 선구자적 성격과 상통하거니와, 그 인내와 그 패기와 그 신산에서 결과된 매실은 선구자로서의 고충을 흠뻑 상징함이겠고, 말할 수 없이 신산한 맛을 극하고 있는 것마저 선구자다와 재미있다.
매화가 조춘 만화의 괴로서 엄한을 두려워하지 않고 발화하는 것은, 그 수성 자체가 비할 수 없이 강인한 것을 말하는 것으로, 이 동양 고유의 수종의 그 가지를 풍부하게 뻗치고 번무하는 상태를 보더라도 이 나무가 다른 과수에 비해서 얼마나 왕성한 식물인가 하는 것을 알 수 있거니와, 그러므로 또한 매실이 그 독특한 산미와 특종의 성분을 가지고 고래로 귀중한 의약의 자(資)가 되어 효험이 현저한 것도 마땅한 일이라 할 밖에 없다. 여하 간에 나는 매화만큼 동양적인 인상을 주는 꽃을 달리 알지 못한다. 특히 영춘 관상용으로 재배되는 분매에는 담담한 가운데 창연한 고전미가 보이는 것이 말할 수 없이 청고해서 좋다 **{김진섭 · 매화찬}**

풀잎은
퍽도 아름다운 이름을 가졌어요
우리가 '풀잎' 하고 그를 부를 때는
우리들의 입 속에서는 푸른 휘파람 소리가 나거든요

바람이 부는 날의 풀잎들은
왜 저리 몸을 흔들까요
소나기가 오는 날의 풀잎들은
왜 저리 또 몸을 통통거릴까요

그러나 풀잎은
퍽도 아름다운 이름을 가졌어요

우리가 '풀잎', '풀잎'하고 자꾸 부르면
우리의 몸과 맘도 어느덧
푸른 풀잎이 돼 버리거든요.

{박성룡 · 풀잎}

순이 벌레 우는 고풍(高風)한 뜰에
달빛이 밀물처럼 밀려 왔구나

달은 나의 뜰에 고요히 앉아 있다
달은 과일보다 향그럽다

동해바다 물처럼
푸른
가을
밤
포도는 달빛이 스며 고웁다
포도는 달빛을 머금고 익는다

순이 포도덩쿨 밑에 어린 잎새들이
달빛에 젖어 호젓하구나.

{장만영 · 달 · 포도 · 잎사귀}

산아, 우뚝 솟은 푸른 산아, 철철철 흐르듯 짙푸른 산아, 숱한 나무들 무성히 무성히 우거진 산마루에 금빛 기름진 햇살은 내려오고, 둥둥 산을 넘어 흰구름 건넌 자리 씻기는 하늘, 사슴도 안 오고, 바람도 안 불고, 너멋골 골짜기서 울어오는 뻐꾸기…….

산아, 푸른 산아, 네 가슴 향기로운 풀밭에 엎드리면, 나는 가슴이 울어라. 흐르는 골짜기 스며드는 물소리에 내사 줄줄줄 가슴이 울어라. 아득히 가버린 것 잊어버린 하늘과 아른아른 오지 않는 보고 싶은 하늘에 어쩌면 만나도질 볼이 고운 사람이 난 혼자 그리워라. 가슴으로 그리워라. 티끌 부는 세상에도, 벌레 같은 세상에도, 눈 맑은 가슴 맑은 보고지운 나의 사람, 달밤이나 새벽녘, 홀로 서서 눈물 어린 볼이 고운 나의 사람, 달 가고 밤 가고 눈물도 가고 티어올 밝은 하늘 빛난 아침 이르면, 향기로운 이슬밭 푸른 언덕을 총총총 달려도 와 줄 볼이 고운 나의 사람. 푸른 산 한 나절 구름은 가고, 골 너머 뻐꾸기는 우는데, 눈에 어려 흘러가는 물결 같은 사람 속, 아우성쳐 흘러가는 물결 같은 사람 속, 아우성쳐 흘러가는 물결 같은 사람 속에 난 그리노라. 너만 그리노라. 혼자서 철도 없이 난 너만 그리노라. {박두진 · 청산도(靑山道)}

자연계에서 멀어져 가는 일없이 자연이 우리에게 보여주는 법칙과 본보기에 따라 우리의 행동방침을 정해 나간다면, 우리는 참된 지혜를 터득할 수 있을 것이다. {세네카}

자연은 사원(寺院)이 아니고 한갓 커다란 공장이다. 그리고 인간은 거기서 일하는 노동자이다. {투르게네프}

자연은 그것을 사랑하는 사람을 배반하는 일이 없다. {워즈워드}

자연의 도(道)는 말로써 표현할 수 없고 자연의 덕(德)은 인위적인 노력으로 이룰 수 없다. 〈장자〉

자연은 신의 묵시(默示)이며, 예술은 인간의 묵시이다. 〈H.W. 롱펠로우〉

자연의 자태만 보아도 그것은 하나의 즐거움이다. 〈R.W. 에머슨〉

자연은 신의 예술품이다. 〈단테〉

자연은 자연을 사랑한 마음을 결코 저버리지 않는다. 우리의 일생 전체를 통해서 즐거움에서 즐거움으로 인도해 주는 것은 자연의 특권이다. 〈윌리엄 워즈워스〉

자연은 언제나 완전하다. 결코 잘못을 저지르지 않는다. 우리의 입장, 우리의 눈에서 잘못이 있는 것이다. 〈로댕〉

자연은 친절한 안내자이다. 현명하고 공정하며 상냥하다. 〈몽테뉴〉

자연은 하느님의 작품이요, 예술은 사람의 작품이다. 〈롱펠로우〉

자연은 살아있는 한 권의 책이다. 불가해(不可解)하면서도 뚜렷하고 명백하다. {괴테}

머리가 빠지고 이가 성거지는 것은 거짓 형체의 변천에 맡기고, 새가 노래하고 꽃이 피거든 자연의 본성의 변함없는 진리가 있음을 깨달을 지니라. {채근담}

나는 나무를 좋아한다. 나무는 다른 많은 것들이 그러한 것처럼 자기의 살아갈 길을 참고 살아가는 것처럼 보이기 때문이다. {윌러 캐더}

물오리의 다리는 다른 새에 비해 짧으나 이것이 짧다고 해서 길게 해 주면 물오리는 걱정할 것이다. 학의 다리는 비록 길지만 이것을 잘라서 짧게 해 주면 학은 반듯이 슬퍼할 것이다. 어느 것이나 자연에 반하기 때문이다. 사람의 일도 이와 같아서 제각기 타고난 본성이 있는데, 이것을 다른 사람이 이래라 저래라 하고 지시한다면 본인에게는 귀찮은 일이 될 것이다. {장자}

모든 소리가 고요해진 가운데 홀연히 한 마리 새소리를 들으면 문득 그윽한 취미를 불러일으키고 모든 초목이 시들어진 다음에 한 가지 빼어난 꽃을 보면 모든 무한한 삶의 기운이 움직임을 아노니, 이로써 사람의 본성은 항상 메마르지 않고, 기동하는 정신은 사물에 부딪치어 가장 잘 나타남을 일지니라. {채근담}

굼벵이는 몹시 더럽건만 변하여 매미가 되어 가을바람에 맑은 이슬을 마시고, 썩은 풀은 빛이 없건만 변하여 반딧불이 되어 여름 달밤에 아름다운 광채를 낸다. 진실로 알겠도다. 깨끗함은 항상 더러움으로부터 생겨나고, 밝음은 항상 어둠으로부터 생겨남을. {채근담}

아득한 나라 바닷가에 아이들이 모였습니다
가없은 하늘 그림같이 고요한데
물결은 쉴 새 없이 남실거립니다.
아득한 나라 바닷가에
소리치며 뛰뛰며 아이들이 모였습니다.

모래성 쌓는 아이
조개껍데기 줍는 아이
마른 나뭇잎으로 배를 접어
웃으면서 한바다로 보내는 아이
모두 바닷가에서 재미나게 놉니다.

그들은 모릅니다
헤엄칠 줄도, 고기잡이할 줄도
진주를 캐는 이는 진주 캐러 물로 들고
상인들은 돛 벌려 오가는데

아이들은 조약돌은 모으고 또 던집니다
그들은 남모르는 보물도 바라잖고
그들 던져 고기잡이 할 줄도 모릅니다

바다는 깔깔거리고 소스라쳐 바서지고
기슭은 흰 이를 드러내어 웃습니다

사람과 배 송두리째 삼키는 파도도
아가 달래는 엄마처럼
예쁜 노래를 불러 들려 줍니다
바다는 아이들과 재미나게 놉니다
기슭은 흰 이를 드러내며 웃습니다
아득한 나라 바닷가에 아이들이 모였습니다
길 없는 하늘에 바람이 일고
흔적 없는 물 위에 배는 엎어져
죽음이 배 위에 있고 아이들은 놉니다
아득한 나라 바닷가는 아이들의 큰 놀이텁니다. {타고르 · 바닷가에}

물은 생명이다. 물은 모든 생물체를 구성하는 핵심 요소가 된다. 사람과 더불어 모든 동물들은 체내의 수분이 어느 한계 이하로 빠지면 목숨을 잃는다. 화분의 꽃이나 나무들도 물을 안주면 며칠 못가서 말라죽고 만다. 이처럼 물은 생명체의 원소이면서 그 생명을 유지 내지 보존하는 데도 절대 필요한 요소가 된다. 즉 생명 유지 보존의 절대적 필수적 요소는 햇빛이나 자양분이 아니라 물인 것을 알 수 있다. 햇빛이나 자양분 없이 몇 달을 버티어도 물 없이는 생물들이 한 달을 견뎌내지 못한다. 지상 모든 물체의 변화, 부식 부패도 습기 곧 물과 함께 일어난다. 그것이 곧 생명의 작용인 것이다.
물은 겸손이다. 넓은 마당에 물 한 바가지를 부어 보자. 물은 낮은 데로 낮은 데로 흘러 맨 낮은 곳으로 가서 멈춘다. 거기가 자기가 처해야 할 자리임을 아는 것이다. 모든 물은 골짜기에서 강으로 모이어 바다로 간다. 그 과정에서 수없는 고난의 과정을 겪는다. 바위와 뭍과 언덕에 수없이 부딪치면서도 용하게 잘 피해 끝내 안주할 가장 낮은 자리 바다까지 찾아가는 것이 물의 속성이요 물의 생리다. 맨 낮은 자기 자리를 찾을 때까지는 남의 자리를 곁눈질하는 법도 없고 부러워하여 머뭇거리는 일도 없다. 또 아무리 그 길이 험난해도 인내할 뿐 물이 심통을 부리거나 반항하여 거꾸로 흐르는 것을 우리는 본 일이 없다.

물에서 지상 최대의 겸손을 본다. 잔칫집에 초청되어 가거든 맨 낮은 자리에 앉으라고 했다. 나중에 주인이 자리를 정리할 때 윗자리에서 아래로 내려가는 것보다 낮은 데서 윗자리로 옮겨지는 것이 훨씬 좋다고 예수님도 교훈하신다. 아름다운 미녀가 의외로 교양이 없을 때 우리를 슬프게 하듯, 배우고도 거만한 인간을 볼 때 우리를 한없이 슬프게 한다.

물은 순종이다. 이 세상의 모든 물체는 각기 자기의 형체를 가지고 존재한다. 동식물뿐 아니라 바위나 흙덩이도 모양을 갖추어 존재한다. 그러나 물은 자기의 형체를 가지는 법이 없다. 물은 담은 그릇의 방원(方圓)을 따를 뿐이다. 세숫대야에 담으면 세숫대야 모양의 물이 되고, 맥주병에 담으면 물은 병 모양으로 존재하는 것이다. 이것은 자기의 태조차 갖지 않는 절대 순응의 미덕을 말해 줌이다. 아예 자기주장뿐 아니라 자기 존재마저 의식하지 않는 무상무념의 경지인 것이다.

불교의 수도 과정은 '모든 것을 버리라'에서부터 시작한다고 한다. 일체 소유라는 것을 버리라. 아무 것도 갖지 말고 아무런 꿈도 욕망도 다 버리라. 물이 자기 형체를 갖지 않는 것은 바로 이런 경지가 아닐까. 어디가나 나를 내세우지 말고 그 환경과 분위기에 물 흐르듯 자연스럽게 조화를 이루고, 있는 듯 없는 듯한 존재로 겸손히 살아가는 것이다.

물은 희생이다. 오늘날 문명의 척도를 측정하는 기준은 여러 가지가 있겠으나 그 중의 하나로 1인당 물의 소비량으로 따진다. 즉 물을 많이 쓸

수록 문명국이 된다. 그만큼 청결하고 위생적으로 생활한다는 뜻이다. 목욕이나 샤워를 아침저녁으로 하고 물청소로 수시로 닦고 씻어내고 한다. 물이 가는 곳마다 얼마나 깨끗해지는가? 자기희생으로 항상 남 좋은 일만을 하는 것이 물의 속성이다. 수돗물이 24시간만 끊어져도 우리네의 화장실과 주방과 욕탕은 엉망이 되고 만다. 물은 온갖 더러운 것, 냄새나는 것들을 씻어주고 빨아주고 가져간다. 비가 온 뒤의 거리는 얼마나 신선하고 깨끗하며 나무들은 또 얼마나 신선하고 수려한가? 한 잔의 차를 위하여 주전자의 물이 끓고 있을 때, 내가 들어갈 목욕탕물이 알맞게 데워졌을 때, 우리는 새삼 삶의 기쁨과 행복감을 맛보게 되는 것이다. 물은 오직 희생이며 철저하게 남을 위해서 존재한다.

물은 화합이다. 강원도와 경기도 동북간 산악 지대에 내린 빗방울은 골짜기와 냇가로 가서 팔당 저수지로 모이면 담수바다가 된다. 그래서는 서울 시민의 젖줄도 되고, 서울 명동이나 신사 네거리를 밝히는 발전소의 원동력도 된다. 빗방울 하나하나가 모여서 일천만 서울 시민의 생명과 삶을 좌우하는 무서운 위력을 발휘하게 되는 것이다. 또한 한강물은 하류에서 북한에서 흘러온 임진강과 합치고, 서해 바다로 가서는 대동강, 압록강물과도 형제처럼 쉽게 하나를 이루었다가 중국에서 흘러온 황하와 양자강의 물과도 악수하여 곧 한바다 물이 되고 만다. 바닷물이 어디 지방색을 나타내고 국경의 층을 짓는가? 태평양과 대서양의 물이 하나되어 지구촌을 온통 흘러흘러 유전하는 것이다. 이 얼마나 놀라운 통일이며 화합이며 일체감인가? 손바닥만한 지구 덩어리에 180여 개의 국경을 그어 놓고 네 것 내 것 아귀다툼하는 인간 세계를 저 물이 보면서 얼마나 가소롭다고 웃겠는가? 화합 · 통일 · 조화를 우리는 저 물에서 배워야 한다.

〈이규남 · 물에서 배운다〉

06

신념

생은 타인의 의지에 달려 있으며,
죽음은 우리의 의지에 달려 있다.

'꿈이 실현될 때까지'라는 글을 읽고 잠시 생각에 빠졌다. 많은 사람들이 신념을 가지고 일을 하거나, 자신의 꿈에 도전한다. 글의 내용대로라면 모든 사람들이 자신의 꿈을 이루어 나가야 한다. 하지만, 현실은 그렇지 않다. 대부분의 사람들이 어떤 일을 하고자 할 때, 자신 반 두려움 반이다. 그리고 그 일을 해가면서도 마찬가지이며, 실패를 경험하는 사례도 많다. 신념이란 믿을 신, 생각 념의 한자이다. 굳게 믿는 마음이라는 뜻이다. 영어로는 'belief' 그 뜻은 어떤 사상이나 명제, 언설 등을 적절한 것으로서 또는 진실한 것으로서 승인하고 수용하는 심적 태도라고 되어 있다. 사전적 뜻이야 어찌 되었건 우리는 신념은 해내고자 하는 마음가짐, 굽히지 않는 마음으로 다들 알고 있을 것이다. 이렇게 강한 의지가 담겨져 있는데 실패를 경험하게 되는 것은 무엇일까? 그것은 신념이란 의지와 지혜를 바탕으로 형성되는 것이기 때문이다. 지혜는 과거의 어떠한 경험 또는 지식을 통하여 자아가 이루어 내는 체계이다. 이 지혜는 의지를 더욱 강하게 붙들어 주는 역할을 한다. 목표에 의지를 더하고 목표와 관련한 자신의 지식과 경험이 얼마나 많은가에 따라 목표로 접근하는 지혜의 차이가 생기는 것이다.

따라서 신념은 의지만으로 이루어지는 것이 아니라 지혜를 함께 동반해야 한다는 것이다. '성공학'의 창시자라 불리우는 나폴레온 힐의 책에서는 이 부분은 바로 '소망'과 '명확한 목표'라는 단어로 표현되고 있다. 여하튼 우리는 언제나 도전하고 꿈을 향해 달려간다. 그것을 이루기 위해 단순히 '난 할 수 있어'라는 '기대적 기대심리'가 아닌 '정당한 기대심리'가 될 수 있도록 지식과 경험을 철저히 자기 것으로 준비해 가야 할 것이다.

{ 무명씨 }

자유 의지는 도적의 손이 미칠 수 없는 재보다. { 에픽테토스 }

인생에 있어서 가장 큰 고난은 우리가 얻고자 노력하지 않는 데에 있다. 그대의 희망을 가로막는 장애물이 큰 것이 아니다. 그대의 희망을 실현해 보려는 의지력이 약한 것이다. 약한 의지력! 이것이 가장 큰 장애물이다. 참을성을 그대의 의복으로 알라! 의복을 벗고 다니면 남이 흉을 볼 것이다. 참을성이 많으면 욕된 일을 막아 내리라! 신념을 그대의 밥으로 알라! 배고픈 것보다 신념을 잃었을 때의 인간이 가장 불쌍하다. 실패하고 낙오하는 사람들을 보면 대개 참을성이 부족하거나 그렇지 않으면 종시 일관할 신념을 갖지 못하고 이리저리 흔들렸던 것이다. {한기러기}

사람에게는 두 가지의 의지가 있다. 하나는 위로 올라가는 의지이고, 하나는 아래로 내려가는 의지이다. 이 두 가지는 우리 내부에서 서로 싸우고 있다. 한편에서는 모든 향락을 쫓으라고 소리치고, 한편에서는 마음껏 향락을 즐기라고 유혹하고 있다. 오른쪽엔 숲이 있고 왼쪽에는 아름다운 새가 노래하고 있다. 그리고 아름다운 꿈과 미녀의 웃음과 휘황한 불빛이 당신의 주위를 둘러싸고 있다. 당신은 위로 향하는 의지를 쫓을 것인가, 아래로 떨어지는 의지에 몸을 맡길 것인가? 그것을 결심하는 것은 당신 자신이다. {베르그송}

내 죽으면 한 개 바위가 되리라.
아예 애련(愛憐)에 물들지 않고
희로에 움직이지 않고

비와 바람에 깎이는 대로
억 년 비정(非情)의 함묵(緘黙)에
안으로 안으로만 채찍질하여
드디어 생명도 망각하고
흐르는 구름
머언 원뢰(遠雷)
꿈꾸어도 깨뜨려져도
소리하지 않는 바위가 되리라. {유치환 · 바위}

어머님!
오늘 아침에, 차입해 주신 고의적삼을 받고서야, 제가 이곳에 와 있는 것을 집에서도 아신 줄 알았습니다. 잠시도 어머니의 곁을 떠나지 않던 막대동이의 생사를 한 달 동안이나 아득히 아실 길 없으셨으니, 그동안에 오죽이나 애를 태우셨겠습니까?
그러하오나, 저는 이곳까지 굴러 오는 동안에 꿈에도 생각지 못하던 고생을 겪었건마는, 그래도 몸성히 배포 유하게 큰집에 와서 지냅니다. 고랑을 차고 용수는 썼을망정, 난생 처음으로 자동차에다가 보호 순사를 앉히고 거들먹거리며 남산 밑에서 무악재 밑까지 내려가는 맛이란 바로 개선문으로 들어가는 듯 하였습니다.

어머님!
어머님께서는 조금도 저를 위하여 근심하지 마십시오. 지금 우리 조선에는 어머님 같으신 어머니가 몇 천 분이요, 또 몇 만 분이나 계시지 않습니까? 그리고 어머님께서도 이 땅의 이슬을 받고 자라나신, 공로 많고 소중한 따님의 한 분이시고, 저는 어머님보다도 더 크신 어머님을 위하여

한 몸을 바치려는 영광스런 이 땅의 사나이외다.

콩밥을 먹는다고 끼니때마다 눈물겨워 하지도 마십시오. 어머님이 마당에서 절구에 메주를 찧으실 때면 그 곁에서 한 주먹씩 주워 먹고 배탈이 나던, 그렇게도 삶은 콩을 좋아하던 제가 아닙니까? 한 알만 마루 위에 떨어지면 다른 사람이 먹을세라 흘끔 쳐다보고 얼른 주워 먹는 것이 버릇이 되었습니다.

어머님!

며칠 전에는 생후 처음으로 감방 속에서 죽는 사람의 임종을 보았습니다. 돌아간 사람은 먼 시골의 무슨 교를 믿는 노인이었는데, 경찰서에서 다리 하나를 못 쓰게 되어 나와서, 이곳에 온 뒤에도 밤이면 몹시 앓았습니다. 병감은 만원이라고 옮겨주지도 않고, 쇠잔한 몸에 그 독은 나날이 뼈에 사무쳐, 어제는 아침부터 신음하는 소리가 더 높았습니다. 밤은 깊어 악박골 약물터에서 단소 부는 소리도 그쳤을 때, 그는 가슴에 손을 얹고 가쁨 숨을 몰아쉬기 시작했습니다. 우리는 모두 일어나 그의 머리맡을 에워싸고 앉아서, 죽음의 그림자가 시시각각으로 덮어오는 그의 얼굴을 묵묵히 지키고 있었습니다. 그는 희미한 눈초리로 5촉밖에 안 되는 전등을 멀거니 쳐다보면서, 무슨 깊은 생각에 잠긴 듯 추억에 날개를 펴서 기구한 인생을 더듬는 듯하였습니다. 그의 호흡이 점점 가빠지는 것을 본 저는 제 무릎을 베개 삼아 그의 머리를 괴었더니, 그는 떨리는 손을 더듬더듬하여 제 손을 찾아 쥐더이다. 금세 운명을 할 노인의 손아귀 힘이 어찌 그다지도 굳셀까요? 전기라도 통한 듯이 뜨거울까요?

어머님!

그는 마지막 힘을 다하여 벌떡 솟치더니 "여러분!" 하고 큰 목소리로 무거이 입을 열었습니다. 터질 듯이 긴장된 얼굴의 힘줄과 표정이, 그날 수

천 명 교도 앞에서 연설을 할 때의 그 목소리가 이와 같이 우렁찼을 것입니다. 그런, 우리는 그의 연설을 듣지 못하였습니다. "여러분!" 하고는 뒤미처 목에 가래가 끓어오르기 때문에……. 그러면서도 그는 우리에게 무엇을 바라는 것 같아서 어느 한 분이 "유언할 것이 없느냐?"고 물었더니, 그는 조용히 머리를 흔들어 보이나 그래도 흐려 가는 눈은 꼭 무엇을 애원하는 듯 하였습니다마는, 그의 마지막 소청을 들어 줄 그 무엇이나 우리가 가졌겠습니까? 우리는 약속이나 한 듯이 나직나직한 목소리로, 그 날에 여럿이 떼지어서 부르던 노래를 열심히 부르기 시작했습니다. 떨리는 목소리로 첫 절도 부르기 전에 설움이 복받쳐서, 그와 같은 신도인 상투 달린 사람은 목을 놓고 울더이다.

어머님!
그가 애원하던 것은 그 노래인 것이 틀림없었을 것입니다. 우리가 그의 마지막 원혼을 위로하기에는, 가슴 한복판을 울리는 그 노래밖에 없었습니다. 후렴이 끝나자, 그는 피를 옷자락에 토하고는 영영 숨이 끊어지고 말더이다.
그러나 온화한 미소를 띤 그의 영혼은 우리가 부른 노래에 고이고이 싸이고 받들려 쇠창살을 넘어서 새벽하늘로 올라갔을 것입니다. 저는 감지 못한 그의 두 눈을 쓰다듬어 내리고, 날이 밝도록 그의 머리를 제 무릎에서 내려놓지 않았습니다.

어머님!
생각하면 생각할수록 새록새록 아프고 쓰라렸던 지난날의 모든 일을 큰 모험삼아 몰래몰래 적어 두는 이 글월에 어찌 다 시원스러이 사뢰올 수가 있사오리까? 이제 겨우 가시밭을 밟기 시작한 저로서 벌써부터 이만 고생을 호소할 것이오리까?

오늘은 아침부터 장대같이 쏟아지는 비에 더위가 씻겨 내리고, 높은 담 안에 시원한 바람이 휘돕니다. 병든 누에같이 늘어졌던 감방 속의 여러 사람도 하나, 둘, 생기가 나서 목침돌림 이야기에 꽃이 핍니다.

어머님!
며칠 동안이나 비밀히 적은 이 글월을 들키지 않고 내보낼 궁리를 하는 동안에, 비는 어느덧 멈추고 날은 오늘도 저물어 갑니다. 구름 걷힌 하늘을 우러러 어머님의 건강을 비올 때, 비 뒤의 신록은 담 밖에 더욱 아름다운 듯하고, 먼 촌의 개구리 소리만 철창에 들리나이다.

{심훈 · 어머님께}

어느 산에 스님 한 분이 살았다. 들리는 바로는 아직까지 한 명도 그 스님의 말문을 막히게 한 사람이 없었다고 한다. 어느 날 똑똑한 아이가 손에 작은 새 한 마리를 쥐고 스님에게 가서 물었다.
"이 새가 죽은 건가요? 아니면 살아있는 건가요?" 스님이 살았다고 하면 목 졸라서 죽여 버리고, 죽었다고 하면 날려 보내야지 생각했다. 그래서 '내가 드디어 스님을 이기는구나.' 했는데, 스님이 웃으면서 말씀하셨다. "얘야, 그 새의 생사는 네 손에 달렸지. 내 입에 달린 것이 아니란다." 꼬마는 새를 날려 보내며 말했다. "스님은 어떻게 이토록 지혜로우신가요?" 그러자 스님이 대답했다. "예전에는 정말 멍청한 아이였단다. 그러나 매일 열심히 공부하고 생각하다보니 지혜가 생기기 시작하더구나. 너는 나보다 더 지혜로운 사람이 될 것 같구나."
그러나 아이는 슬픈 기색을 보이며 말했다. "어제 어머니께서 점을 보셨는데 제 운명은 엉망이라고 했다는군요." 스님은 잠깐 동안 침묵하더니 아이의 손을 당겨 잡았다. "얘야, 네 손금을 좀 보여주렴. 이것은 감정선,

이것은 사업선, 이것은 생명선, 자아, 이제는 주먹을 꼭 쥐어보렴." 아이는 주먹을 꼭 쥐고 스님을 바라보았다. "애야, 네 감정선, 사업선, 생명선이 어디 있느냐?" "바로 제 손 안에 있지요." "그렇지, 바로 네 운명은 네 손 안에 있는 것이지, 다른 사람의 입에 달린 것이 아니란다. 그러니 다른 사람으로 인해 네 운명을 포기하지 말거라!" 〈불경〉

"존 우드 내 말 잘 들어. 일회용 반창고를 뗄 때 아프지 않게 떼는 방법이 뭔 줄 아니? 그건 바로 한 번에 확 떼는 거야. 네가 마음의 결정을 했으면 더 이상 망설이지 마. 네가 하고 싶은 대로 하란 말이야." 〈김이율〉

신념의 길은 고난과 고독과 고통의 길일 수 있습니다. 그러나 나의 믿음, 나의 힘, 나의 의지를 믿고 의연하게 처음 가졌던 나의 신념의 길을 가면 아프지 않게 반창고를 떼듯 좋은 일들이 많이 생기고 훨씬 멋진 삶이 될 것입니다. 〈고도원〉

사람은 자신이 하는 일에 신념을 가져야만 한다. 그리고 자신이 하는 일이 옳다고 굳게 믿는다면 실행에 옮겨야 한다. 자기에게 그러한 힘이 있을까 주저하거나 망설이지 말고 앞으로 앞으로 나아가라. 〈괴테〉

자기 자신과 싸우는 일이야말로 가장 어려운 싸움이며, 자기 자신에게 이기는 것이야말로 가장 놀라운 승리다. 〈로가우〉

진정으로 강한 사람은 누군가를 이기는 것이 아니고 자기 자신을 이기는 자이다. {노자}

欲勝人者必先自勝
남 이기기를 바란다면, 먼저 자신을 이겨야 한다.
勝人者有力自勝者强
남 이기는 자 힘 있고, 자신 이기는 자 강하다.
知人者智自知者明
남을 알면 지혜롭고, 자신을 알면 명철하다.

믿음이 없는 사람은 건물에도 못 들어가요. 무너질까 두렵기 때문이죠. 어떤 사람은 자동차를 못 탄다고 합니다. 사고가 날까봐 두려운 거예요. 그래서 항상 걸어만 다녔는데, 나중에 보니까 뜻밖에도 차에 치어 다쳤다는군요. 우리가 대중교통을 이용하면서 자동차를 탄다는 것은, 그 운전자의 능력을 믿고 정비사의 실력을 믿는 거예요. 그리고 내 생명을 맡기는 겁니다. 그렇게 성도 모르고 이름도 모르는 사람을 굳게 믿고 자기 생명까지 맡기면서, 평생을 함께 살자고 철석같이 약속한 사람을 믿지 못한다면, 이 얼마나 불행한 삶입니까? 이 세상이 믿고 살 수밖에 없는 구조라면, 내가 먼저 당당하게 믿어주세요. 그리고 스스로의 행동을 점검해보고, 상대가 나를 믿게끔 행동하는 노력도 필요합니다. 닥쳐온 괴로움을 임기응변식으로 해결하려 하지 말고, 그 인연을 깊이 살펴 대응하면 완전한 해결이 될 수 있고, 같은 고통을 두 번 다시 반복하지 않아도 돼요. {월도}

07

사랑

사랑은 인간의 주성분이다.
인간의 존재와 같이 사랑은 완전무결하게 존재하고 있으며,
무엇하나 더 보탤 필요가 없는 것이다.

사랑은 결점을 보지 못한다. {T. 플러}

사랑은 군주나 제왕, 영주나 법률을 초월한다. {R. 그린}

사랑은 규칙을 알지 못한다. {몽테뉴}

나는 생명도 죽음도 가볍게 다루는 즐거움을 위해 죽음과 희롱하는 인간은 아닙니다. 그러나 나의 의무가 그곳에 있는 한, 나는 나의 의무를 최후까지 다할 것입니다. 적 앞에 얼굴을 마주대고, 때마침 떠오르는 태양빛발 위에서 심장의 한가운데 탄환을 받아 죽으면 아침 이슬에 젖은 부드러운 풀 위에 쓰러져 있을 것을 희망하였다는 것을 알아주십시오. 광기 같은 탄환의 음향과 성스런 소리에 단 홀로 맞서서, 다만 혼자 죽고 이리하여 나의 좁은 길을, 비로소 이 길에 올랐을 때처럼 오직 홀로 완성하는 것이 바로 나의 소망인 것입니다. {폴}

사랑은 못난 학자보다도 월등하게 훌륭한 인생의 교사이다. {아낙 산드리데스}

사랑은 삶의 최대 청량, 강장제이다. {파블로 피카소}

사랑은 성장이 멈출 때만 죽는다. {Pearl S. Buck}

사랑은 악마이며 불이며 천국이며 지옥이다. 쾌락과 고통, 슬픔과 후회가 거기에 함께 살고 있다. {반필드}

사랑은 인간생활의 최후의 진리이며 최후의 본질이다. {슈와프}

사랑은 판관보다 더 정의롭다. {H.W. 비처}

사랑은 홍역과 같다. 우리 모두가 한번은 겪고 지나가야 한다.
{Jeromek. Jerome · 영국수필가, 극작가}

동작대교 위. 열한 살 난 아들과 다섯 살 난 딸을 한강물에 내던진 비정의 아버지가 그 범행을 재연하고 있었습니다. 그가 교통사고 후유증으로 정신 질환을 앓게 되자, 아내와 장남이 가출해버리고 말았습니다. 양돈장에서 품팔이를 하며 남매를 키워왔지만 정신 질환 때문에 쫓겨나 길거리에 노숙을 해야 했습니다. 그러다가 그만 병이 도져 끔찍한 범행을 저지르고 말았습니다. 난간에 가까스로 매달려 목숨을 구한 아들이 쇠고랑을 찬 아버지와 경찰서에서 대면했습니다. 아버지는 눈물을 흘리며 눈이 마주치는 것을 피하려 했습니다. 그렇지만 열한 살짜리 아들은, 다른 사람들에게 불쌍한 아버지를 변호하고 이해시키려 애를 썼습니다. 그리고 아버지와 헤어져 미아보호소로 넘겨졌습니다.
"아버지가 밉지만, 아버지를 사랑해요." {무명씨}

사랑은 화관에 머무는 이슬방울 같이 청순한 얼의 그윽한 곳에 머문다.
{F.R. 라므네}

사랑의 고뇌처럼 달콤한 것이 없고, 사랑의 슬픔처럼 즐거움은 없으며, 사랑의 괴로움처럼 기쁨은 없다. 사랑에 죽는 것처럼 행복은 없다.
{E.M. 아른트}

사랑의 법은 치외법이다. {J. 가우어}

사랑의 신비함이 끝나면, 사랑의 쾌락도 끝난다. {A. 벤}

사랑이란, 우리를 행복하게 하기 위해서 있는 것은 아니다. 사랑은 우리들이 고뇌와 인종 속에서 얼마만큼 강할 수 있는가 하는 것을 자기에게 보이기 위해서 있는 것이다. {H. 헤세}

한 알의 밀이, 땅에 떨어져 죽지 않으면 그것은 다만 한 알 그대로이다. 그러나 죽으면 풍부하게 열매를 맺게 된다. {성서}

사랑이란, 이를테면 깊은 한숨과 함께 솟는 연기, 또한 맑아져서는 연인의 눈동자에 반짝이는 불도 되고, 흐트러져서는 연인의 눈물에 넘치는 대해로도 된다. 그뿐만 아니라, 아주 분별하기 어려운 광기, 숨구멍도 막히는 고집인가 하면, 또 생명을 기르는 감로이기도 하다. 〈셰익스피어〉

죽음의 공포보다 강한 것은 사랑의 감정이다. 헤엄을 못하는 아버지가, 그 자식이 물에 빠진 것을 건지기 위해서 물속에 뛰어드는 것은 사랑의 감정이 시킨 것이다. 사랑은 나 이외의 사람에 대한 행복을 위해서 발로되는 것이다. 인생에는 허다한 모습이 있지만, 그것을 해결할 길은 오로지 사랑뿐이다. 사랑은 내 자신을 위해서는 약하고, 남을 위해서는 강하다. 〈톨스토이〉

사랑받는 것은 타버리는 것, 사랑하는 것은 어둔 밤만 켠 램프의 아름다운 빛, 사랑 받는 것은 꺼지는 것, 그러나 사랑하는 것은 긴 긴 지속.

〈릴케〉

사랑이란, 인생의 종은 될지언정 주인이 되어서는 안 되는 법이다.

〈B.A.W. 러셀〉

사랑이란 자기희생이다. 이것은 우연에 의존하지 않는 유일한 행복이다.

〈톨스토이〉

사랑하지 말아야 되겠다고 하지만 뜻대로 안 된 것과 같이, 영원히 사랑

하려고 해도 뜻대로 되지 않는다. ⟨J. 라브뤼이엘⟩

한 사람도 사랑해보지 않았던 사람이 인류를 사랑하기란 불가능한 것이다. ⟨H. 입센⟩

아무도 사랑하는 것을 가르쳐 주는 사람은 없다. 사랑이란, 우리의 생명과 같이 날 때부터 가지고 태어나는 것이다. ⟨F.M. 밀러⟩

연애란, 남자가 단 한 사람의 여자에 만족하기 위해 치루는 노력이다. ⟨폴 제라르디⟩

죽음보다 더 강한 것은 이성이 아니라, 사랑이다. ⟨토마스 만⟩

증오가 섞인 사랑은 사랑보다 강하고 증오보다 강하다. ⟨Joyce C. Oates⟩

집안에서는 늘 화목하게 지내라! 화목하면 자연히 즐거움이 있게 된다. 다른 사람의 즐거운 일은 함께 즐거워하라! 그리고 역경에 빠지더라도 양심과 도의를 힘으로 삼고 결코 낙망하지 말라! 잘못을 저지르는 사람이 있거든 반드시 부드러운 말로 타일러라. 현재 자기에게 주어진 환경을 늘 고맙게 생각해야 하며 결코 세상이나 고난을 원망하지 말라. ⟨알랭⟩

사랑은 홍역과 같은 것이다. 나이가 들어서 걸리면 걸릴수록 중증을 나타낸다. 〈윌리암 제롤드〉

사랑은 행복을 죽이고, 행복은 사랑을 죽인다. 〈스페인 명언〉

사랑이란 어리석은 자의 지혜이며 현인(賢人)의 우행(愚行)이다. 〈사무엘 존슨〉

모든 신의 창조물을, 그 속에 있는 한 알 한 알의 모래를 모두 사랑하라. 모든 나뭇잎을, 모든 신의 광선을 사랑하라. 모든 동물을 사랑하고, 모든 식물을 사랑하고, 그리고 그 밖의 모든 걸 사랑하노라면, 너희는 사물에 있어서의 성스러운 신비를 파악할 것이다. 일단 너희가 그것을 파악하면 너희는 나날이 더 잘 그것을 이해하게 될 것이다. 그리하여 드디어는 모든 걸 포옹하는 사랑으로써 전 세계를 사랑하게 되리라. 〈도스토예프스키〉

순식간에 2층 건물이 내려앉았습니다. 새벽 단꿈을 꾸던 한 가족을 서른여섯 시간의 구조 끝에 찾아냈습니다. 부부와 여덟 살 아이가 숨져 있었습니다. 부부는 서로 끌어안고 있었습니다. 놀라운 일이 벌어졌습니다. 사람들이 그들의 품에서 네 살박이 어린아이를 발견한 것입니다. 부부는 아이를 그들 사이로 끌어당겨 온몸으로 감싸 안고 죽어갔던 것입니다. 그래서 어린아이는 살았습니다. 1995년 1월 17일 새벽 일본 고베. 그들은 우리 교포였습니다.

1월 11일 밤. 콜롬비아. 한 여객기가 지상 3,000미터 상공을 날고 있었습니다. 하강 준비를 할 무렵 갑자기 비행기가 추락하기 시작했습니다. 54명의 승객을 태운 비행기는 땅에 곤두박질했고 굉음과 함께 폭발했습니다. 그 순간 아홉 살박이 소녀가 잔디밭으로 튀어나왔습니다. 유일한 생존자가 된 그 아이는 자신을 창밖으로 내던져 살려준 어머니를 부르며 울부짖었습니다. 〈어느 신문기사〉

임신 2개월이라는 의사의 진단을 받고 산부인과 병원 문을 나서니, 눈에 들어오는 거리의 모든 사물이 생소한 정도로 실감이 나지 않았다. 그것은 필시 새로운 생명체인 아기를 잉태했다는 사실이 뿌듯함보다는 허탈감과 공허감으로 다가왔기 때문이리라.

내 국민학교 시절인 20년 전 어린 5남매를 남겨두고 저 세상으로 먼저 가신 (친정)어머니도 첫 임신 때 이런 기분이었을까. 문득 어머니의 넓고 따스한 품에 와락 안기어 실컷 울고 싶은 마음이 아름아름 피어올랐다. 1·4후퇴 때 월남하여 이곳에서 결혼한 어머니는 기골이 장대한 여장부셨는데, 어린 우리들이 행여 잘못이라도 할라치면 매 들기를 서슴지 않던 분이었다. 당시 우리집은 인천의 시장바닥에서 쌀과 기계에서 직접 뽑은 국수를 팔면서 생계를 유지했는데, 가게 일이라면 팔을 걷어 부치고 도맡아서 하셨던 생활력이 강한 어머니는 얼굴에 묻은 검댕은 안중에도 없는 양 꼬질꼬질한 셔츠와 통바지만 달랑 입고 다니셨다.

지금 돌이켜보면 우리 남매 중 내가 유난히 잔병치레를 많이 했는데, 어머니는 그런 딸자식 보기가 안쓰러웠던지 나를 훌러덩 들쳐 업고 병원으로 줄달음치기가 일쑤였다. 쓰디쓴 가루약을 안 먹겠다고 얼굴을 도리질하며 떼를 쓰던 나의 머리채를 휘어잡고는 수돗가로 데려가 입 안에 약을 넣어 주던 어머니, 늘 모자라는 잠을 마다않고, 뼈마디가 부서질 정도로 궂은 일로 올망졸망한 우리를 돌보며 살아가던 그 어머니에게 신은 너무나 가혹하게도 위암이라는 병을 안겨주었다. 제때에 수술도 받지 못한 채 병원에서 영원히 잠든 가엾은 어머니는 임종 전까지도 자식들이 눈에 밟혀 하얀 시트가 흥건히 젖도록 하염없이 눈물을 흘리셨다.

어느덧 세월이 흘러 어머니의 기억이 차츰 멀어졌지만, 지난해 구월 내가 시집오던 날은 새삼 어머니가 절실하게 그리웠다. 앞으로 나는 자식효도 한 번 못 받고 일찍 눈을 감은 어머니가 생각 날 때마다 머지않아 태어날 우리 아기에게 더욱더 진한 사랑을 주면서 외할머니에 대한 얘기를 들려줄까 한다.

{박희옥 · 어머니가 되는 마음}

P군! 어저께 장날 우연하게도 노상에서 군의 아버님을 뵈옵고 군의 근황과 여러 가지 이야기를 들었습니다. 무엇보다도 그새 군도 건강하고 댁내도 균길(均吉)하시다니 다행한 일입니다. 지난 가을에 둘째 매씨를 시집보내시었다지요. 작년 같은 해에 대사를 치른다는 것은 아무리 보잘 것 없이 한다기로 얼마나 힘드신 일이었겠습니까.

그보다도 군의 아버님께서는 아직도 취처할 뜻은 굳이 물리치고, 장골두목일을 머슴도 변변히 두지 않고 혼자 힘으로 도맡아 끌어나가는 군을, 한편으로는 측은히 생각하시면서, 한편으로는 여간 고마웁게 여기지 않으십데다. 그러한 군을 내가 이미 모르는 배 아니지마는, 아버님께서도 모르시는 군의 흉중과 그 흉중을 언제나 노역에다 맡기고 전심하는 군의 굳은 태도를 생각할 때, 나는 말없이 머리 수그리지 않을 수 없었습니다. 밤낮으로 굴욕에 젖은 주위의 생활들을 듣고 보고 또 그 속에 묻히어 살면서, 오히려 가슴 속에는 인생에 대한 꿈과 높은 긍지를 가졌다는 것은 그 얼마나 의로운 노릇이겠습니까.

그러나 뉘같이 자신의 이상만을 쫓아서 모든 것을 박차 버리고 뛰어나간다든지 그러지도 않고, 자기의 있는 위치를 충분히 보살펴서 그 순진한 젊은 정열을 오직 가련한 혈연들을 위하여 바친다는 것은 또 얼마나 어렵고 귀한 일이겠습니까. 참으로 오늘 우리에게 요구되고 있는 것은, 원대한 이상보다도 깊은 이해와 애정을 통한 조그마한 자기희생을 나는 절실히 느낄 뿐입니다.

세상에는 세속적으로 착실하다는 젊은이들이 허다함을 봅니다. 그러나 이러한 사람들은 현실의 짭짤하고 교활하고 약삭빠른 결과만을 보고, 마치 그것이 인생의 전부인 것처럼 일찌감치 깨닫고는, 자기 자신에게까지 인색한 이기적인 위인들이어서 본래 인생을 고리대금업 하는 옛적 유태나라의 세리와 같은 오히려 인류의 행복을 장해하는 존재들에 틀림없습니다.

언제나 인간 생활의 높은 이념을 지향하는 맥맥한 맥박! 이것이야말로 인류를 오늘까지 향상, 지속하여 오지 않았겠습니까. 그리고 이 맥박을 통하여서만으로 나는 오늘 이렇게 가까웁고 따뜻한 군을 느끼고 있습니다.

겨울이라 하나 남쪽인 만치 이다지 날마다 청징한 하늘빛을 우러를 수 있는 것은 마음 즐거운 일이 아닙니까.

끝으로, 바드 소장의 남극탐험 체험기인 '고독'을 동송하오니 일의 틈을 타서 등잔불 아래 보아주기를 바랍니다. 《유치환 · 청마(青馬)》

남자의 사랑은 그 인생의 일부이고, 여자의 사랑은 그 인생의 전부이다.

{빠 이론}

어떠한 나이라도 사랑에는 약한 것이다. 그러나 젊고 순진한 가슴에는 그것이 좋은 열매를 맺는다. {푸시킨}

남자들은 자기보다도 못한 것을 사랑할 수가 있습니다. 보잘것없는 것, 더러운 것, 불명예스러운 것, 그런 것까지 사랑하실 수 있어요. 하지만 저희들 여자는 사랑하고 있을 때는 그 사람을 존경하는 거예요. 만약 그 존경을 잃어버린다면 그들은 모든 것을 잃어버리고 마는 것입니다.

{오스카 와일드}

사랑을 하고 있는 사람의 귀는 아무리 낮은 소리라도 다 알아듣는다.

{셰익스피어}

사랑이란, 마치 열병 같아서 자기 의사와는 관계없이 생겼다간 꺼진다.

{스탕달}

정열은 강이나 바다와 가장 비슷하다. 얕은 것은 소리를 내지만, 깊은 것을 침묵을 지킨다. {까뮈}

진실한 사랑에 빠진 남자는 그 애인 앞에서 어쩔 줄을 몰라 제대로 사랑을 고백하지도 못한다. {칸트}

사람들은 작은 상처는 오래 간직하고, 큰 은혜는 얼른 망각해버린다. 상처는 꼭 받아야 할 빚이라 생각하고, 은혜는 꼭 돌려주지 않아도 될 빚이라고 생각하기 때문이다. 대부분의 사람들은 인생의 장부책 계산을 그렇게 한다. {양귀자}

너는 너 이외의 다른 것에 닿으려고 하지 말아라. 오로지 너에게로 가는 일에 길을 내렴. 큰 길로 못가면 작은 길로 그것도 안 되면 그 밑으로라도 가서 너를 믿고 살거라. 누군가를 사랑한다 해도 그가 떠나기를 원하면 손을 놓아주렴. 떠났다가 다시 돌아오는 것. 그것을 받아들여. 돌아오지 않으면 그건 처음부터 너의 것이 아니었다고 잊어버리며 살거라. {신경숙}

다만, 그를 사랑하는 일이, 너를 사랑하는 일이 되어야 하고, 너의 성장의 방향과 일치해야 하고, 너의 일의 윤활유가 되어야 한다. 만일 그를 사랑하는 일이 너를 사랑하는 일을 방해하고 너의 성장을 해치고 너의 일을 막는다면 그건 사랑을 하는 것이 아니라, 네가 그의 노예로 들어가고 싶다는 선언을 하는 것이니까 말이야. {공지영}

더 많이 사랑할까봐 두려워하지 말아라. 믿으려면 진심으로, 그러나 천천히 믿어라. 그런 책이 있다. 그런 영화가 있다. 마지막 장의 마지막 마침표까지도 이미 다 확인했지만 쉽게 놓아지지 않는 책, 회색으로 변해버린 스크린을 몇 번이나 확인했지만 쉽게 발길을 돌릴 수 없는 영화, 그리고 그런 사람 또한 있는 모양이다. 분명 이젠 다 끝났다는 걸 알지만 쉽게 놓아버릴 수 없는 쉽게 이렇다 저렇다 떠들어댈 수 없는 쉽게 다른 사람에게 그 자리를 내줄 수도 없는 그런 사람. 참 여운이 긴, 그런 사람.

강세형

사랑은 눈으로 보이는 게 아니라 마음으로 보인다. 그러므로 사랑은 눈먼 큐피드이다.

셰익스피어

세상이 한 사람으로 줄어들고, 한 사람이 신으로까지 확장된다면 그것은 사랑이다.

빅토르 위고

극단적인 기쁨은 극단적인 종말을 맞는 법이다. 불과 화약이 만나면 그 절정에서 소멸하는 법이다. 꿀도 너무 달면 쉬 질리고 결국 입맛을 버리게 된다. 그러니까 적당히 사랑하게, 긴 사랑은 그리한다네. 너무 서두르면 천천히 하는 것만도 못해.

셰익스피어

그립다는 것은 아직도 네가 내 안에 남아 있다는 뜻이다. 그립다는 것은 지금은 너를 볼 수 없다는 뜻이다. 볼 수는 없지만 보이지 않는 내 안 어느 곳에 네가 남아 있다는 뜻이다. 그립다는 것은 그래서 내 안에 있는 너를 샅샅이 찾아내겠다는 뜻이다. 그립다는 것은 그래서 가슴을 후벼 파는 일이다. 가슴을 도려내는 일이다. ⟨이정하⟩

한 강연회에서 세계적인 주식 투자가 워런 버핏에게 여대생이 물었다.
"성공을 어떻게 정의하세요?"
버핏은 대답했다.
"당신이 사랑해 줬으면 하는 사람이 당신을 사랑해 주면, 그게 성공입니다. 당신은 세상의 부를 얻고 많은 건물을 가질 수도 있겠죠. 그러나 사람들이 당신을 생각해 주지 않으면 그건 성공이 아닙니다."
버핏은 이런 생각을 하게 된 배경을 설명했다.
"오마하에 벨라 아이젠버그란 여성이 있었습니다. 그녀는 제2차 세계대전 때 아우슈비츠 수용소에 수감된 경험이 있었죠. 그녀가 세상을 떠나기 전 이렇게 말했습니다. "나는 친구를 사귀는 게 매우 더뎌요. 왜냐하면, 사람들을 만날 때 속으로 이렇게 질문하거든요. 저 사람들은 나를 숨겨 줄까 하고 말이에요."
당신이 70세나 75세가 됐을 때 주위에 당신을 숨겨 줄 만한 사람이 많다면 성공한 거예요. 반대로 아무도 당신이 어떻게 되든 신경 쓰지 않는다면, 돈이 얼마나 많든 당신은 성공하지 못한 거예요." ⟨좋은 생각⟩

08

인내 · 열정

인내와 신앙은 산이라도 움직인다.

인내는 모든 곤란에 적용되는 최상의 처방이다. {플라우투스}

인내는 모든 일의 열쇠이다. 달걀을 깨트린다고 병아리가 나오는 게 아니다. 품에 안고 기다려야 비로소 병아리가 나오는 법이다. {타다}

인내는 무거운 짐을 지고 빨리 걸으면서도 말이 없는 나귀의 미덕이다. {G. 그랜빌}

인내는 믿음의 보호자요, 화평의 유지자이며, 사랑을 육성하는 자요, 겸손을 가르치는 자이다. {미상}

인내는 일을 해나가기 위한 하나의 자본이다. {H. 발자크}

인내는 폭력보다 강하다. 단번에 꺾을 수 없는 것도 꾸준히 노력하면 꺾을 수 있다. 인내는 가장 강력한 정복자다. {플루타크 영웅전}

인내를 배우려면 음악을 배울 때처럼 끊임없이 연습하여야 한다. {러스킨}

인내하는 사람들은 다른 사람들이 실패하고, 끝나는 바로 그곳에서 성공

하기 시작한다. {에드워드 아글스톤}

인생의 낙은 과욕에서보다 절욕에서 찾아야 한다. 올바른 마음을 가지고 욕심을 제어하면, 그 속에 절로 낙이 있으며 봉변을 면하게 되리라. 허욕을 버리면 심신이 상쾌해진다. {예기}

입에 맞는 맛은 창자를 짓무르게 하고 뼈를 썩게 하는 약인지라. 반쯤으로 끝내면 곧 재앙은 없을 것이요. 마음에 상쾌한 일은 모두 몸을 망치고 덕을 잃게 하는 매체인지라. 반쯤에서 멈추면 뉘우침이 없을 것이니라. {채근담}

온유함이 없이 열심만 있는 자는 폭풍 속의 배처럼 파산의 위험이 있다. {매슨}

우리의 축복은 고통, 손실 혹은 절망 우리에게 생긴다. 그러므로 인내하라. 진실로 인내할 때 축복을 얻을 수 있다. {J. 에디슨}

움직이지 않는 차의 운전대는 돌리기가 힘들다는 것을 기억하라. {스튜어트}

위대한 사건이나 계획은 열심 없이 성취되지 않는다. 열정은 위대한 모

든 것에 영감을 불어넣어 준다. {C.N. 보비}

위대한 사람들 중 인품이 완전치 못한 이가 퍽 많음에도 불구하고 워낙 타오르는 그들의 열정 때문에 허물이 잘 보이지 않는다. {시라미}

위대한 일들은 힘이 아니라 인내로 성취된다. 하루 세 시간을 힘차게 걷는 사람은, 7년이 지나면 지구를 한 바퀴 돈 것과 같은 거리를 걷게 된다. {사무엘 존슨}

의사를 맞이하기 전에 휴식, 쾌락, 절제의 세 가지를 하라. 환희와 절제와 안정은 의사의 내방을 거절한다. {H.W. 롱펠로우}

인간은 무한한 열정을 품고 있는 일에는 거의 성공한다. {C.M. 슈와브}

인내는 가장 중요한 품성 중의 하나이다. 인내는 반드시 그 보수를 가져온다. 이에 반하여 성급함은 우리에게 큰 손실을 준다. {마셜}

세계는 냉정할 줄 아는 열정주의자의 손에 달려 있다. {보배나그}

세상에서 제일 크고 고상한 능력은 단순한 인내력이다. {부시넬}

세상에서 출세하는 것만 보더라도 인내는 영리한 것보다 우리에게 훨씬 이익이 된다.

{러벅}

스치는 세월은 이마에 주름이 가게 하고, 식은 열정은 영혼에 주름이 가게 한다.

{워코트}

신은 시간이 걸리는 것이라고 해서 거절하시는 법은 없다. 참아라. 꿋꿋이 관철하라. 인내하는 자는 곧 천재이다.

{뷰본}

어떤 일의 슬픔이 크기보다는 그 슬픔을 두려워하는 마음이 더 크기 때문에 슬픔이 확대되고 있다. 사실 그 슬픔이란 것을 따져보면 넉넉히 견딜 수 있는 것인데, 그 사태에 대한 공연한 공포심 때문에 슬픔이 현미경으로 들여다보듯이 확대되고 있다. 하늘은 견딜 수 없는 슬픔을 인간에게 주지 않는다.

{쵸케}

어떤 일이든지 견딜 수 있는 사람은 무슨 일이든지 단행할 수 있다.

{L.C. 보브나르그}

어떻게 기다려야 하는지 아는 자에게 적절한 시기에 모든 것이 주어진다.

{빈센트}

열심은 사랑의 불이요, 본분의 활동이다. {토마스 윌리엄즈}

열심이 없이 성취된 큰일은 세상에 하나도 없다. {에머슨}

열정과 끈기는 보통 사람을 특출하게 만들고, 무관심과 무기력은 비범한 이를 보통 사람으로 만든다. {와드}

열정도 전염성이 있고, 염세적인 것도 전염성이 있다. 그대는 무엇을 옮기길 원하는가? {킹슬레이}

열정이란 기적을 추진하는 제트엔진이다. 이로 인해 담력이 생기고 의욕이 창출되고 장애를 수월히 극복한다. {포베}

만일 우리가 우리 앞에 닥친 고난을 견디려고 힘쓴다면 신은 우리에게 많은 힘을 주실 것이다. {안데르센}

많은 일을 하는 것은 쉽지만 한 가지 일을 연속시키는 것은 어렵다. {B. 존슨}

목적이 멀면 멀수록, 더욱더 앞으로 나아감이 필요하다. 성급히 굴지 말

라. 그러나 쉬지 말라. {H.L. 멘컨}

무엇보다 즐겨 노는 오락의 자리를 절제하라. 향락을 절제하면 당신은 그만큼 풍성해질 것이다. {L.칸트}

배고픔이 음식과 관계가 있는 것처럼 열심은 인생과 그같은 관계에 있다. {러셀}

번영을 누리고 있을 때는 절제를 잊지 말아야 하고, 역경에 처했을 때는 신중을 기해야 한다. {페리언드로스}

보통 사람은 30분 동안 열정을 가질 수 있다. 유별난 이라면 30일 동안 이를 보일 수 있다. 그러나 30년 동안 열정을 지탱할 수 있다면 그는 보통 사람이 아니다. {버틀러}

불붙은 열정에 고삐를 맡기지 말라. 시간을 갖고 잠시 미루라. 성급한 행동은 모든 것을 망친다. {스타티우스}

사람마다 인내를 칭찬하나 실제로 이를 실행하는 자가 적다. {토마스 아 켐피스}

사람은 먼저 자신을 통제할 줄 알아야 한다. 자기 한 몸을 통제하지 못하고 어떻게 남을 통솔할 것인가. 노여움, 그 밖의 격렬한 폭발적인 감정 따위는 모두 자신을 통솔하지 못한 증거이다. 사람은 남한테 저항하는 것보다 먼저 자기 자신에게 저항해야 한다. 나 자신을 극복하는 것이 남에게도 이기는 것이다. 〈힐티〉

살코기를 먹는 데는 일정한 양이 있지만, 술을 마시는 데는 일정한 양이 없으므로 적당히 하라. 〈논어〉

생애의 필수 요소는 위로나 연락이 아니라 열정을 품을 수 있는 어떤 대상의 존재 유무에 달려 있다. 〈킹슬레이〉

가장 명심할 것은 응답(應答)이 내리기까지 결코 물러나지 않는 것이다. 〈조지 뮬러〉

분의 인내로 10년의 평화를 누린다. 〈그리스 속담〉

가장 잘 견디는 자가 무엇이든지 가장 잘할 수 있는 사람이다. 〈밀턴〉

거룩하게 불타오르는 열정을 부르짖는 자 중에 추워서 떠는 이가 많다. 〈토저〉

어느 날 예언자 모하메드와 권투선수 알리가 길을 걷고 있었다. 이때 맞은편에서 걸어오던 사람이 알리를 예전에 자신을 속였던 사람으로 착각하고 그에게 욕을 퍼부었다. 알리는 그가 누구인지 전혀 몰랐으나 다투고 싶지 않아 아무 말도 하지 않았다. 하지만 상대방은 계속 욕을 해댔다. 결국 참다못한 알리도 그 사람에게 욕을 하기 시작했다. 그러나 상식적으로 마땅히 나서서 말렸어야 할 모하메드는 오히려 그 자리를 떠나버렸다. 나중에 모하메드를 뒤좇아 간 알리가 물었다.

"왜 그 사람이 저를 욕하도록 내버려 두고 혼자 가셨죠?"

모하메드는 말했다.

"자네가 그 사람의 욕설을 참고 아무 말 없이 있을 때는 자네 곁에서 열 명의 천사가 그 사람을 반격하고 있는 것을 보았네. 하지만 자네가 그 사람과 똑같이 욕을 하기 시작했을 때, 천사들이 자네를 외면하고 떠나버리기에 나도 그랬을 뿐이네."

타인이 무례하게 굴 때 침묵을 지키는 것은 자기 위안이 아니며 나약하고 무능한 행동도 아니다. 반대로 타인의 비난을 잘 참아내는 것은 고귀하고 보기 드문 훌륭한 인격의 발현이다. 이것은 고상한 사람만이 할 수 있는, 모든 저속함을 벗어버린 행위이자 성숙된 사상의 표현이다. 인내를 배우는 것은 쉬운 일이 아니다. 그렇다면 어떻게 해야 인내를 배울 수 있는가? 무엇을 가리켜 '인내한다, 인내를 할 줄 안다, 인내에 능하다'라고 하는 것인가? 인내를 터득하려면 인내를 전력으로 삼아야 한다. '작은 것을 참지 않으면 큰일을 그르칠 수 있다는 속담이 있다. 인내는 뜻을 이루기 위한 수단이자 큰일을 이루기 위한 일보 후퇴지, 절대 인내를 위한 인내가 아니다. 적극적인 인내는 결코 자신을 낮추고 자아를 억누르는 것이 아니다. 단지, 고귀하고 독립적인 자아를 드러내지 않고 묵묵히 자신의 목표를 향해 나아가는 것뿐이다. 「고난의 열매」

09

친구 · 우정

우정은 부부 사이의 애정과 흡사하다.
피차의 결점에 대한 비판보다는 이해에, 이해보다는 내용에,
내용보다는 사랑에 입각해 있을 때에 건전하고
그 사랑은 맹목이라는 바탕에서도 존립한다.

재물은 많은 친구를 친하게 하나, 가난하면 친구가 끊어지느니라. {성서}

옛 벗을 버리지 말라. 새로운 벗은 옛 벗을 당할 수 없느니라. 새로운 벗은 새 술과 같은 것. 오래 되면 기쁨으로 마실 수 있기 때문이다.

{아포크리파}

술이 빚어낸 우정은 술과 같아 하룻밤 밖에 지탱하지 못한다. {로가우}

말하자면, 우정이라 하는 것은 서로의 마음씨 쓰기라든가 애정을 위함에 있는 것이 아니라 몸을 지키고 원조를 받을 목적을 추구하는 것이라고 말한다. 그러므로 견실한 성격이나 굳센 힘을 갖지 못한다면 그만큼 더운 우정을 얻으려고 애쓴다. 따라서 힘 없는 부녀자는 남성보다도 더 또한 가난한 사람은 부자보다도 더 우애로부터의 비호를 받으려고 한다. 정말 대단한 지혜이다. 이 인생에게 우정을 떼어버리자고 하니 그것은 마치 이 세계에서 태양을 떼어버리자는 것과 마찬가지이다. 이와 같이 훌륭하고 또 즐거운 것을 불사의 신으로부터 달리 또 무엇을 우리가 받았을까. {시세로}

서울 수유동의 한 여관
40대의 남자가 숨져 있었습니다.
여관방 벽 큰못에 끈을 걸고 목을 매달아
세상을 하직한 것입니다.

그의 고향은 전남 완도.
벌이도 시원찮았고,
그 때문인지
마흔이 되도록 결혼도 하지 못한 그
돈벌이도 찾아보고 결혼도 해보겠다며,
이것저것 정리하고 서울에 올라왔습니다.
마침 서울에는 오래된 친구가 살고 있었습니다.

여관을 전전하며 일거리 찾기를 6개월.
자기를 받아줄 사람도 못 만나고,
뜻을 펼칠 일자리도 구하지 못한 그는,
고향 친구를 찾아갔습니다.
자신의 계획을 얘기하고 도움을 청했습니다.
그러던 어느 날,
친구가 반가운 소식을 안고 달려왔습니다.
좋은 돈벌이가 생겼다는 것입니다.
수익성이 높은 사업이니
자금을 투자하라고 권하는 친구에게,
그는 그의 모든 것이나 다름없는
1,700만 원을 건네줬습니다.
차용증 한 장 없이.

"잃어버린 돈보다 친구의 배신이 더 밉다."
는 유서 한 장이
그의 싸늘한 시신 옆에 외롭게 놓여 있었습니다.

{무명씨}

한 논밭으로 돌아다니며 낟알을 주워 먹고 사는 쥐와, 못에서 노래를 부르며 지내는 개구리가 우연한 기회에 친구가 되었다. 쥐는 성미가 급하고 재빠른데, 개구리는 느릿느릿하다. 두 마리는 정답게 같이 돌아다니며 먹이도 찾고 놀기도 했는데, 하루는 개구리가 같이 다니기만 할 게 아니라 아주 개구리 다리 하나와 쥐 다리 하나를 묶어서 둘이서 걸어 다니는 것이 좋지 않겠냐는 엉뚱한 생각을 했다. 쥐도 찬성하는 터라 두 마리는 사이좋게 다리를 붙들어 매고 밭으로 나갔다. 쥐는 밭에 나가야 낟알을 얻어먹을 수 있기 때문인데, 밭으로 돌아다니던 개구리는 물속에서 살 수 있지만, 쥐는 물속에 들어가면 숨이 막혀 죽는데도 개구리는 시원한 물속이 좋아서 쥐가 숨이 막혀 허우적거리는 것도 돌아보지 않았다. 쥐는 숨이 가빠 괴로워 하다가 죽어서 물 위에 떠올랐다. 이때 공중을 날아다니던 솔개가 못물에 쥐가 떠 있는 걸 보고 쏜살같이 내려와서 쥐를 채갔다. 쥐를 채 가니 발이 묶인 개구리가 대롱대롱 매달려서 죽은 쥐와 산 개구리는 다 같이 솔개의 밥이 되었다. 〈무명씨〉

10

인과응보 · 운명

남의 눈에 눈물 내면, 제 눈에는 피가 난다.

고귀한 인물은 좀처럼 자기의 운명을 탓하지 않는다. ⟨쇼펜하우어⟩

나는 내 운명의 주인이요, 나는 내 마음의 선장이다. ⟨윌리암 어네스트 헨리⟩

나의 실패와 몰락에 대하여 책망할 사람은 나 자신 밖에는 아무도 없다. 내가 나 자신의 최대 적이며, 비참한 운명의 원인이었다. ⟨나폴레옹⟩

단단한 돌이나 쇠는 높은 곳에서 떨어지면 깨지기 쉽다. 그러나 물은 아무리 높은 곳에서 떨어져도 깨지는 법이 없다. 물은 모든 것에 대해서 부드럽고 연한 까닭이다. 저 골짜기에 흐르는 물을 보라. 그의 앞에 있는 모든 장애물에 대해서 스스로 굽히고 적응함으로써 줄기차게 흘러, 드디어는 바다에 이른다. 적응하는 힘이 자제로워야 사람도 그가 부닥친 운명에 굳센 것이다. ⟨노자⟩

비록 운명이 나를 야속하게 대하더라도 내 마음 속에 덕을 두터이 하여 그 엷은 복이나마 받아들이도록 하라. 또 어떠한 괴로움이 닥쳐오더라도 운명을 원망하지 말고, 내 마음 속을 텅 비게 하여 조용히 견딘다면 괴로움은 우리를 그 이상 괴롭힐 도리가 없어 지나가고 말 것이다. 괴로운 운명이 무서운 것이 아니라, 그 운명을 한탄하며 이것을 받아들이지 못할 때 사람은 불행의 벼랑으로 자신을 몰게 되는 것이다. {채근담}

사람들은 행복과 불행은 모두 운명에 달렸다고 생각한다. 그러나 실제로는 운명은 우리에게 그 기회와 재료와 씨를 제공한다. {몽테뉴}

사람은 제각기 그 운명을 스스로 만든다. 즉 운명이란 결코 하늘이나 신이 지배하는 것이 아니고, 각자 자신의 손으로 자신의 운명을 만드는 것이다. {네포스}

운명을 겁내는 자는 운명에 먹히고, 운명에 부닥치는 사람은 운명이 길을 비킨다. 대담하게 나의 운명에 부닥쳐라. 그러면 물새 등에 물이 흘러버리듯 인생의 물결은 가볍게 뒤로 사라진다. {비스마르크}

인간은 각자 모두 자신의 운명을 손에 쥐고 있다. 완전히 자신의 작품이며 자신의 것인 생활을 창조하지 않으면 안 된다. {헤세}

인간은, 자기 일생은 자기 자신이 이끌어 간다고 생각하고 있다. 그러나

마음 깊숙이 운명이 이끄는 대로 이것에 항거할 수 없는 것을 지니고 있다. {괴테}

자기 자신을 위해서 무엇이든 탐내지 마라. 구하지 말고, 마음이 움직이지 말고, 부러워하지 마라. 네 운명과 장래는 항상 미지자의 것이어야 한다. {톨스토이}

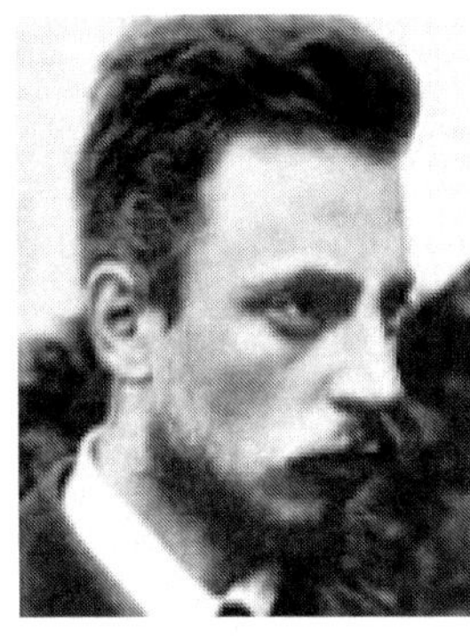

주여, 때가 왔습니다. 여름은 참으로 길었습니다
해시계 위에 당신의 그림자를 얹으십시오
들에다 많은 바람을 놓으십시오

마지막 과실들을 익게 하시고
이틀만 더 남국의 햇볕을 주시어
그들을 완성시켜, 마지막 단맛이
짙은 포도주 속에 스미게 하십시오

지금 집이 없는 사람은 이제 집을 짓지 않습니다
지금 고독한 사람은 이후도 오래 고독하게 살아
잠자지 않고, 읽고, 그리고 긴 편지를 쓸 것입니다
바람에 불려 나뭇잎이 날릴 때, 불안스러이
이리저리 가로수길을 헤맬 것입니다. {릴케 · 가을날}

남의 눈에 눈물 내면 제 눈에는 피가 난다. {한국}

이생에 못다 한 일 내생에 또 하오리다
미진한 원을 두고 스러질 줄 있소리까
맹세코 현세 극락이 이뤄짐을 보리라
한 사람 맺힌 뜻이 삼천 대천(三千大千) 흔들거든
삼천만 발한 대원 안 이룰 줄 바이 없네
큰 희망 담은 수레를 밀고 갈까 하노라
멀리만도 보지 말고 발 밑만도 보지 말라
발 밑 잘 보면서 멀리 앞을 바랐으라
한 걸음 한 걸음 모여 만릿길이 되니라.

{이광수 · 묵상록}

옛날에 한 며느리가 시어머니의 제삿날이 돌아와 제물을 장만하고 있었다. 집안마다 제상에 올리는 음식의 종류는 조금씩 차이가 있겠지만, 대개 안줏감이나 산적은 빼놓지 않고 만드는 줄 안다. 바로 산적을 만들 때의 일이었다. 며느리는 고기를 적당한 크기로 썰어서 꼬챙이에 꿴 다음 기름에 튀겼다. 그렇게 만든 산적을 그릇에 옮겨 담아 놓았다. 이때, 뜻하지 않은 일이 벌어졌다. 며느리가 잠시 다른 일을 하는 사이, 어느 틈엔가 집에서 기르고 있던 개가 그 산적을 날름 집어먹고 있었던 것이다. 시어머니의 제상에 올릴 음식을 개가 먼저 먹고 있으니 이런 낭패가 없었다. 며느리는 너무나 속이 상한 나머지 지게 작대기로 개를 힘껏 내리치면서 말했다.

"요놈의 개새끼, 나가 뒈져라. 어디서 못된 짓을 해."

개는 며느리의 몽둥이찜질에 다리가 하나 부러져 죽는다고 깽깽거리며 달아났다.

죽은 시어머니는 생전에 남매를 두었다. 딸은 재 너머로 시집을 보냈다. 그런데 그 딸이 초저녁에 잠깐 잠이 들었다가 꿈을 꾸게 되었다. 꿈에

웬 개가 한 마리 나타나서 말했다.
"얘야, 네 올케가 나를 때려서 내 다리가 부러졌다."
딸은 소스라치게 놀랐다. 개가 말을 해서 놀랐다기보다 그 목소리가 돌아가신 어머니의 음성과 같았기 때문이었다.
딸이 물었다.
"어머니, 왜 올케가 다리가 부러지도록 때린 거예요?"
"네 올케가 나를 준다고 산적을 아주 맛있게 굽더라. 마침 시장하던 참이라 미리 좀 먹으려고 한 건데, 그 고기를 먹었다고 화를 내며 나를 때려 다리를 부러뜨려 놓았어."
딸은 잠에서 깨어났으나 조금 전에 꾸었던 꿈이 너무나 생생하게 떠올랐다. 그런데 이때, 소리가 들려왔다. 딸이 급히 문을 열고 밖으로 나오니 오빠네 집에서 기르던 개가 다리가 부러진 채 그곳에 서서 자기를 쳐다보며 슬픈 듯이 눈물을 흘리고 있었다. 딸은 죽은 어머니가 개로 환생한 지도 모른다고 생각했다.
이튿날 그녀는 개를 데리고 오빠네 집으로 갔다. 꿈 이야기를 하고 보니 사실과 다름이 없었다. 그제야 모든 사람들은 어머니가 죽어서 개로 환생했다는 것을 믿고, 개를 어머니 돌보듯 위하며 살았다고 한다. {법성}

석가모니불의 화신으로 추앙받았던 조선시대 중기의 고승 진묵대사(震默大師 : 1562~1633)는 많은 이적을 남기신 대도인이었다. 스님에게는 누이동생이 하나 있었고, 누이동생이 낳은 외동아들은 찢어지도록 가난하게 살고 있었다. 이 조카가 가난을 면하기 위해서는 복을 쌓아야 한다고 생각하신 스님은 7월 칠석날 조카 내외를 찾아가 단단히 일러주었다.
"애들아, 오늘밤 자정까지 일곱 개의 밥상을 차리도록 해라. 내 특별히 칠성님들을 모셔다가 복을 지을 수 있도록 해 주마."

진묵스님이 신통력을 지닌 대도인임을 아는 조카는 '삼촌이 잘 살게 해주리라' 확신하고 열심히 손님맞이할 준비를 하기 시작했다. 집안을 깨끗이 청소하고 맛있는 음식을 푸짐하게 장만하여 마당에다 자리를 펴고 일곱 개의 밥상을 차렸다.

밤 12시 정각이 되자, 진묵스님이 일곱 분의 손님을 모시고 집안으로 들어오는데, 하나같이 거룩한 모습의 칠성님은 아니었다. 한 분은 째보요, 한 분은 곰보, 절름발이요, 곰배팔이요, 장님이요, 귀머거리들이었다. 거기에다 하나같이 눈가에는 눈곱이 잔뜩 붙어있고 콧물이 줄줄 흐르고 있는 것이었다. '삼촌도 참, 어디서 저런 거지 영감들만 데리고 왔노? 쳇, 덕을 보기는 다 틀려버렸네' 조카 내외는 기분이 크게 상하여 손님들에게 인사도 하지 않고 부엌으로 들어가, 솥뚜껑을 쾅쾅 여닫고 바가지를 서로 부딪고 깨면서 소란을 피웠다. 그러자 진묵스님의 권유로 밥상 앞에 앉았던 칠성님들은 하나, 둘 차례로 일어나 떠나가기 시작했다. 마침내 마지막 칠성님까지 일어서려 하는데, 진묵스님이 다가가 붙잡고 통사정을 하였다. "철없고 박복한 조카이니, 나를 봐서 한 숟갈이라도 드십시오." 일곱 번째 칠성은 진묵스님의 체면을 보아 밥 한 술을 뜨고 국 한 숟갈을 먹고 반찬 한 젓가락을 집어 드신 다음 떠나갔다.

그때 진묵스님은 조카를 불러 호통을 쳤다. "에잇, 이 시원치 않은 놈! 어찌 너는 하는 짓마다 그 모양이냐? 내가 너희를 위해 칠성님들을 청하였는데, 손님들 앞에서 그런 패악을 부려 다 그냥 가시도록 만들어? 도무지 복 지을 인연조차 없다니 한심하구나." 그리고 돌아서서 집을 나오다가 마지막 한 마디를 더 던졌다. "그래도 마지막 목성대군이 세 숟갈을 잡수셨기 때문에 앞으로 3년은 잘 살 수 있을게다."

이튿날 조카는 장에 나갔다가 돼지 한 마리를 헐값에 사 왔는데, 이 돼지가 며칠 지나지 않아 새끼를 열두 마리나 낳았고, 몇 달이 지나자 집안에는 돼지가 가득하게 되었다. 또 돼지들을 팔아 암소를 샀는데, 그 소가 송아지 두 마리를 한꺼번에 낳았다. 이렇게 하여 진묵스님의 조카는 3년 동안 아주 부유하게 잘 살았다. 그런데 만 3년째 되는 날 돼지우리에서 불이 나더니, 불이 소 외양간으로 옮겨 붙고 다시 안채로 옮겨 붙어, 모든 재산이 순식간에 사라지고 말았다.

3년의 복이 다하자, 다시 박복하기 그지없는 거지 신세로 전락한 것이다. 다소는 전설처럼 들릴 수도 있는 이 이야기를 통하여, 우리는 몇 가지 교훈을 새겨볼 수 있다. 첫째는 복을 구하는 사람의 태도이다. 복은 특별한 권능자가 내리는 것이 아니다. 부처님도 하느님도 그 어떠한 신도 무조건 복을 줄 수가 없다. 이 복은 내가 짓고 내가 받는 것이다. 복을 담을 수 있는 마음가짐이 갖추어져 있고, 또 정성을 다하면 저절로 다가오게 되어 있는 것이다. 하지만 칠성님이 오신다기에 열심히 음식을 준비했던 진묵스님 조카의 마음은 성심(誠心)이 아니라 '기대심리'였고, 상대가 거룩하지 않게 보이자, 기대심리가 와르르 무너지면서 기분마저 상해 칠성님들을 쫓는 박복한 짓을 저지르고 말았다. 이러한 짓은 진묵스님의 조카만 저지르는 것이 아니다. 우리들 중에서도 이렇게 처신하는 사람들이 많다. 어찌 눈앞의 이익에 현혹되고 기분 따라 움직이는 자가 큰 복을 담을 수 있으랴.

또 한 가지, 모든 복에는 정해진 수명이 있다. 복이 다하면 기울기 마련인 것이다. 이를 부처님께서는 '하늘로 쏘아올린 화살'에 비유하셨다. 하늘로 쏘아올린 화살이 올라가고 있을 때는 기세도 좋고 보기도 좋지만, 그 힘이 다하면 반드시 떨어지게 되어 있는 것이다. 이것을 잘 알아서 우리도 올라가고 있을 때 인연을 소중히 하고 복을 닦아야 한다. 요즈음 우리는 부자로 지내던 사람이 일순간에 파산하는 경우를 많이 접하게 된다. 실로 안타까운 사연도 많지만, 인연법에서 보면 부자로 살 연이 다하여 그렇게 되는 것이다. 재물뿐만이 아니다. 명예도 권력도 수명도 인연이 다하면 하루아침에 사라지게 된다. 이 나라에 찾아왔던 IMF사태도 마찬가지이다. 모두가 인과응보이다. 사치, 낭비, 거품, 정직하지 못한 삶… 참으로 인연법을 잊은 채 살았기 때문에 도래한 결과인 것이다. 그러므로 우리는 다시금 마음을 다잡아야 한다. 인연법으로 마음을 다잡아야 한다. 모든 것은 인연이다. 인연이기 때문에 끊임없이 변화할 수 있고, 인연이기 때문에 달라질 수 있다. 인연이기 때문에 또 다시 바뀔 수가 있는 것이다.

{일타스님 · 불자의 마음가짐과 수행법}

소치는 사람이 채찍을 들고
소를 치고 잡아먹듯이
늙음과 죽음도 이와 같아서
기른 뒤에 목숨을 앗아가네.

천 명이나 백 명 중의 한 사람이 아닌
모든 족성의 남자와 여자들이
아무리 재물을 쌓고 모아도
쇠하거나 잃지 않는 이 없네.

이 세상 태어나 밤낮으로
목숨을 스스로 최고 깎다가
그 목숨 차츰 줄어 다함이
마치 저 잦아드는 옹달샘 같네.

{법구비유경}

11

인연

우리들의 생각하는 것, 말하는 것, 행하는 것,
그 모두가 운(運)의 발행하는 수표의 권리 양도에 지나지 않는다.

어느 부유한 귀족의 아들이 시골에 갔다가 수영을 하려고 호수에 뛰어들었습니다. 그러나 발에 쥐가 나서 수영은 커녕, 물에 빠져 죽을 것 같았습니다. 귀족의 아들은 살려달라고 소리쳤고, 그 소리를 들은 한 농부의 아들이 그를 구해주었습니다. 귀족의 아들은 자신의 생명을 구해 준 그 시골소년과 친구가 되었습니다. 둘은 서로 편지를 주고받으며 우정을 키웠습니다. 어느덧 13살이 된 시골소년이 초등학교를 졸업하자, 귀족의 아들이 물었습니다.

"넌 커서 뭐가 되고 싶니?" "의사가 되고 싶어, 하지만 우리 집은 가난하고 아이들도 아홉 명이나 있어서 집안일을 도와야 해." 귀족의 아들은 가난한 시골 소년을 돕기로 결심하고 아버지를 졸라 그를 런던으로 데리고 갔습니다. 결국 그 시골 소년은 런던의 의과대학에 다니게 되었고, 그 후 포도당 구균이라는 세균을 연구하여 '페니실린'이라는 기적의 약을 만들었습니다. 이 사람이 바로 1945년 노벨의학상을 받은 "알렉산드 플레밍" 입니다.

그의 학업을 도운 귀족 소년은 정치가로 뛰어난 재능을 보이며, 26세의 어린 나이에 국회의원이 되었습니다. 그런데 이 젊은 정치가가 나라의 존망이 달린 전쟁 중에 폐렴에 걸려 목숨이 위태롭게 되었습니다. 그 무렵 폐렴은 불치병에 가까운 무서운 질병이었습니다. 그러나 "알렉산드 플레밍"이 만든 '페니실린'이 급송되어 그의 생명을 건질 수 있었습니다. 이렇게 시골 소년이 두 번이나 생명을 구해준 이 귀족 소년은 다름 아닌 민주주의를 굳게 지킨 '윈스턴 처칠'입니다.

어릴 때 우연한 기회로 맺은 우정이 평생 동안 계속되면서 이들의 삶에 빛과 생명을 주었던 것입니다. 만약 내가 다른 이의 마음속에 새로운 세계를 열어줄 수 있다면, 그에게 있어 나의 삶은 결코 헛되지 않을 것입니다. 부유한 귀족의 아들 '윈스턴 처칠'이 어린 시절 시골에서 우연히 알게 된 가난한 농부의 아들을 무시했더라면, 시골 소년은 의사가 되어 '페니

실린'을 만들 수 없었을 테고, 처칠은 폐렴으로 목숨을 잃었을 것입니다. 귀족 소년과 시골 소년의 깊은 우정으로 농부의 아들은 의사가 되어 노벨 의학상을 받을 수 있었고, 귀족 소년은 전쟁 중에 나라를 구하고 민주주의를 지킨 수상이 될 수 있었습니다. {무명씨}

행복하게 살고 있다고 생각되는 사람도 죽는 것을 보기 전에는 부러워해서는 안 된다. 운은 그날을 한도로 다한다. {에우리피데스}

어느 때, 부처님이 '기사굴' 산에서 정사(精舍)로 돌아오시다 길에 떨어져 있는 묵은 종이를 보시고, 비구를 시켜 그것을 줍게 하시고, 그것은 어떤 종이냐고 물으셨다. 비구는 여쭈었다. "이것은 향을 쌌던 종이입니다. 향기가 아직 남아 있는 것으로 보아 알 수 있습니다." 부처님은 다시 나아가시다가 길에 떨어져 있는 새끼를 보시고, 그것을 줍게 하여 그것은 어떤 새끼냐고 물으셨다. 제자는 다시 여쭈었다. "이것은 생선을 꿰었던 것입니다. 비린내가 아직 남아 있는 것으로 보아 알 수 있습니다."
부처님은 이에 말씀하셨다. "사람은 원래 깨끗한 것이지만, 모두 인연을 따라 죄와 복을 부르는 것이다. 어진 이를 가까이하면 곧 도덕과 의리가 높아가고, 어리석은 이를 친구로 하면 곧 재앙과 죄가 이르는 것이다. 저 종이는 향을 가까이 해서 향기가 나고, 저 새끼는 생선을 꿰어 비린내가 나는 것과 같은 것이다. 사람은 다 조금씩 물들어 그것을 익히지마는 스스로 그렇게 되는 줄을 모를 뿐이다." {법구경}

저렇게 많은 중에서

별 하나가 나를 내려다본다.

이렇게 많은 사람 중에서
그 별 하나를 쳐다본다.

밤이 깊을수록
별은 밝음 속에 사라지고
나는 어둠 속에 사라진다.

이렇게 정다운
너하나 나하나는
어디서 무엇이 되어 다시 만나리.

{김광섭 · 저녁에}

생명을 가진 것 치고 안전한 것은 없다. 나는 벌레에게는 거미줄이 있고 뛰는 짐승에게는 그를 노리는 맹수와 사람의 화살이 있다. 아내와 새끼를 거느린 수풀의 사슴이 고개를 넘을 적마다, 모퉁이를 돌 적마다 마음 못 놓는 눈을 둘려 살피거니와 그래도 어디선지 모르는 곳에서 날아오는 화살을 다 피하지는 못하는 것이다.
인연이 다하는 시각을 피할 도리는 없는 것이다. 그것을 피하는 첫 길은 아예 인연을 아니 맺을 것이요, 이왕 맺힌 인연이거든 앙탈 없이 순순히 받는 것이 둘째 길이다.

{이광수}

한 송이의 국화꽃을 피우기 위해
봄부터 소쩍새는

그렇게 울었나 보다.

한 송이의 국화꽃을 피우기 위해
천둥은 먹구름 속에서
또 그렇게 울었나 보다.

그립고 아쉬움에 가슴 조이던
머언 먼 젊음의 뒤안길에서
인제는 돌아와 거울 앞에 선
내 누님같이 생긴 꽃이여.

노오란 네 꽃잎이 피려고
간밤엔 무서리가 저리 내리고
내게는 잠도 오지 않았나 보다.

{서정주 · 국화 옆에서}

옛날에 귀신을 눈으로 볼 수 있는 사람이 있었다. 그 사람이 어떤 고개를 넘어가다가 어른 귀신, 아이 귀신이 떼거리로 몰려오는 것을 보게 되었다. 그가 한 귀신에게 물어 보았다.
"어디를 그리 급히 가시오?"
"아, 저 고개 너머에 집을 아주 잘 지어 놨다는 소식이 있기에 거기 가서 살려고 몰려가는 것이오."
그런데 얼마 후에 다시 귀신들이 되돌아오는 것이었다. 그래서 그 사람이 또 물어 보았다
"어째서 새집에서 살지 않고 돌아들 오시오?"
"거기 가보니 소문대로 집은 잘 지어 놨는데, 총알이 우박 쏟아지듯 해서

들어가 살 수가 없더라구요. 그래서 되돌아오는 겁니다."

예로부터 새집을 짓거나 불사를 하면 낙성식을 할 때 팥을 뿌리는 풍습이 있다. 새로 집을 지으면 귀신들이 몰려와서 살려고 하기 때문에 팥을 뿌려 귀신이 접근하지 못하도록 한다는 것이다. 귀신의 눈에는 팥이 총알로 보였나 보다. 「무명씨」

어떤 사람이 한 동네를 지나가게 되었다. 그가 으리으리하게 지어진 한 기와집의 용마루를 쳐다보니 귀신이 하나 앉아 있었다. 이상한 일이라 여겨져서 귀신에게 물어 보았다.

"왜 거기 그렇게 앉아 있소?"

"나는 이 집과 원수진 일이 있어요. 원수를 갚으려고 했는데, 10년 동안 대운이 터져서 갚지 못했던 것이오. 그런데 내일이면 10년이 채워져 마침내 원수를 갚을 수 있겠기에 여기서 내일이 되기를 기다리고 있는 것이외다."

그는 장차 일이 어떻게 진행될 것인지 궁금하여 그 동네에서 하루를 묵기로 했다.

이튿날 그는 아침 일찍 어제의 기와집을 향해 걸어갔다. 그런데 용마루에 앉아 있던 그 귀신이 통곡을 하면서 내려오고 있었다.

"아니, 왜 그러시오?"

"오늘이 되면 원수를 갚으려고 했는데, 조금 전에 이 집의 며느리가 아기를 낳았어요. 그런데 그 아이가 30년의 대복을 타고나서 그 아이 때문에 원수 갚기는 다 틀리게 되었소."

사람 하나가 잘 들어오거나 태어나면 이렇게 악운도 물리칠 수 있다는 것이다. 사람이 잘 들어온다는 것은 다름이 아니라 혼인을 통해 새 식구가 들어오는 것을 말하며, 태어난다는 것은 어린아이가 태어나는 것을 말한다. 그래서 예로부터 혼인을 할 때는 사주를 보고 집안 내력을 따진 것 같다.

{무명씨}

아주 용한 관상쟁이가 있었다. 그는 떠돌아다니며 남의 관상을 봐주는 것으로 이럭저럭 먹고 사는 사람이었다. 자신은 별로 좋은 운을 가지고 태어나지 못했지만, 남의 관상만은 용하게 봐줄 수 있었던가 보다.
하루는 어느 집에서 머물게 되었는데, 그 집 식구들의 관상을 살펴보니 복 있게 생긴 사람이 하나도 없었다. 그런데 이상하게도 집안 살림이 윤택하고 남부러울 것 없이 살고 있었다. 그는 그 비밀을 풀기 위하여 집안을 샅샅이 관찰해 보았다. 그때, 누런 개 한 마리가 눈에 띄었다. 그가 개를 자세히 살펴보니, 개의 목에 툭 불거져 나온 것이 하나 있는데, 그것이 바로 복주머니였다. 말하자면 집은 그 개 복에 잘살고 있는 것이었다. 관상쟁이는 개가 가지고 있는 복주머니를 먹으면 자기도 잘 살 수 있게 된다는 것을 알았다. 그래서 꾀를 내어 갑자기 허리를 움켜쥐고 나뒹굴며 사람 죽는다고 엄살을 피우기 시작했다.
주인이 가만히 생각하니, 지나가던 나그네를 재워 주었다가 잘못하여 죽기라도 하면 곤란하게 될 판이었다. 주인이 나그네에게 물었다.
"아니 왜 그러시오?"
"저는 병이 있습니다."
"무슨 병인지 말씀을 해 보시오. 의원을 불러달라면 의원을 불러다 줄 것이요, 원하는 약이 있다면 그 약을 구해 줄 테니 말씀해 해보시오."
"나는 의원도 필요 없고 약도 소용없습니다. 개 한 마리를 통째로 잡아서 먹으면 낫는 병이에요."
"개를 통째로 먹으면 된다니 거 희한한 병이구려. 그러나 염려 마시오. 마침 우리 집에 개가 있소이다. 사람 살리는 일인데, 내 어찌 개 한 마리를 아까워하리까? 잡아서 통째로 먹을 수 있도록 해드리지요."

"어이구, 그렇게만 해주신다면 은혜는 꼭 갚겠습니다."

이렇게 하여 복주머니를 차고 있던 개를 잡기에 이르렀다. 그 집 며느리가 개를 큰 가마솥에 넣고 푹 고기 시작했다. 며느리가 한창 개를 삶고 있는데, 국물 위에 허파 같은 것이 하나 떠올라 둥둥 떠다니는 것이 보였다. 기름 덩어리인 줄 알고 그것을 국자로 떠보니 기름 덩어리는 아니었다. 무엇인지는 모르지만 먹음직하게 생긴 것이었다. 며느리는 설마 그 덩어리 하나쯤 먹는 거야 어떠랴 싶어 그것을 슬쩍 먹어버렸다.

이윽고 푹 익은 개고기를 관상쟁이에게 갖다 주자, 그가 이리저리 고기를 살폈다. 복주머니를 찾는 것이었다. 그러나 그것은 이미 그 집 며느리가 먹어 치운 다음이니 있을 리가 없었다. 나중에야 그 사실을 안 관상쟁이는 무릎을 탁 쳤다.

"아뿔싸!"

남의 복을 빼앗으려고 했으니, 그게 자기에게 돌아올 리가 없다는 것을 뒤늦게 안 것이다.

이런 이야기들은 내가 어렸을 때 주로 어머니로부터 들었던 옛날이야기들이다. 텔레비전이 없던 시절이었고, 볼 책이 많지도 않던 무렵 어머니로부터 옛날이야기를 들으며 보냈던 밤의 추억이 새롭다. 이제는 이런 이야기를 해 줄 사람도 없고 들으려는 사람도 없다. 혹 어떤 자리에서 이런 이야기보따리를 풀어 놓으면 귀신 씨나락 까먹는 소리라고 할 것만 같다. 나름대로 의미심장한 내용임에도 불구하고 말이다. {법성}

양반 가문의 서자로 태어난 반석평은 노비 신분으로 이 참판 댁의 종으로 살게 됩니다. 그런데 반석평은 주인집 아들이 공부하는 동안 몰래 밖에서 도둑 공부를 하는 등 공부에 대한 열의를 보였습니다. 이에 반석평의 재능이 대단하다는 것을 눈치 챈 주인은 그의 노비 문서를 불태우고 반석평을 어느 돈 없는 양반 집안의 양자로 들어갈 수 있도록 주선해 줍니다. 그렇게 반석평은 양반 신분을 얻게 되고, 1507년 과거에 급제하여 후에 형조판서의 자리에 오르게 됩니다.
형조판서 시절, 반석평은 어느 날 길을 가다가 자신의 노비 신분을 없애 준 주인의 아들을 만나게 됩니다. 주인 집안은 어느새 몰락했고, 주인의 아들인 이오성은 가난하게 살고 있었습니다. 그런데 종2품이었던 반석평은 그런 그를 보자, 바로 수레에서 내려 이오성에게 절을 합니다. 후에 반석평은 중종에게 자신의 신분을 밝히고 이오성에게 벼슬을 내려줄 것을 청합니다. 이를 기특하게 여긴 조정에서는 반석평의 원래 신분이 밝혀졌음에도 불구하고 반석평의 지위를 유지함과 동시에 이오성에게 벼슬자리를 하나 내리게 됩니다.
노비 신분에서 재상의 자리에 까진 오른 반석평은 후에 종1품 좌찬성까지 오르게 됩니다. 그리고 그의 직계 후손이 바로 반기문 UN사무총장이다.

{무명씨}

일본의 고승 중에 백은선사(白隱禪師)라는 스님이 계셨어요. 훌륭하다는 칭송이 자자했지요. 그런데 마을 처녀가 임신을 했어요. 부모는 난리가 났죠. 시집도 안 간 딸이 임신을 했으니 얼마나 놀랐겠어요. 애아버지가 누구냐고 다그치자 딸은 겁에 질려 얼떨결에 백은선사라고 했어요. 그 마을에서 가장 존경받고 누구도 함부로 할 수 없는 사람은 백은선사뿐이었기 때문이죠. 부모는 선사를 찾아가 거세게 따졌습니다. 심한 욕설까지 했지만 백은선사는 태연하게 말했어요. "아, 그렇습니까?" 단 한 마디뿐이었어요. 부부는 고승으로 알려진 백은선사가 이렇게 선선히 대답하자 아이를 데려다 주었는데, 선사는 성심껏 아이를 돌봤어요. 사람들의 수군거림과 비난에도 태연하기만 했어요. 심지어 이웃집으로 젖을 얻으러 다녔다고 합니다. 그런 선사를 지켜보던 처녀는 심한 죄책감에 시달리다가, 결국 애아버지가 누구라고 실토를 했어요. 부모는 너무나도 죄송한 마음에 백은선사께 엎드려 절을 하면서 "큰스님, 그 애아버지가 스님이 아니라고 합니다." 했더니, 백은선사는 그 말을 듣고도 가볍게 한마디만 했어요. "아, 그렇습니까?" 그러고는 아이를 돌려줬다고 합니다. 이것이 걸림 없는 인생이지요. 그런데 우리는 어떠한가요? 조금만 억울해도 참지 못해 난리를 치고, 조금만 좋은 일이 생겨도 좋아 어쩔 줄 모르면서 살고 있어요. 그렇지만 큰 스님들을 보면 좋아도 크게 좋아하지 않고, 슬퍼도 크게 슬퍼하지 않는 여여한 마음으로 생활하십니다. 이것이 편안함이고, 편안함은 곧 행복입니다. 행복은 멀리 있는 게 아니에요. 하잘 것 없는 인연이지만 마음 하나 잘 쓰면 행복이 있고, 마음 하나 잘못 쓰면 고통이 있는 거예요. 마음이 이렇게 중요해요. {월호}

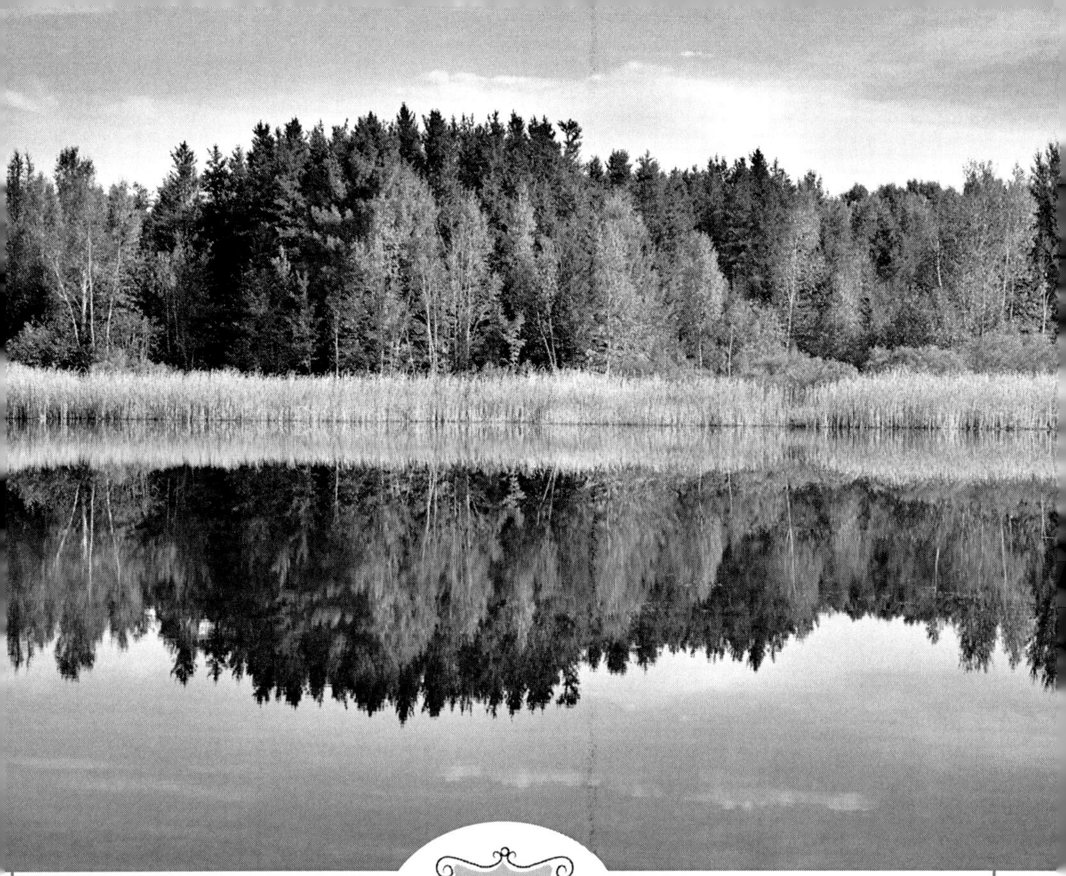

12

노력 · 독서

죽음은 모든 사람에게 오지만,
위대한 성취는 태양이 식을 때까지 지속될
하나의 기념비를 세운다.

어떤 관계는 싸움으로 시작해… 하지만 보통 로맨틱 코미디 영화에서나 그렇지 인생은 영화가 아니야. {이까쿠 다카유키}

예술은 표절 아니면 혁명이다. {폴 고갱}

나는 내가 아픔을 느낄 만큼 사랑하면 아픔은 사라지고 더 큰 사랑만이 생겨난다는 역설을 발견했다. {마더 테레사}

진실은 순수하기가 힘들고 결코 단순하지 않다. {오스카 와일드}

술은 하나의 도구에 불과하다 어린 아이들의 협동심을 고취하고 의욕을 불어넣는 데는 교사가 가장 중요하다. {빌 게이츠}

도화선에 불붙이고 도망치기는 원통형 폭죽에나 써먹을 수 있지 조롱당한 여자의 분노에는 별 효과가 없다. {제프 자크}

꿈을 기록하는 것이 나의 목표였던 적은 없다. 꿈을 실현하는 것이 나의 목표이다. {만 레이}

오직 한 가지 성공이 있을 뿐이다. 바로 자기 자신만의 방식으로 삶을

살아갈 수 있느냐이다. {크리스토퍼 몰리}

우리는 사랑하는 친구들에 의해서만 알려진다. {윌리엄 셰익스피어}

삶이 있는 한 희망은 있다. {키케로}

내일 죽을 것처럼 삶을 살고, 영원히 살 것처럼 공부하라. {간디}

사람을 강하게 만드는 것은 사람이 하고자 하는 일이 아니라, 하고자 하는 노력이다. {헤밍웨이}

무릇 독서는 단정한 자세로 두 손을 마주잡고 무릎을 꿇고 앉아서 경건한 자세로 책을 대하고, 마음을 집중하고 정성을 다하여 조용히 생각하고, 글 속에 깊이 젖어 들고, 또 글의 뜻과 취지를 깊이 이해해야 한다. 그리고 매 구절마다 자신이 몸소 실천할 방도를 반드시 찾고 구해야 한다. 만약 입으로만 읽고 채득하지 못하고, 또 몸소 실천하지 않으면 책은 책대로이고, 나는 나대로이니, 무슨 이득이 있겠는가? {이율곡}

군자는 죽는 날까지 단 하루도 폐할 수 없는 것이 바로 독서다. 그런 까닭에 선비가 되어 하루만 책을 안 읽어도 용모가 천하게 보이고 말씨가 천박하게 되느니라. 그러니 도박이나 승부놀이 혹은 음주 같은 것을 어찌 애당초부터 즐겁게 여기겠는가? 연암 박지원

대저 책을 읽고 글공부하는 목적은 장차 무엇을 얻기 위한 것인가? 장차 문장 쓰는 기술을 높이려는 것이냐? 장차 문장을 잘하여 명예를 넓히고자 하는 것이냐? 학문을 익히고 도(道)를 논하는 것이 곧 독서가 할 일이다. 효제와 충신 같은 윤리도덕을 실천하는 것이 학문을 익히는 실질적인 사항이다. 예악과 형정을 바로 잡는 것이 학문을 익히는 실용적인 사항이다. 독서를 하되 '실(實)'과 '용(用)'을 알지 못하면 참다운 학문 교육이 아니다. 학문 익히는 바를 귀하게 여기는 것은 실천하고 활용하기 때문이다. 연암 박지원

사유 1) 연암 박지원이 말하는 실(實)의 의미는?

사유 2) 연암 박지원이 말하는 '용(用)'의 의미는?

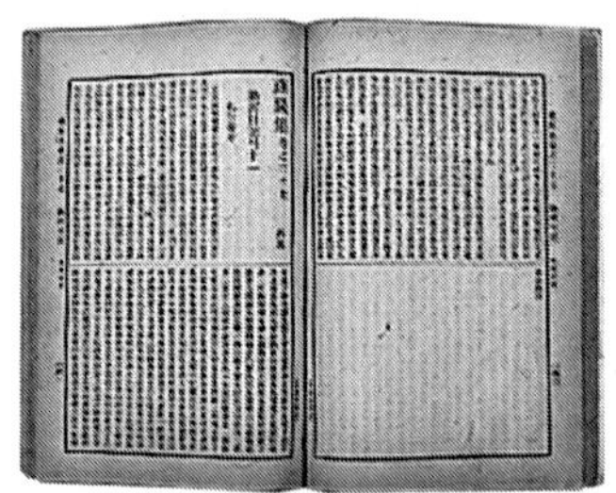

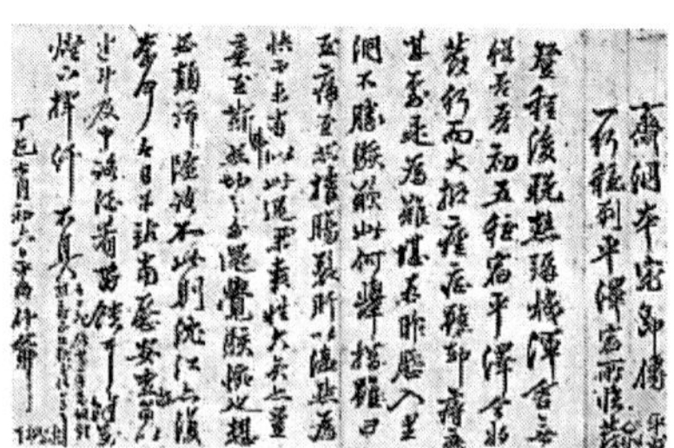

독서의 즐거움이란, 두 영혼의 해후다. 정약용

춘추전국시대 말기. 한 젊은이가 전국을 떠돌면서 선현들의 문을 두들기며 군사학과 병법, 정치학을 배웠다. 그러던 어느 날 다리 가장자리를 따라 지나가는데, 누더기를 걸친 한 노인이 곁으로 다가와 일부러 신발을 다리 아래로 떨어뜨리며 말했다.

"여보게 젊은이, 내려가 신발을 좀 주워 오게"

젊은이는 울컥 화가 치밀었지만, 상대가 노인이기 때문에 지그시 참고 다리 아래로 내려가 신발을 주워왔다. 그러자 노인은 한술 더 떠 그 신발을 신겨 달라고 했다. 이왕 내친김이라 생각한 젊은이는 아무 말 없이 허리를 굽혀 공손히 신발을 신겨 주었다. 그러자 노인이 말했다.

"자네는 꽤 쓸 만하군. 닷새 뒤 날이 샐 무렵에 이곳으로 오게."

노인이 이 말을 남기고 홀연히 그 자리를 떠났다. 닷새 뒤 새벽에 젊은이가 다리를 나가보니 노인은 벌써 와 있었다.

"늙은이와 약속한 녀석이 왜 이리 늦었느냐. 닷새 뒤 다시 오너라."

노인은 이렇게 호통을 치며 가 버렸다. 닷새 뒤, 이번에는 닭이 우는 소리를 듣고 바로 나갔지만, 노인이 벌써 기다리고 있었다.

"또 늦었군. 닷새 뒤에 다시 오너라."

다시 닷새 뒤에 젊은이는 아직 날이 새기도 전에 어둠을 더듬으며 다리로 나갔다. 그러자 잠시 뒤 노인이 나타나 책 한 권을 건네주었다.

"이것을 읽거라. 이 책을 숙독하면 너는 왕의 군사가 될 수 있느니라. 10년 뒤에는 훌륭한 군사가 되어 세상에 이름을 떨치게 될 것이다."

이 말을 남기고 노인은 어디론가 사라졌다. 젊은이가 그 책을 보니 태공망이 쓴 〈육도삼략〉이라는 병서였다. 젊은이는 그 책을 다 외울 때까지 되풀이해 읽었다. 이때의 젊은이가 훗날 한 나라를 세운 유방의 군사가 되어 그를 성공시킨 장량(張良) 그 사람이다. 〈법정〉

책은 틈틈이 늘 읽는 것이지 시간을 정해두고 읽는 것이 아닙니다.

창의적인 아이디어가 잘 떠오르는 장소들은 정해져 있다고 합니다. 영어의 알파벳 B로 시작하는 단어들이 그렇다고 하죠. 여러분은 좋은 아이디어들이 어디에서 잘 떠오릅니까? 욕실 혹은 화장실이 그렇죠? Bathroom입니다. 그곳에서 뭘 할 때 아이디어가 떠오르죠? 샤워할 때입니다. 샤워할 때는 두뇌가 쉴 수 있는 여유를 얻습니다. 손발이 자동으로, 습관적으로 움직여주기 때문이죠. 이런 여유를 통해 새로운 아이디어가 툭 튀어나옵니다. 아르키메데스가 유레카를 외친 곳이 어디였죠? "목욕탕요." (학생들) 그렇죠. 목욕탕은 좋은 아이디어가 떠오를 수 있는 좋은 장소입니다.

또 Bedroom이 있습니다. 침실에서 좋은 아이디어가 떠오른다는 말은 무슨 말일까요? 여러분은 잠들기 전에 20분 정도 책을 읽나요? 잠들기 전 책을 읽으면 편안한 마음에서 읽어가므로 좋은 아이디어가 떠오를 수 있습니다. 이때는 어려운 책 대신 쉽고 편안하게 읽을 수 있는 책이 좋죠. 이렇게 책을 읽은 후 잠이 들면 두뇌 활동이 책의 내용을 중심으로 이루어질 가능성이 높습니다. 심지어 꿈에서도 관련된 아이디어가 떠오르죠. 그래서 창의적인 아이디어가 필요한 사람들은 침대 머리맡에 메모지와 펜을 두고 자기도 합니다. 꿈에서 떠오른 아이디어를 즉시 기록해두기 위해서죠. 〈안상현〉